Marius Michel del.

COLLECTION PLACÉE SOUS LE HAUT PATRONAGE

DE

L'ADMINISTRATION DES BEAUX-ARTS

COURONNÉE PAR L'ACADÉMIE FRANÇAISE
(Prix Montyon)

ET

PAR L'ACADÉMIE DES BEAUX-ARTS
(Prix Bordin)

Droits de traduction et de reproduction réservés.
Cet ouvrage a été déposé au Ministère de l'Intérieur
en mars 1892.

BIBLIOTHÈQUE DE L'ENSEIGNEMENT DES BEAUX-ARTS
PUBLIÉE SOUS LA
DIRECTION DE M. JULES COMTE

L'ARCHITECTURE

DE LA

RENAISSANCE

PAR

LÉON PALUSTRE

PARIS

ANCIENNE MAISON QUANTIN
LIBRAIRIES-IMPRIMERIES RÉUNIES
May & Motteroz, Directeurs
7, rue Saint-Benoît.

INTRODUCTION

Dans le monde, aucun changement ne se produit brusquement. Les moindres effets sont soumis à des causes souvent multiples, toujours lointaines. Sans le passé, le présent devient inexplicable, et pour se rendre compte d'une période quelconque de l'histoire, il faut étendre ses recherches jusqu'à plusieurs siècles en arrière. Les événements se superposent, s'enchevêtrent, se déduisent les uns des autres avec une inflexibilité dont les esprits superficiels auraient seuls lieu d'être surpris, car nous sommes bien plus menés, en réalité, que nous ne conduisons. Qu'à un moment donné la civilisation ait jeté un éclat exceptionnel, que l'humanité se soit ennoblie par la manière dont la politique, la littérature et les arts ont été alors pratiqués, il y a là, certes, matière à exciter l'admiration, et l'on comprend les regrets inspirés par la disparition de ces heures sereines où tous les vœux semblaient pour ainsi dire réalisés. Mais rien ne se montre deux fois sous la même forme et vainement chercherait-on à faire revivre ce qui est définitivement mort. Un état de choses différent appelle des manifestations d'une autre sorte, et beaucoup de personnalité doit être mise dans une imitation pour la rendre acceptable.

Bien que les principes dont il vient d'être question aient une portée générale, nous ne les examinerons qu'au point de vue de l'architecture. On a cru longtemps et on se plaît encore souvent à répéter qu'il n'existe qu'un seul type du beau, par conséquent, que le but à poursuivre est très clair et parfaitement tracé. Mais, dans ce cas, il faudrait admettre également une seule civilisation, car l'un ne va pas sans l'autre et malgré soi on se trouve alors entraîné à sacrifier tous les progrès accomplis au cours des siècles.

Le brillant épanouissement du temps de Périclès n'est pas un produit particulier, dû à une situation exceptionnelle; il résume les efforts faits par différentes civilisations, aussi bien en Grèce que dans les contrées environnantes. Dans les arts, comme en littérature, les œuvres de génie sont pour ainsi dire inconscientes; la nation entière y a collaboré, et c'est ce qui explique le frémissement avec lequel on les accueille, l'enthousiasme qu'elles provoquent, la facilité que l'on trouve à les comprendre. Le Parthénon, Sainte-Sophie, Notre-Dame de Paris, en un certain sens, tiennent plus du symbole que du monument.

Il ne serait pas difficile, si nous avions l'espace nécessaire, de montrer que la Renaissance, ou du moins la transformation désignée sous ce nom, n'a pas fait et ne pouvait pas faire exception à la règle. Dans les siècles précédents, on suit le lent travail de préparation qui devait arriver à produire un si remarquable résultat. Commencé au temps de Charlemagne, grâce au puissant concours de quelques savants réunis autour du souverain, il se continue à la cour des derniers ducs d'Aquitaine, où prit naissance la poésie des troubadours. Le divorce de Louis VII fit un instant profiter l'Angleterre des avances de notre pays, et l'on ne doit pas oublier que Virgile, Stace, Ovide étaient lus et commentés en présence de Henri II. Bien d'autres princes, dont l'action a été plus ou moins grande, mériteraient également d'être rappelés. Ils suivaient le mouvement quand ils ne le favorisaient pas ouvertement. Le souvenir des anciens héros hantait les esprits, et l'on sait comment furent composées les listes d'hommes et de femmes, offerts à l'admiration publique sous le nom de Preux et de Preuses.

Cela n'empêcherait pas chaque nation, suivant son génie, de passer par toutes les phases du roman et du gothique. Et la chose en elle-même se présente de la manière la plus naturelle. Outre que la culture intellectuelle, esthétique et morale était loin d'être arrivée au degré voulu pour permettre la tentative qui devait avoir lieu plus tard, il restait encore, dans le domaine des créations possibles, un dernier champ à parcourir. L'arc brisé, par la facilité qu'il procurait, au moyen de poussées obliques, de substituer une légèreté presque exagérée à une lourdeur relative, laissait entrevoir des perspectives qui ne manquaient pas de séduction. Il fallait épuiser les combinaisons offertes par cette nouvelle condition de la matière, avant de se lancer, non pas dans une résurrection d'un lointain passé, ce qui eût soulevé trop de difficultés, mais dans une habile appropriation aux besoins du temps, des éléments si heureusement empruntés aux monuments antiques.

Ainsi que l'on pouvait s'y attendre, le mouvement n'a pas commencé à se dessiner partout en même temps, il ne s'est pas non plus développé partout avec le même succès et la même intensité. Les causes qui agissaient fortement d'un côté étaient souvent presque nulles de l'autre. La puissance des traditions, l'attachement à certaines formes considérées en quelque sorte comme l'incarnation du génie national, étaient autant d'obstacles contre lesquels il fallait lutter. Nous ne parlerons pas des influences diverses, nées de guerres successives ou de courants commerciaux. Le travail qui s'opère est analogue à celui dont les langues sont l'objet. A mesure qu'elles tendent à se fixer, elles se rapprochent de leur point d'origine. Les éléments étrangers, un instant dominants, sont réduits à un rôle secondaire; il y a fusion et assimilation au profit du fonds le plus noble et le plus épuré.

L'ARCHITECTURE
DE
LA RENAISSANCE

LIVRE PREMIER
ITALIE

CHAPITRE PREMIER
LES DÉBUTS DE LA RENAISSANCE

Vasari : *le Opere con annotazioni e commenti di Giorgio Milanesi.* 8 vol. in-8°. Firenze, 1878-1883. — Burckhardt : *Die Cultur der Renaissance in Italien.* 3e éd. Leipzig, 1877-1878. — Symonds : *The Renaissance in Italy.* London, 1880. — Janitschek : *Die Gesellschaft der Renaissance und die Kunst.* Stuttgart, 1879. — Émile Gebhart : *Origines de la Renaissance en Italie.* Paris, 1879. — Eugène Müntz : *les Précurseurs de la Renaissance.* Paris, 1882. — Id. : *Histoire de l'art pendant la Renaissance*, t. I et II, *Italie.* Paris, 1889-1891. — Yriarte : *Un condottiere au xve siècle; Rimini.* Paris, 1882.

Le mouvement scientifique, artistique et littéraire qui marque, pour l'Europe occidentale, la fin du moyen âge et le commencement de l'ère moderne, s'est manifesté tout d'abord au delà des Alpes, c'est-à-dire là où existaient des raisons plus pressantes non seulement de chercher des nouveautés, mais encore d'appuyer ces nouveautés sur l'étude et l'imitation intelligente des monuments romains. Jusqu'à un certain point, l'art antique reparut et la dénomination de Renaissance, contestable ailleurs, se trouve, en Italie, assez bien justifiée.

Logiquement, dans toute grande transformation, la littérature, qui est l'expression directe des mœurs et des tendances d'une nation, doit commencer à reprendre vie et éclat. Sans elle, la sculpture, dont le développement réclame des idées déjà formulées, des légendes établies, ne saurait marcher d'un pas sûr. Mais il en est différemment de l'architecture, qui, au besoin, peut se suffire à elle-même. Lorsqu'elle progresse en même temps que la sculpture, elle tient forcément cette dernière dans sa dépendance, elle lui impose ses besoins.

En Italie, à la suite de la littérature qui avait pris un immense essor, la sculpture produisit de bonne heure des œuvres importantes. Son avance sur l'architecture est d'un siècle environ. Toutefois, dans cet ordre de succession, il faut moins voir un sacrifice à la logique que le résultat de circonstances particulières dont l'histoire a conservé le souvenir.

Il y avait en Italie, à la fin du XIIIe siècle, une région qui semblait un terrain admirablement préparé entre tous pour l'éclosion des idées nouvelles : c'était l'antique Étrurie, la Toscane moderne, appelée en quelque sorte pour la seconde fois à donner des arts à Rome. Là étaient des villes riches, libres, agitées par des rivalités ardentes qui, en maintenant l'énergie des caractères, amenaient, entre deux guerres, des luttes d'un genre plus élevé, chaque ville mettant sa gloire à posséder les œuvres des plus beaux génies. Parmi elles brillaient Pise, Sienne et surtout Florence, qui, loin de commencer à décliner comme les deux premières, croissait en richesse et en puissance. Le voisinage de Bologne, où existait une célèbre université, où l'esprit d'émulation était très développé, n'empêchera pas cette ville de devenir bientôt et de rester durant deux siècles le vrai foyer intellectuel de l'Italie. Toutefois, si les cités rivales et Rome elle-même demeurent en arrière, leurs efforts ne sont pas inutiles, et il faut leur accorder une grande part dans le progrès général.

Dante, né à Florence en 1265, de 1292 à 1320 travaille à sa *Divine Comédie*, qui s'inspire des auteurs classiques et transporte l'imagination du lecteur aussi bien sur le Parnasse, dans les Champs-Élysées et le Tartare que dans le ciel et dans l'enfer des chrétiens. Ce poème, il est vrai, du vivant de l'auteur ne fut connu que par quelques indiscrétions; mais d'autres pièces moins importantes, publiées par Dante durant sa composition, eurent beaucoup de vogue et influèrent tout autant sur le goût des Florentins, dont la langue se trouva prendre une nouvelle forme, acquérir de l'élégance et de la distinction. Avec Boccace (1313-1375), et surtout Pétrarque (1304-1375), l'amour de l'antiquité ne fait que croître; on ne se contente pas d'imiter les auteurs classiques, on les étudie, on les explique; les écrivains latins sont mis à contribution, exploités comme un patrimoine national. On agit de même avec les écrivains grecs considérés comme leurs modèles, en attendant que ces derniers, ce qui ne devait pas tarder, soient reproduits dans leur propre langue.

Les arts plastiques se trouvaient ainsi orientés vers l'antiquité; rien ne pouvait sérieusement les en détourner. L'Italie du Nord, après avoir subi les influences de l'architecture romano-germanique, acceptait celles de l'architecture gothique, que lui transmettait l'Allemagne plutôt que la France. Dans l'Italie du Sud, on employait ici le byzantin enraciné par un long usage, là le gothique français implanté par les princes de la maison d'Anjou. Entre ces deux extrémités de la péninsule, la région centrale n'était ni assez envahie par les importations étrangères, ni assez liée par ses traditions locales pour se trouver, même un instant, arrêtée dès qu'elle aurait pris son essor. De plus, l'art gothique y était introduit d'une façon trop intermittente, et il y était trop froidement accueilli pour pouvoir transmettre son système de sculpture. Quant à l'art byzantin, où la sculpture était presque nulle, il ne pouvait donner ce qu'il n'avait pas.

On sentit donc qu'il fallait tout reprendre par la base, et que le meilleur parti était peut-être, par une connaissance plus approfondie des monuments antiques, de rattacher le présent au passé, sans s'inquiéter des invasions du Ve siècle et de tout ce qui avait été fait depuis. La tâche, du reste, ne présentait pas de trop grandes difficultés, vu le nombre de débris importants que renfermait chaque ville, vu surtout le voisinage de Rome où l'on pouvait faire un pèlerinage et étudier sur place les œuvres des grands siècles. Nicolas de Pise

(1207-1278) n'eut pas besoin de se donner cette peine ; il lui suffit de voir au Campo-Santo certains sarcophages pour modifier son goût, qui se ressentait encore beaucoup de la raideur byzantine, et devenir un des précurseurs de la Renaissance. Dans ses bas-reliefs de la cathédrale de Lucques, dans sa châsse de saint Dominique, à Bologne (1267), dans la chaire de la cathédrale de Sienne (1266-1268) et la fontaine de Pérouse (1277), il est déjà un imitateur intelligent de l'antique. Il sait bien ordonner ses compositions, disposer ses personnages, arranger ses draperies et ennoblir ses têtes. Son fils, Jean de Pise, mort en 1320, ne laisse pas dépérir l'héritage paternel ; il va même plus avant dans la voie frayée, témoin son chef-d'œuvre, la chaire de la cathédrale de Pise (1302-1311), où l'on ne peut se méprendre sur la provenance des emprunts. Une de ses statuettes est presque la reproduction de la célèbre Vénus, dite plus tard de Médicis, récemment transportée à Florence. Les bas-reliefs de la façade du Dôme, à Orviéto, exécutés à la même époque, accusent les mêmes tendances.

Comme Jean de Pise, un autre élève de Nicolas, Frà Guglielmo, peu gêné dans l'expansion de ses idées par sa robe de dominicain, s'avoue disciple de l'antiquité dans la chaire de Saint-Jean de Pistoja (1270).

Ce n'est pas encore véritablement là, cependant, un retour aux traditions de l'antiquité ; pour que celles-ci fussent bien comprises, il eût fallu être moins enveloppé par le moyen âge. Les mœurs, les coutumes, les institutions, les pratiques religieuses ne se modifiaient pas assez vite pour entraîner l'art dans une transformation subite. Ce que semblent avoir voulu avant tout les sculpteurs, c'est s'affranchir de la routine, se rapprocher de la nature, et si, dans leurs compositions, ils ont parfois copié une figure, un personnage, l'ensemble n'est jamais une imitation servile : l'antiquité est prise pour guide plutôt que pour modèle. La peinture devait bientôt suivre, sous la puissante impulsion de Giotto, une marche analogue, sans recevoir toutefois la même assistance que la sculpture, par le seul sentiment qu'il fallait à tout prix sortir de l'ornière.

La littérature, de son côté, ne s'affranchit pas, avec Dante, de l'esprit du moyen âge. C'est à cette période plutôt qu'à l'antiquité qu'appartient le Virgile de la *Divine Comédie*. Pétrarque rêve de Rome et de ses grands souvenirs; il célèbre les monuments grecs et romains, son style se rapproche davantage de celui des auteurs classiques, mais il pense encore en homme du moyen âge, et il chante souvent comme un troubadour.

En architecture, ici on conserve le byzantin plus ou moins tempéré de roman, parce qu'il n'est pas en opposition directe avec les tendances qui se sont manifestées; là on continue d'accepter le gothique en l'alourdissant, ou mieux en évitant cet excès de légèreté et de maigreur qui l'eût rendu peu propre à se parer de l'ornementation plantureuse que l'on demandait à la sculpture.

Nous ne sommes donc pas encore, au commencement du XIVe siècle, à l'aurore de la grande Renaissance. Il y a plus : l'effort des sculpteurs semble un instant s'arrêter, soit par l'absence de dignes successeurs, soit que ces derniers n'aient été ni poussés ni suivis par les architectes. Peut-être aussi les modèles étaient-ils encore trop peu nombreux, et ne pouvait-on rien faire au milieu des désordres et des calamités qui affligeaient alors l'Italie. Au delà comme en deçà des Alpes, le xive siècle est écrasé par la gloire des deux autres siècles entre lesquels il est placé.

Il faut dire que Rome ne jouait pas encore son rôle dans le mouvement artistique. En proie à l'anarchie au xiiie siècle, peu sûre pour les papes qui, d'ailleurs, avaient plus de souci de maintenir le prestige de leur autorité temporelle sur les rois que d'embellir la cité pontificale, elle fut peu à peu délaissée par ses souverains et finalement abandonnée pour Avignon (1309-1377). Le retour de Grégoire XI, en partie dû aux instances de sainte Catherine de Sienne, envoyée à Avignon par les Florentins, n'eut d'abord aucune influence appréciable sur les arts; pendant quarante ans, la papauté, moralement diminuée par son séjour en France, ébranlée par le grand schisme d'Occident, n'a pas trop de son énergie pour réparer les avaries faites à la barque de Pierre. Lorsque, avec Martin V (1417-1431), elle se sentira assez forte et assez respectée, ses regards se porteront alors vers la ville éternelle, vers ses monuments délabrés, ses rues mal percées, mal bâties, et en voulant embellir Rome, elle préparera à la rénovation en voie de s'accomplir de nouveaux aliments et de nouvelles ressources.

Il ne faudrait pas croire cependant que le xive siècle fut une époque de sommeil; n'oublions pas que Pétrarque vécut alors et que c'est aussi le siècle où Giotto († 1356) inaugura à Florence la peinture moderne.

Dans les autres classes d'artistes, l'esprit continue toujours d'être tenu en éveil ; Giotto ne cesse pas d'exercer une certaine influence, et de plus il est architecte à ses heures. On le voit donner des conseils à André de Pise (1273-1349), lorsque celui-ci exécute, en 1330, une des portes de bronze du baptistère de Florence. Le campanile de Sainte-Marie-des-Fleurs, dans la même ville, est l'œuvre personnelle de Giotto, qui le commença en 1334, et dont les plans furent suivis par ses successeurs, à part la flèche que l'on supprima. Cette flèche était un couronnement gothique assez mal justifié par l'ensemble de la tour, où seules les fenêtres sont de style septentrional, les encadrements, les moulures, les corniches, les revêtements de marbre indiquant une tendance prononcée vers l'antique. Nous devons accorder ici une mention aux revêtements en marbre de différentes couleurs, usités particulièrement à Florence et à Sienne, et qui, d'après la juste remarque de Quatremère de Quincy, n'ont pas peu contribué à préserver les monuments des « puériles découpures » de la sculpture gothique. A Florence encore, dans l'église Or San Michele, Orcagna, sculpteur et architecte, exécute de 1348 à 1349, pour une Vierge vénérée, un tabernacle où, dans le but de réagir contre les poses encore trop raides et trop plastiques données aux personnages par la plupart de ses contemporains, il outre ses attitudes et ses expressions. En architecture, le gothique règne encore ; il prend même à Bologne, à Orviéto, à Sienne et à Milan une puissance qu'il n'avait jamais eue en Italie ; mais il est sans cesse discuté, les types qu'il fournit sont à chaque instant mis en question, corrigés, retouchés, confiés pour l'exécution aux architectes qui ont su y découvrir des défauts. A Sienne par deux fois, en 1322 et en 1356, on détruit ce qui est sorti de terre dans l'espoir de trouver mieux. Et de plus en plus ainsi on se rend compte du peu de conformité du gothique avec le génie italien.

Le xve siècle recueille enfin le fruit des tendances et des efforts qui l'ont précédé; il en affermit, en étend et en accroît les résultats, de sorte que ce fameux *quattrocento,* comme l'appellent les érudits, — d'où le nom de *quattrocentistes* appliqué aux savants et aux artistes de ce même siècle, — nous offre le merveilleux spectacle d'une des manifestations les plus extraordinaires de l'esprit humain.

En ces temps heureux, tout favorise les hautes expressions de la pensée : les événements, les princes, les peuples, les artistes, les littérateurs et jusqu'aux passions qu'ennoblit le but vers lequel elles tendent.

Les deux principaux événements qui agissent sur les arts au xve siècle sont le retour de la papauté à Rome et la prise de Constantinople par les Turcs. Disons tout de suite que la portée de ces deux événements, du second surtout, a été exagérée.

La papauté n'est solidement établie à Rome, nous l'avons dit, qu'avec Martin V, c'est-à-dire vers 1420, et alors la Renaissance, commencée depuis trois ou quatre lustres, a déjà réalisé de notables progrès dans la voie que lui ont tracée Ghiberti, Brunellesco et Donatello. Bientôt néanmoins les souverains pontifes, par les découvertes qu'ils font à Rome, par les importantes constructions qu'ils y entreprennent, par les collections réunies dans leurs palais, par leur goût personnel pour l'antiquité et l'appui qu'ils accordent aux idées nouvelles, mériteront un des premiers rangs, sinon le premier, parmi les grands protecteurs de la Renaissance.

Gardiens de traditions religieuses immuables dans leur essence, ils auraient pu peser sur la forme que l'art donnait à ces traditions et réprimer ce qui, dans l'art profane lui-même, eût paru contraire à la sévérité des mœurs chrétiennes. Ils encouragèrent au contraire de légitimes libertés, et leur tolérance alla beaucoup plus loin que n'était allée au moyen âge celle de la plupart des princes catholiques. L'influence la plus notable qu'aient exercée les papes sur la direction de la Renaissance résulte de ce qu'ils conduisirent les architectes à l'appliquer aux églises avec la même indépendance et le même succès qu'aux monuments civils.

La prise de Constantinople et le renversement du Bas-Empire par Mahomet II, en 1453, n'affectèrent d'abord que la marche de l'érudition et de la littérature. Les Grecs exilés apportèrent des manuscrits et développèrent par la communication de ces manuscrits ou par leurs leçons orales les connaissances et le goût de la langue d'Homère. Quant à l'art, il ne se ressentit sérieusement qu'au XVIe siècle de l'essor donné aux études classiques.

Le caractère italien tel qu'il s'épanouit à l'aurore de la Renaissance a bien plus fait pour celle-ci que les changements et les commotions politiques. L'art et le patriotisme, voilà ce qui tourne alors toutes les têtes vers ce qui est beau et grand, vers ce qui peut honorer la carrière d'un homme, embellir une cité et l'élever au-dessus de ses voisines. Qu'ils soient libres ou retenus par la main d'un maître, les peuples n'aspirent qu'à voir chaque jour éclore au milieu d'eux quelques nouveaux chefs-d'œuvre.

Ces sentiments sont au plus haut degré ceux des princes et des citoyens opulents. Tous semblent ne faire cas de leurs richesses que parce qu'elles leur permettent d'attirer à eux les grands savants, les grands artistes, de faire bâtir des édifices, de patronner des œuvres littéraires qui immortaliseront leur mémoire. Tous, papes et cardinaux à leur tête, répandent sans trop compter leurs largesses sur les hommes qui ont su prouver leur supériorité; ils ne marchandent pas les marbres, le bronze, la main-d'œuvre, ne calculent pas le rapport qu'il peut y avoir entre leurs dépenses et leurs revenus; ils vont de l'avant et au besoin s'endettent ou engagent leurs joyaux les plus précieux. La possession d'un artiste éminent devient une affaire d'État, et l'on devait voir, au commencement du xvie siècle, le pape Jules II menacer Florence d'une guerre si elle ne lui rendait son Michel-Ange. On construit sans nécessité, et presque avec la même facilité qu'on commande un morceau de sculpture, une pièce d'orfèvrerie ou un tableau. Un souverain pontife, Pie II, va jusqu'à rêver la création d'une ville, Pienza, qui s'élèvera sur l'emplacement de son village natal de Corsignano; et, dès 1460, il charge son architecte, Bernard Rossellino, d'en tracer les rues, d'y élever un palais, un évêché et une cathédrale, travaux qui étaient fort avancés lorsque le fondateur mourut en 1462[1].

Il est vrai que l'Italie du xve siècle pouvait payer sa gloire : c'était alors la plus riche nation de la chrétienté. Le sol, fertile et bien cultivé, récompensait largement le paysan de ses labeurs ; les villes s'adonnaient au négoce avec les provinces et avec l'étranger ; Gênes et Venise étaient encore les reines de la Méditerranée. Les opérations de banque, déjà connues et pratiquées sur une vaste échelle, enrichissaient ces deux villes en même temps que Florence. Toute l'Europe recherchait les produits de l'industrie italienne. L'opulence, qui avait amolli les mœurs, éteint le patriotisme national d'ailleurs assez peu développé, par là même qu'elle éveillait des instincts de luxe, laissait vivre dans toute son énergie ou plutôt exaltait le patriotisme local. Aussi l'art présente-t-il en Italie un caractère bien différent de celui qu'on retrouve dans les pays environnants : au lieu d'être l'expression de toute une race, il est celle d'une ville, d'une région relativement restreinte ; bien plus, il s'assouplit aux conceptions individuelles de chaque artiste qui, dans sa recherche de ce qui le distinguera d'un rival ou dans le respect qu'il conserve de son propre génie, tempère largement par son imagination les rigueurs de la logique et appose à ses œuvres comme la meilleure des signatures son style personnel. Dans un monument, dans un tableau, dans

---

[1]. Pienza est, avec Manfredonia, bâtie par Manfred vers 1260, le seul essai important de ville neuve tenté en Italie depuis l'antiquité. On sait qu'en France, au contraire, les créations de ce genre ont été fort nombreuses.

un objet d'art, nous trouvons avant tout la pensée de l'auteur, et c'est un charme de plus qu'offre l'étude de la Renaissance.

Il y a pourtant une marche générale qui s'impose aux artistes, qu'ils en aient ou non conscience, et elle résulte d'influences diverses auxquelles ils ne cherchent pas à échapper.

La littérature joua son rôle au xve et au xvie siècle plus puissamment encore qu'elle ne l'avait fait au siècle précédent. Nous sommes maintenant à l'époque des humanistes. L'antiquité est savamment commentée par les érudits, qui s'efforcent de faire passer ses beautés dans leurs productions et qui se tiennent pour les plus grands hommes de leur temps s'ils sont parvenus à écrire dans le latin de Virgile ou de Cicéron. Sous Léon X, un prince de l'Église, le cardinal Bembo, recommandera à Sadolet, son collègue dans l'épiscopat, de bien prendre garde de gâter son style en lisant trop souvent la Bible. Des gens instruits en viennent à parler plus correctement dans une langue morte que dans leur langue maternelle.

L'art ne pouvait aller avec cette vitesse et cette désinvolture. Il est soumis à certaines nécessités, il lui faut subir certaines entraves qui l'affranchissent de tout excès. Du reste, pour atteindre à une imitation, même sage et réservée, de l'antique, un point de départ manquait encore. L'archéologie, sœur cadette de l'érudition et venue longtemps après elle, était une science toute nouvelle et toute rudimentaire au milieu du xve siècle. On ne s'occupait que depuis assez peu de temps à recueillir, chaque fois que faire se pouvait, des fragments de sculpture et d'architecture. Une bulle de Pie II, promulguée le 28 avril 1462, est la seconde loi que l'on connaisse — la première est due au roi ostrogoth Théodoric — destinée à protéger ce que nous appelons aujourd'hui les monuments historiques. Les princes et les artistes eux-mêmes commencent seulement à se former des collections précieuses où les modèles peuvent être étudiés d'une façon plus rassise. Ghiberti, par exemple, possédait un riche cabinet de bronzes, de camées et de médailles. Les travaux de voirie, de restauration et de construction, à Rome, fournissent bientôt des fragments considérables ou des œuvres entières, et chaque découverte a la portée d'un événement. A leur tour, les papes créent ces magnifiques musées que viendront consulter tant d'artistes et admirer tant de curieux.

Il est une étude qui procède à la fois de l'érudition philologique et de l'archéologie : c'est l'épigraphie. On n'eut garde de la négliger. Les inscriptions, demeurées en grand nombre très apparentes sur les monuments, furent expliquées; bien plus, leur texte, légèrement transformé, servit à indiquer de nouveau la date et la destination d'un monument, à composer une épitaphe. Celle que l'on voit gravée sur le tombeau du pape Eugène IV, mort en 1447, pourrait, à part les mentions qu'il a bien fallu accorder au personnage et au temps, convenir au mausolée d'un prêtre païen. A Rimini, sur le frontispice d'une église élevée par les Malatesta, fut placée une dédicace qui semble s'adresser à une divinité de l'Olympe : DIVAE ISOTTAE SACRVM, « à la divine Isotta ». Or il s'en fallait qu'il fût même question d'une sainte !

Au xive et au xve siècle, l'Italie possédait d'habiles orfèvres et d'excellents médailleurs. C'est par eux surtout que commença la Renaissance, et un peu par eux qu'elle se répandit. L'orfèvrerie était alors une manière d'encyclopédie de l'art; ceux qui s'y livraient, par suite des exigences multiples de leur profession, devaient savoir un peu de tout. L'architecture et la statuaire ne leur étaient pas étrangères; ils devenaient les arbitres par excellence du bon goût, ils avaient voix dans les concours; les sculpteurs et les architectes les consultaient, et souvent, comme Ghiberti, Donatello et Brunellesco, avaient commencé par être leurs élèves. Plus libres dans leurs conceptions et trouvant plus de modèles dans l'antiquité que dans le moyen âge, ils imitent la première et sont suivis de près par les médailleurs dont les produits n'ont pas de limites, chaque ville, chaque prince, chaque corporation voulant avoir sa médaille, sans compter celles qui sont émises à l'occasion du moindre événement et celles que des artistes eux-mêmes font frapper à leur effigie. L'habitude de se faire représenter en médaille engendre l'idée de se faire représenter en médaillon et de figurer de même les personnages que l'on veut honorer. Ce n'est pas assurément la Renaissance qui a inventé le médaillon, mais elle l'a employé beaucoup plus et avec beaucoup plus de bonheur que toute autre architecture, si bien qu'elle ne peut se concevoir sans lui ni en Italie ni ailleurs. Nous avons en France des médaillons empruntés comme style soit aux médaillons italiens, soit directement aux médailles qui circulaient en deçà des Alpes, après être sorties des ateliers de Pisanello,

Matteo de' Pasti, Boldu, Sperandio, Cristoforo di Geremia, etc.

Nous avons nommé les trois artistes dont le génie marque l'avènement de la Renaissance. Le premier en date est Ghiberti (1381-1455), l'heureux vainqueur, en 1402, du concours institué à Florence pour les portes du baptistère. Brunellesco (1377-1446), qui seul lui avait disputé la victoire, bien qu'un peu plus âgé, s'inclina de bonne grâce, reconnaissant la justice du jugement rendu ; puis, en compagnie de son ami Donatello (1386-1468), il partit pour Rome, où il espérait trouver dans l'étude des monuments antiques sa véritable voie. Là, en effet, ébloui par tout ce qu'il voit, il perd le soin de l'existence matérielle et ne rêve que chapiteaux, colonnes, entablements. Muni de bons dessins, instruit surtout par les méditations auxquelles il s'est livré, il revient plusieurs fois dans sa ville natale où une œuvre considérable préoccupe tous les esprits. Il s'agit d'élever sur le transept de Sainte-Marie-des-Fleurs la coupole dont Arnolfo di Lapo avait préparé la place, sans trop s'occuper des difficultés de l'exécution. Voyant que ses projets ont pour l'instant peu de chance d'être acceptés, il partage de nouveau son temps entre Rome et Florence, et attend patiemment jusqu'en 1420 l'occasion de provoquer un concours entre les architectes de tous les pays. Les Italiens seuls répondent à l'appel, et Brunellesco, qui prend part aux discussions préparatoires du jugement, critique si bien les plans et les idées de chaque concurrent qu'il n'en laisse rien subsister et qu'aucune résolution ne peut être prise. C'est alors qu'il expose ses idées. Suivant lui, il convient de dresser audacieusement au-dessus de la cathédrale la coupole du Panthéon d'Agrippa. A cette proposition chacun se récrie tout d'abord, puis on délibère et, finalement, sur la vue d'un modèle en relief qu'il présente, on est à moitié convaincu. Brunellesco entreprend alors la construction de quelques pieds de mur, avec l'aide de Ghiberti qu'il s'est laissé adjoindre. Mais ce dernier, dont l'ignorance comme praticien, grâce à de nouveaux artifices de diplomatie, est mise dans tout son jour, se retire bientôt, laissant son rival déployer seul une telle activité que peu d'années suffirent pour achever presque entièrement les travaux. A la mort du maître (1446), il ne restait plus que la lanterne à exécuter.

La coupole de Sainte-Marie-des-Fleurs, un peu plus vaste, mais surtout beaucoup plus solide que celle de Saint-Pierre de Rome, est la première œuvre architecturale de la Renaissance, aussi bien par ordre de mérite que par ordre chronologique. Et pourtant, si nous ne sommes plus en présence d'une construction gothique, nous n'avons pas non plus sous les yeux une imitation du Panthéon d'Agrippa, ni de tout autre monument romain. L'auteur a pris des anciens des leçons de goût; il leur a demandé les secrets de l'art de bâtir, il ne s'est pas fait plagiaire. Dans la décoration, les grands pilastres d'angle et le petit ordre ionique de la balustrade sont presque les seuls tributs payés aux formes gréco-romaines.

Dans les autres édifices religieux construits par lui à Florence et dont le plan lui appartient en entier, Brunellesco se sert davantage de la connaissance qu'il a acquise des cinq ordres. Comme les Romains, du reste, il préfère le corinthien et le composite. Au palais Pitti on le voit également remettre en honneur l'appareil à bossages dont l'emploi avait été négligé, mais non abandonné par le moyen âge. Enfin, à l'hospice des Enfants-Trouvés, en 1421, le premier il place un fronton au-dessus d'une fenêtre, décoration qui, après avoir fait fortune dans tous les pays où la Renaissance a pris racine, est demeurée fréquente jusqu'à nos jours.

Plus encore par ses écrits que par les travaux de sa profession, Léon-Baptiste Alberti (1404-1472) fut le continuateur de Brunellesco. Tout entier à l'imitation de l'antiquité et n'admettant pas de compromis, pour guider ses confrères dans la voie où il s'est engagé il compose successivement plusieurs ouvrages, dont le principal, rédigé d'abord en italien, puis traduit en latin sous le titre *De re ædificatoriâ* (1452), à la demande de Lionel d'Este, ne fut publié qu'en 1485. On y trouve cet aveu qui est tout un programme : « Je n'écris pas seulement pour les artistes, mais encore pour les esprits curieux de s'instruire. » Aussi, l'auteur accorde-t-il presque autant de place à des sentences prises çà et là aux philosophes et aux littérateurs, qu'aux aperçus esthétiques et aux règles de la construction. Il passe en revue les vieilles cités où il a rencontré les restes les plus remarquables : Rome, Ostie, Véies, Tivoli, Alatri, Spolète, Sienne, Ravenne, etc. Comme architecte, Alberti s'est distingué surtout dans la construction ou plutôt le rhabillage de cette singulière église de Saint-François, à Rimini, qui, par sa dédicace et son exacte imitation de l'antique, fut un vrai temple païen, le temple d'Isotta, la maîtresse de Sigismond Malatesta, transformée en déesse pour la circonstance.

Au-dessous des précédents, qui dominent toute l'histoire monumentale de la Renaissance, il serait injuste de ne pas accorder une mention très laudative au principal disciple de Brunellesco, Michelozzo († 1472), qui appliqua avec bonheur les idées du maître dans les villes où il fut employé, telles que Florence, Venise, Fiésole, Milan, etc. Puis, à un degré encore un peu inférieur, se montre Antonio Averulino, plus connu sous le pseudonyme de Filarète, qui publia lui aussi un *Traité d'architecture,* d'ailleurs assez médiocre. Il était à la fois sculpteur et architecte; mais les portes de Saint-Pierre qui lui furent confiées, au premier titre, par le pape Eugène IV, ne méritent guère d'éloges, et si, au second, il fut appelé à Milan pour donner son avis tant sur certains travaux de la cathédrale que sur la reconstruction du château démoli durant la république ambroisienne, on ne voit pas qu'il ait eu le moindre succès.

Il est bon de signaler à côté des artistes les princes et les villes qui encouragèrent leurs idées et, par leurs commandes ou leurs largesses, en permirent la réalisation.

Si parmi les Mécènes les papes furent les premiers en dignité, ils furent loin d'être les premiers en date. S'ils se déclarèrent pour les tendances nouvelles, ce fut un peu pour y avoir été entraînés et par le génie des artistes qui venaient en pèlerinage dans la ville éternelle, et par d'illustres exemples qui ne leur permettaient pas de s'effacer, et par l'influence du milieu même d'où ils étaient sortis. Tous les papes du xv‍ᵉ siècle, en effet, sauf Calixte III et Alexandre VI, étaient des Italiens, et ceux de la seconde moitié avaient vu s'élever pendant leur jeunesse, aux applaudissements de tous, les monuments qui marquaient la puissance intellectuelle de leur pays. Nous avons déjà parlé de Martin V, dont, surtout dans les commencements, le pontificat fut trop agité pour qu'il trouvât le loisir de prendre part aux vastes pensées qui déjà préoccupaient tant de villes de Toscane et même du nord de la péninsule. Plus tranquille sur la chaire de saint Pierre, Nicolas V (1447-1455) conçoit le dessein de reconstruire Rome et de lui rendre la splendeur qu'elle avait au temps des Césars. Malheureusement, le règne d'un pape est toujours trop court pour des projets dont l'exécution demande une longue vie ou une suite ininterrompue de générations animées d'un même esprit. Un Espagnol, Calixte III, qui succède à Nicolas V, laisse tout en suspens. Pie II, quoique Italien et humaniste, et malgré ses prénoms si antiques d'Æneas Sylvius, fait à Rome peu de choses pour la Renaissance. Paul II y réunit les éléments du premier musée public, et ce musée sera ouvert par Sixte IV (1471-1484), dont le pontificat de quinze ans est assez long pour mener à bonne fin ou à un état d'avancement notable un certain nombre d'entreprises commencées. Mais, manquant personnellement de goût, Sixte IV choisit surtout les hommes qui travaillent vite; grâce à leur activité, il construit la chapelle Sixtine, Sainte-Marie-du-Peuple, Sainte-Marie-de-la-Paix, fait rebâtir plusieurs églises délabrées ou de structure trop barbare à ses yeux, et parvient à réaliser en partie les projets de rectification et d'embellissement des rues de Rome qu'avait conçus un quart de siècle auparavant son prédécesseur Nicolas V. L'exemple du pape entraîne les plus riches cardinaux : Joseph Riario, Marc Barbo, Guillaume d'Estouteville, et surtout Julien de la Rovère, plus tard Jules II, dont le règne devait établir la suprématie de Rome au temps de la seconde Renaissance. Déjà au xve siècle la papauté, loin de chercher à détourner de sa direction naturelle l'art et la littérature, les secondait jusque dans les manifestations qui les entachaient de paganisme. Les humanistes les plus célèbres étaient connus à Rome, parfaitement accueillis quand ils y venaient; plusieurs, comme Pomponius Lætus, Platina, Argyropoulos, y eurent leur résidence; il se trouve des humanistes dans le Sacré Collège et jusque sur la chaire de saint Pierre, où nous avons signalé Pie II. C'est ce pape qui, un jour, pour convaincre les princes et les soldats qu'il voulait envoyer contre les Turcs, s'avisa de faire une harangue savante et bien pondérée où les citations d'auteurs grecs remplacèrent les textes évangéliques. « Ceux qui mourront dans la croisade, s'écria-t-il en finissant, ne recouvreront pas la science de toutes choses, comme le prétend Platon, mais ils l'acquerront, d'après l'opinion d'Aristote. »

Le haut domaine de l'art, au xve siècle, continue d'appartenir à Florence à laquelle Pise, malgré l'esprit novateur de ses artistes, ne put l'enlever, et qui affermit sa conquête par les aliments variés que seule elle pouvait donner au génie des artistes, d'ailleurs pour la plupart ses citoyens. L'humeur généreuse et l'esprit cultivé des Florentins, le culte enthousiaste qu'ils avaient voué au beau sous toutes ses formes faisaient de leur société un milieu particulièrement favorable à l'éclosion de Mécènes éclairés et d'esprits supérieurs. Les Mécènes, ce furent les Médicis, qui devaient finir si mal, mais qui commencèrent si bien! Il leur suffit de seconder les nobles tendances de leurs compatriotes pour obtenir bientôt la direction incontestée de l'art en même temps que celle des affaires publiques. Cosme l'Ancien (1429-1464) fit élever par divers architectes, et décorer par divers peintres et sculpteurs, un grand nombre de monuments; il commanda à Brunellesco un palais auquel celui-ci donna de telles proportions et une telle richesse, que l'exécution n'en fut pas entreprise, dans la crainte d'éveiller la susceptibilité des Florentins. Cosme put du moins réunir d'importantes collections d'antiques qui devinrent peu à peu sous ses successeurs le noyau du célèbre musée des Uffizzi. Son petit-fils Laurent (1469-1492), non seulement a mérité de l'histoire le surnom de Magnifique, mais fut à presque tous égards un homme accompli. Caractère chevaleresque, habile politique, orateur gracieux et éloquent, docte avec les savants, plein de pénétration et de goût avec les artistes, il a résumé les plus heureuses qualités de son peuple et de sa famille. Après lui, la splendeur de Florence eût pu difficilement se maintenir au niveau où il l'avait portée; d'ailleurs il n'y avait plus guère à construire, et ce fut à Rome qu'au XVIe siècle ses architectes, ses peintres et ses sculpteurs durent aller chercher des travaux dignes d'eux.

Certaines villes, témoins du mouvement merveilleux

dont Florence était le théâtre, voulurent y prendre part ; mais leurs efforts en ce genre produisirent des résultats très inégaux. Le trop grand nombre de monuments élevés au XIIIe et au XIVe siècle, des traditions trop fortes, des ressources trop restreintes et une tranquillité publique trop précaire ne permettaient pas ici une trop grande initiative, tandis que là, devant un terrain libre, sous la protection d'un gouvernement prêt à seconder tous les efforts, on pouvait se livrer aux entreprises les plus hardies. Nous allons rapidement passer en revue non seulement les plus prospères parmi les villes auxquelles il vient d'être fait allusion, mais encore celles qui, en dépit de leur faible étendue et du petit nombre de leurs habitants, n'en ont pas moins tenu une place considérable dans le mouvement artistique.

Au XVe siècle, Pise, qui a perdu la Corse et la Sardaigne, qu'une mauvaise administration et les dissensions intestines ont ruinée, est à vrai dire une ville morte que Florence convoite et réussit un instant à s'annexer. On n'y peut donc songer aux vastes desseins. Orviéto est sous l'influence gothique, Sienne se ressent du passage des premiers novateurs du XIIIe et du XIVe siècle ; sa cathédrale est terminée et son plus grand sculpteur, Jacopo della Quercia († 1438), est allé chercher ailleurs des travaux. On ne peut guère citer parmi les constructions de ce temps que le palais Piccolomini (primitivement Chigi), œuvre de troisième ou de quatrième ordre, gauchement conçue par Rossellino dans la manière d'Alberti.

A Bologne, l'esprit local, lorsqu'il sortait de son indifférence habituelle, se montrait généralement favorable aux traditions de l'art gothique. Néanmoins c'est dans cette ville que Jacopo della Quercia a laissé ses plus belles œuvres : le portail de San Petronio (1425-1433) et un tombeau à San Giacomo Maggiore. L'un des Bentivoglio, Jean II (1462-1509), faisant trêve à l'humeur batailleuse de sa famille qui s'était depuis longtemps emparée du pouvoir, prit même à la fin du siècle hautement parti pour la Renaissance.

Dans les Marches, deux petites villes, Urbin et Rimini, ont une gloire méritée qui doit presque tout entière remonter à leurs souverains.

A Urbin, la Renaissance se personnifie en quelque sorte dans le duc Frédéric de Montefeltre († 1482), une des figures les plus sympathiques de l'Italie au xv° siècle. Sa seconde femme, Battista Sforza, s'exprimait élégamment en latin; quant à lui, l'élève du savant et vertueux Victorin de Feltre, il faisait ses délices de la lecture des philosophes grecs, de Tite-Live et de saint Thomas d'Aquin. L'œuvre capitale de son règne est la construction d'un palais dû à Luciano da Laurana (1468), et tellement admiré même avant d'être terminé que Laurent le Magnifique en fit demander les plans.

Rimini, grâce aux Malatesta, joua un rôle important durant la première Renaissance. L'un de ses seigneurs, Charles, à la fois ami des lettres et des arts, se fit protecteur des humanistes et chercha à retenir près de lui Ghiberti. Un autre, plus célèbre, Sigismond (1429-1468), ayant eu le bonheur d'attacher Alberti à sa fortune, fit rebâtir ou plutôt transformer l'église Saint-François qui, par sa singularité autant que par sa beauté, eut une importance considérable sur la direction de l'architecture à cette époque.

A Ferrare, de 1393 à 1505, la maison d'Este demeure fidèle au mouvement artistique dont quatre générations activent l'essor. C'est ainsi que Nicolas III († 1441), prince vicieux et parfois cruel, en 1402 fonde une université, recueille dans ses voyages des monuments antiques et fait construire trois palais. Son fils Lionel († 1450), charmant esprit et heureux caractère, réunit une collection de pierres gravées ; c'est lui qui demanda à Alberti son *Traité d'architecture*, bien que la peinture ait à peu près seule illustré son règne. Borso († 1471), frère de Lionel, moins érudit, mais plus énergique, déploya un faste royal au milieu d'une des cours les plus élégantes et les plus policées de l'Europe. Plusieurs palais et maisons de plaisance ont été construits ou décorés par son ordre, notamment à Ferrare, le palais de la Schifanoja. Hercule Ier († 1505) marcha sur les traces de Borso, mais, moins heureux, perdit une partie de ses États. Il ne faut pas oublier que cette famille d'Este, à la fin du xve siècle et durant tout le xvie, demeura fidèlement attachée à la France. Alphonse, fils d'Hercule, et le cardinal Hippolyte d'Este soutinrent Louis XII contre Jules II et l'une des filles du roi, Renée, épousa Hercule II, dont la mort lui permit de rentrer en France, où elle se créa au château de Montargis une cour à l'italienne.

Le premier marquis de Mantoue, Jean-François de Gonzague (1407-1444), cultive les lettres, protège Pisanello et emploie, dit-on, Brunellesco; mais c'est le règne de son fils Louis (1444-1478) qui marque les splendeurs de la Renaissance dans la patrie de Virgile. Ce prince appelle le peintre Mantegna, dont il supporte, plutôt que de s'en séparer, toutes les bizarreries de caractère ; il arrête plusieurs fois au passage Alberti et en obtient des dessins. N'oublions pas de signaler également les femmes de la famille. Paule Malatesta, épouse de Jean-François, aimait les lettres et les arts; Barbe de Brandebourg († 1481), qui partagea l'existence de Louis, prodiguait à son mari les encouragements et souvent prit l'initiative de ses projets. Cet exemple devait être suivi plus tard par Isabelle d'Este, qui fut la protectrice des plus grands artistes du xvie siècle.

A Padoue, le souvenir de Tite-Live, auteur fort lu par les quattrocentistes, semble animer Jean Bellini et Mantegna, qui représentent volontiers des monuments antiques dans leurs tableaux. Dans cette ville, comme à Vérone, l'influence de Pétrarque se fait sentir et la Renaissance, grâce surtout à de nombreux collectionneurs, commence de bonne heure. Vérone est la patrie de Pisanello, le premier médailleur du xve siècle et celui dont les idées sont le plus tournées vers l'antiquité; elle a vu naître aussi Frà Giocondo, autre admirateur des Grecs et des Romains.

A Vicence, le palais épiscopal est une ravissante construction de la fin du xve siècle, bien plus avancée comme style que les églises bâties à la même époque. Quant à Trévise, elle est surtout célèbre par le long séjour de Frà Francesco Colonna, l'auteur du *Songe de Polyphile*[1], livre qui, en Italie comme en France, par ses gravures aussi bien que par la manière dont le sujet est traité, eut une grande influence sur le mouvement des arts. C'est là également que, durant son épiscopat, l'humaniste Ermolao (Hermolaüs) Barbaro fit peindre dans son palais des scènes où les personnages se détachent sur des monuments antiques.

Venise, cité marchande, subit la Renaissance plus qu'elle ne l'accepte. Chez elle, les traditions byzantines d'une part, de l'autre celles de l'ère gothique sont tellement enracinées que l'art nouveau trouve des difficultés à se frayer un chemin. On aime le luxe, mais en parvenu plutôt qu'en grand seigneur; la règle et le goût manquent à la fois et l'on ne s'occupe guère du style. Cependant, avec la famille des Lombardi, qui ne compte pas moins de trois architectes éminents, les choses à la longue changèrent un peu. Venise posséda un genre original qui, du nom de ses auteurs, prit le nom d'*architettura lombardesca*. Citons également, parmi les novateurs, Alessandro Leopardi et surtout Antonio Bregno, surnommé Riccio ou Rizzo († 1498), qui reconstruisit ou restaura une grande partie du palais des Doges.

Gênes, la rivale de Venise, secoue à peine le moyen âge. Il en est de même du Piémont, partout où règnent les maisons de Savoie et de Montferrat.

A Milan, le dernier des Visconti, Philippe-Marie,

---

1. *Hypnerotomachia Polyphili*. L'édition originale, publiée à Venise en 1499, est un des premiers ouvrages sortis des presses d'Alde Manuce. Une traduction française, due à J. Martin, parut à Paris, chez Kerver, en 1546.

ne songe guère qu'à se mettre en sûreté derrière les murailles du château, véritable Coucy italien, dont la République ambroisienne ne laissa pas pierre sur pierre, mais qui fut, peu après, reconstruit et agrandi par François Sforza (1450-1466). Nous avons vu que Filarète fit partie de la commission consultée à ce sujet. Son séjour fut surtout utilisé au Grand-Hôpital, qui lui doit une partie de ses embellissements. Vers le même temps, un autre Florentin, Michelozzo, déploya un grand talent dans la construction de la chapelle des Portinari, à Saint-Eustorge. Quant à Bramante, de 1472 à 1499, il ne quitta guère Milan, où, grâce à la protection de Ludovic le More, des travaux importants lui furent confiés.

On ne peut parler de Milan sans rappeler que dans le voisinage est la célèbre chartreuse de Pavie dont la façade, en partie élevée par Omodeo, présente comme un magnifique résumé de la Renaissance du xv° siècle, bien que les travaux se soient poursuivis jusqu'en 1546.

Assez facilement on pardonnerait à Naples, si éloignée du foyer de la Renaissance et dominée par des princes étrangers, de s'être tenue en dehors du mouvement. Cependant le goût nouveau y pénétra d'assez bonne heure avec Giovanni di Miniato (1428-1433), sculpteur florentin. N'oublions pas non plus que Michelozzo et Donatello exécutèrent à Pise, en 1427, un tombeau destiné à l'église Sant'Angelo a Nilo. Quant à l'arc triomphal, si pittoresquement encadré entre les deux tours du Castel Nuovo (1443-1471), il est l'œuvre d'un nommé Pietro, architecte et sculpteur milanais, qu'Alphonse d'Aragon éleva à la dignité de chevalier pour le récompenser de ses services. Alphonse, mort en 1458, eut pour successeur son fils Ferdinand, dont le long règne se prolongea jusqu'en 1494. Ce prince, ami de Laurent le Magnifique, fut un protecteur des arts. On lui doit la Porta Capuana (1482) érigée sur les plans du Florentin Giuliano da Majano.

CHAPITRE II

LA RENAISSANCE AU XVI° SIÈCLE

Quatremère de Quincy : *Histoire de la vie et des ouvrages des plus célèbres architectes*, 1830. — Burckhardt : *Geschichte der Renaissance in Italien*, Stuttgart, 1878. — H. de Geymüller : *les Projets primitifs pour la basilique de Saint-Pierre de Rome*, Paris, 1875-1880 ; — Id. : *Documents inédits sur les manuscrits et les œuvres d'architecture de la famille des San-Gallo*, 1885. — Casati : *I capi d'arte di Bramante da Urbino nel Milanese*, Milan, 1870. — Mongeri : *l'Arte in Milano*, 1872. — Müntz : *Raphaël, sa vie, son œuvre et son temps*, Paris, 1881.

Tout en différant profondément sur un grand nombre de points essentiels, les deux siècles entre lesquels se partage la Renaissance italienne ont beaucoup de caractères qui leur sont communs. L'un et l'autre appartiennent à la même famille dont ils font connaître deux générations.

A peine né, le xvie siècle prend des allures propres ; Rome, qui possède Bramante, n'attend pas la mort d'Alexandre VI, survenue en 1503, pour entrer en possession de son rôle nouveau et se mettre à la tête du mouvement. Au lieu de venir simplement comme auparavant chercher des inspirations au milieu des ruines, faire bagage de tout ce qui pourra leur servir dans les villes où ils seront appelés, la plupart des architectes s'établissent d'une manière définitive ou ne s'en vont qu'avec esprit de retour. Papes et cardinaux, du reste, s'entremettent pour les retenir et, dans le but d'utiliser leurs talents, conçoivent les plus vastes entreprises. Néanmoins, l'action de Rome sur le xvi° siècle reste bien moins complète et moins absolue que ne l'avait été celle de Florence sur le xv°; le foyer matériel, qui seul s'est déplacé, n'est entretenu que du dehors ; la flamme part toujours des lieux divers où elle s'était allumée tout d'abord, particulièrement de Florence qui ne se laisse pas de sitôt oublier.

Au xvi° siècle comme auparavant, Rome vit de ses souvenirs et de son prestige, mais ce n'est pas de son sein que sortent les génies. Aucun des artistes qu'elle accueille ne compte parmi ses enfants. Elle doit Michel-Ange, San-Gallo, Peruzzi et Ammanati à Florence, ou tout au moins à la Toscane[1], Raphaël et Bramante à Urbin et ses environs, Vignola au duché de Modène, Giacomo della Porta à Milan, Ligorio à une ville qui ne paraissait guère en état de faire quelque chose pour la Renaissance, à Naples. Nous ne parlons pas des artistes qui vivaient en dehors de Rome; ceux-là naturellement lui étaient étrangers.

---

1. Peruzzi naquit à Volterra d'un Florentin réfugié dans cette ville; San Gallo à Mugello, près Florence; Michel-Ange au château de Caprese, près Arezzo.

Pour n'en citer que quelques-uns, Buontalenti et Sansovino sont nés à Florence, Palladio à Vicence, Galeas Alessi à Pérouse.

Florence conserve un autre titre, et certes des plus glorieux, pour se placer à côté de Rome dans l'histoire du second siècle de la Renaissance italienne : c'est que cette glorieuse époque est qualifiée du nom de *siècle de Léon X*, que ce pape était non seulement Florentin de naissance, mais encore de la famille éminemment florentine des Médicis.

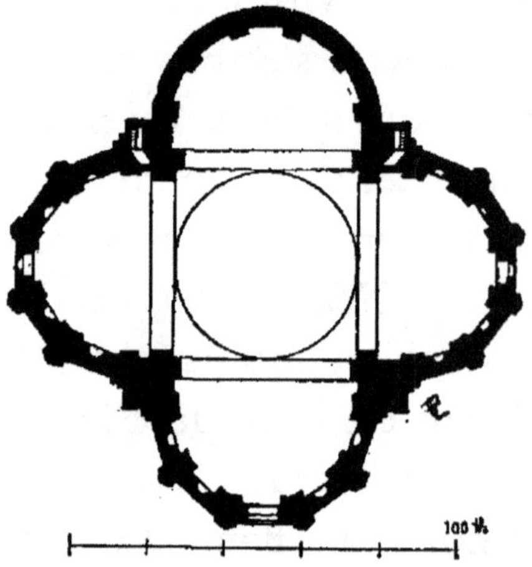

Fig. 1. — Consolazione de Todi.
(Plan.)

Mais faisons à chacun sa juste part et reconnaissons que, si Léon X a mérité, par l'élévation de son esprit et les encouragements qu'il accorda aux savants et aux artistes, la renommée dont il jouit, son action fut moins immédiate et moins décisive que celle d'un autre pape son prédécesseur. Le véritable représentant des aspirations et des tendances du temps fut Jules II, qui, non content de commander de grands travaux, en suit attentivement le développement, en surveille directement l'exécution. Nul plus que lui n'est demeuré en communion d'idées avec Bramante, Raphaël et Michel-Ange ; aussi sa mémoire est-elle intimement liée à la leur.

Lorsque Jules II, en 1503, succéda à Pie III, dont

le court pontificat de trois semaines le sépare d'Alexandre VI, Bramante, alors âgé de cinquante-six ans, était

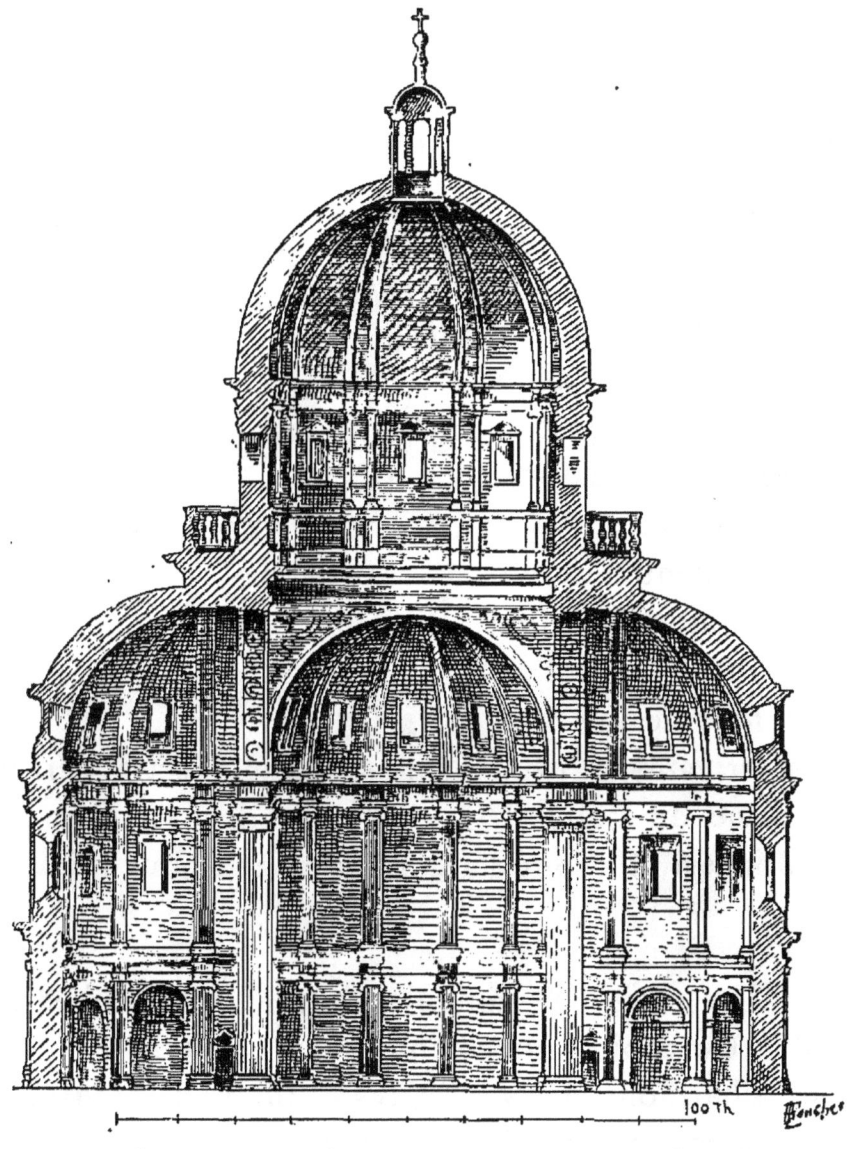

Fig. 2. — Consolazione de Todi (Burckhardt).
(Coupe.)

installé à Rome depuis quatre années environ. Et ce séjour avait déjà modifié sa manière qui, assez fidèlement imitée tout d'abord de celle de Brunellesco, sous l'influence des monuments antiques, tendait, en se modifiant quelque peu, à acquérir certaines qualités de simplicité que nous examinerons bientôt. Mais auparavant il est bon de faire connaître quelles œuvres le grand architecte a laissées à Milan où, de 1472 à 1493, se sont développées ses aptitudes, où son génie s'est en quelque sorte préparé à la plus brillante carrière.

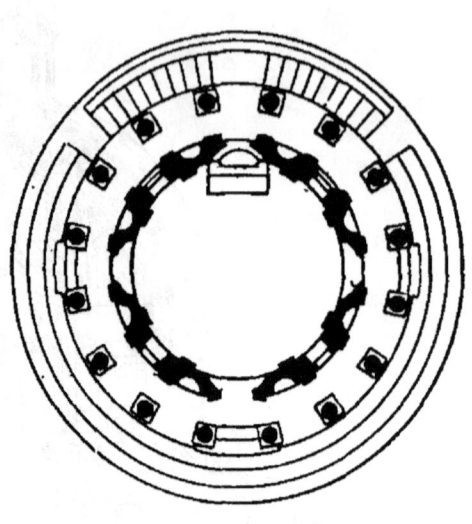

Fig. 3. — Saint-Pierre in-Montorio. (Plan.)

Dans l'énumération suivante, nous nous en tiendrons aux indications fournies par les trois écrivains qui ont le mieux étudié cette période de la vie du maître : H. de Geymüller, C. Casati et G. Mongeri. Ils sont d'accord entre eux pour lui attribuer :

1° Un projet de coupole destiné à la cathédrale (1486). Ce projet, forcément conçu en style gothique pour s'harmoniser avec le reste, fut l'objet, en 1491, d'une consultation à laquelle Bramante lui-même prit part. On ne sait si, dans les travaux qui suivirent, il en a été tenu compte;

2° A Saint-Ambroise, la maison canoniale (1492) et les bâtiments claustraux (1498);

3° A Sainte-Marie-des-Grâces, la coupole, qu'il n'exécuta qu'en partie, la porte principale, la chapelle Saint-Paul, le tombeau d'un fils de Ludovic le More, la sacristie, le cloître et le réfectoire (1492-1494);

4° A Sainte-Marie près San Satiro, la première partie de la nef (vers 1474), la chapelle Saint-Théodore (1497), la seconde partie de la nef et les premières assises de la façade (1498);

5° A Sainte-Radegonde, le mur latéral de gauche et un cloître sur plan irrégulier;

Fig. 4. — Saint-Pierre in Montorio. (Élévation.)

6° Au Grand-Hôpital, neuf fenêtres gothiques entre la loggia du milieu et le nouveau corps de logis, la moitié du portique de la grande cour, du côté du midi;

7° A l'archevêché, le portique de la cour principale, vers la piazza Fontana (1493-1498).

En dehors de Milan et de Rome, on a voulu reconnaître la main de Bramante dans un grand nombre d'édifices; mais ces prétentions sont loin d'être toujours justifiées. Si rien n'empêche, par exemple, d'admettre qu'il ait fourni des dessins pour l'embellissement de la cathédrale de Côme, — trois fenêtres (1491) et le revêtement extérieur (1500-1513) rappellent sa manière, — on ne voit pas sur quoi l'on se fonderait pour mettre à son compte certaines parties de la cathédrale de Pavie. Mêmes doutes au sujet de la Consolazione de Todi, jolie église à coupole sur croix grecque, dont chaque bras est terminé en hémicycle. Certains détails, au besoin, pourraient être de Bramante; mais l'ensemble fait songer bien plutôt à Cola da Caprarola. D'autres attributions portent manifestement à faux : telles sont celles qui concernent la cathédrale de Città di Castello, entre Urbin et Pérouse, bâtie, de 1488 à 1529, par Bartolomeo Lombardo; le portique de la cathédrale de Spolète, œuvre de deux architectes, le Milanais Ambrogio d'Antonio et le Florentin Pippo d'Antonio; la cathédrale de Foligno, commencée en 1513 par Cola da Caprarola, et terminée en 1544 par le Florentin Baccio d'Agnolo, qui construisit la coupole.

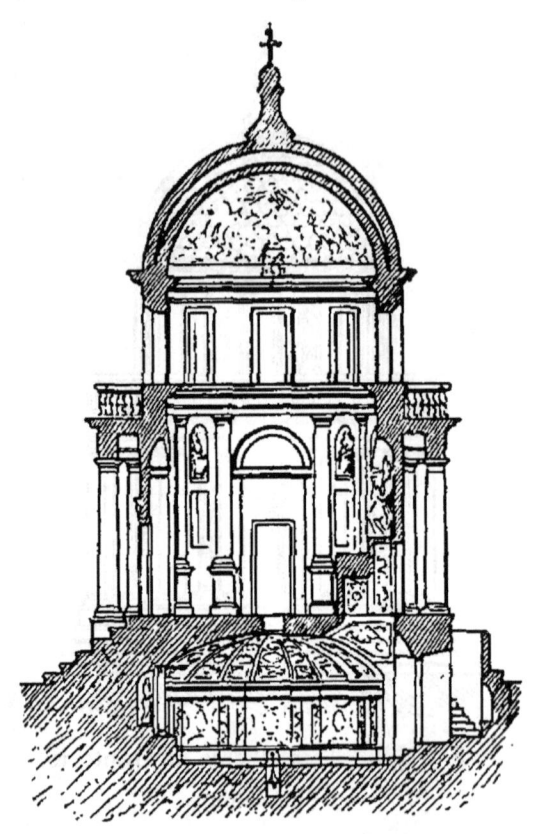

Fig. 5 — Saint-Pierre in Montorio.
(Coupe.)

Il ne règne plus aucune incertitude sur l'œuvre de l'artiste à Rome. Outre que les documents ne font pas défaut, sa manière désormais plus franche, plus accusée, suffirait le plus souvent à prévenir toute erreur.

Et en effet, quelque temps après son arrivée dans la ville éternelle, Bramante est un homme nouveau; il s'affirme comme tel, bien que pas toujours à son avantage. Les qualités qui étaient son partage, comme elles avaient été celui de la plupart des architectes du quattrocento, nous voulons dire la grâce, la richesse d'invention, une sorte de liberté attachante, sont sacrifiées au désir d'atteindre à la majesté et à l'inflexible correction de l'architecture romaine.

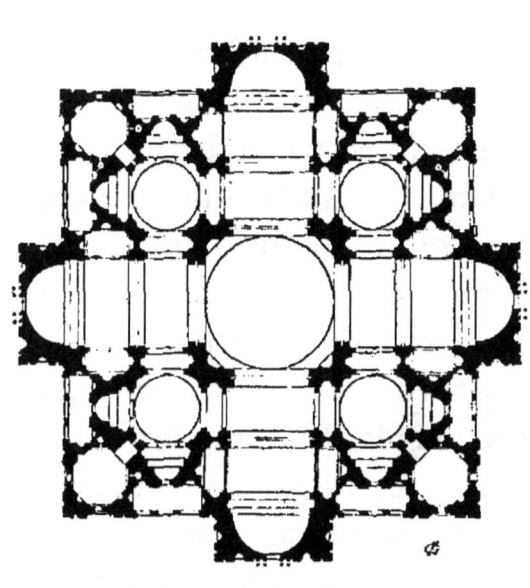

Fig. 6. — Saint-Pierre.
(Plan de Bramante.)

De la sorte, il se montre le représentant de la Renaissance dans le sens rigoureux du mot, il se fait le champion du retour pur et simple vers les formes antiques. On pourrait ajouter que le sentiment de respect inspiré par tout ce qu'il avait sous les yeux a bien pu amener Bramante à modifier ses idées. Sur cette terre semée d'admirables débris, tout imprégnée de l'ancienne civilisation, il ne pouvait transporter une manière de faire qui n'aurait pas eu sa raison d'être, quel que fût, du reste, son incontestable mérite.

De là est née l'école romaine qui, durant trois siècles, a, dans la plus grande partie de l'Europe, réglé la marche de l'art. On lui doit Saint-Pierre de Rome, c'est-à-dire la plus vaste conception des temps modernes. Bramante, après l'avoir fondée, en est demeuré l'un des principaux chefs.

Pour la première fois, la nouvelle tendance se manifeste, en 1502, dans une construction dont les dimensions sont petites, mais où l'architecte a su faire éclater tant de génie que la postérité, laissant le plus souvent de côté son nom de Saint-Pierre in Montorio, lui donne celui de Temple de Bramante. Au-dessus d'une crypte à voûte surbaissée et de forme circulaire, ornée de caissons, s'élève une rotonde pourtournée de colonnes, à laquelle on arrive par six degrés. Un premier étage jouant le rôle de tambour, en retrait sur les colonnes, supporte la coupole, composée, suivant l'usage qui prévaudra désormais, de deux voûtes, l'une extérieure qui sert de base à la lanterne, l'autre intérieure destinée à recevoir des peintures ou des ornements en relief. On le voit, c'est presque la copie de certains temples élevés par les Romains à leurs divinités, particulièrement à Vesta. Bramante s'était proposé de construire sur le même plan le cloître environnant, mais il ne fut pas donné suite à cette idée. Du même temps que la petite église Saint-Pierre in Montorio est le cloître de Santa Maria della Pace qui, sur le moment, contribua peut-être davantage à faire connaître Bramante, bien que l'œuvre fût moins originale. Dès son avènement, Jules II, pour ses grands projets, savait donc à qui s'adresser : son choix était tout indiqué d'avance.

Nicolas V s'était proposé de reconstruire la basilique de Saint-Pierre. Seulement, à sa mort (1455), les travaux, limités à la « tribune » ou chevet, ne dépassaient guère quelques pieds au-dessus du sol. Abandonnés alors, ils ne devaient être repris qu'après un demi-siècle par Jules II, dans des conditions qui méritent d'être notées. Le pape à peine installé fut tourmenté du désir de se faire élever un tombeau magnifique, et pour cela il entra en pourparlers avec Michel-Ange, dont le fier génie avait ses préférences. Un projet ne tarda pas à être présenté, mais tellement colossal que, même dans l'abside achevée de Saint-Pierre, si les prescriptions liturgiques n'y eussent pas mis d'obstacle, la place se fût encore trouvée trop étroite. Aussi Jules II résolut-il de jeter bas non seulement ce qui restait de la vieille basilique, mais encore la partie reconstruite par Bernard Rossellino. Tout devait prendre de plus grandes proportions, et les deux architectes appelés à présenter des plans, Giuliano da San-Gallo, l'oncle du célèbre Antonio, et Bramante, n'avaient qu'à s'abandonner à leur imagination. Comme on devait s'y attendre, le second l'emporta, et sans retard on se mit à l'œuvre. Sur les ruines de l'ancien temple à moitié démoli, la première pierre du nouveau fut posée le 18 avril 1506.

Le Saint-Pierre de Bramante, bien que rappelant dans ses dispositions principales certaines églises byzantines, où le plan général s'inscrit dans un carré et où la coupole centrale s'entoure de coupoles secondaires, paraît néanmoins une conception individuelle. Les figures ci-jointes feront comprendre l'économie des dispositions primitives et les changements imposés par les circonstances ou les vicissitudes de la direction. Dès le début, d'ailleurs, on eut à lutter contre de graves difficultés. Pour plaire au pape, qui se montrait impatient de voir surgir la grande coupole au centre de l'édifice, Bramante, négligeant sur deux côtés, au nord et à l'ouest, les bras de croix destinés à contrebuter les maîtresses piles, avait donné à ces dernières leur hauteur définitive, bandé les arcs et tout préparé pour pousser plus avant. Mais, au décintrage, un fléchissement s'accusa, des lézardes se montrèrent un peu partout, et comme il arrive souvent, cherchant le mal là où il n'était pas, on accusa le maître d'avoir trop restreint le diamètre de ses piles et mal assis ses fondations. Quoi qu'il en soit, les architectes chargés de trouver des moyens de consolidation ne pouvaient guère faire autre chose qu'englober les parties faibles dans un épais massif, et c'est à quoi ils procédèrent si bien que, de toute l'œuvre de Bramante, à peine si les grands arcs demeurèrent apparents.

En même temps que Saint-Pierre, le Vatican était l'objet d'une complète transformation. Un vallon s'étendait du palais vieux au Belvédère, Jules II résolut de l'enserrer au moyen de deux galeries longues chacune de quatre cents pas. Il obtiendrait ainsi comme un immense cirque, surtout grâce à un escalier à double rampe, montant à l'une des extrémités vers une partie semi-circulaire formant abside. Bramante, toutefois, ne put exécuter que la moitié de ce projet grandiose. La galerie qui domine la ville, dans son état primitif, était seule de lui; car, élevée avec trop de précipitation, elle s'est écroulée peu après son achèvement et a dû être reprise sur les deux tiers de sa longueur.

Fig. 7. — Palais de la Chancellerie, à Rome (Burckhardt).

Celle qui lui fait face, postérieure d'un demi-siècle, ne

date que du pontificat de Pie IV. Ajoutons que, sous Sixte-Quint, la construction d'une aile transversale est venue détruire toute l'ordonnance; il n'est plus possible aujourd'hui de juger de l'effet projeté.

Bramante, au commencement de son séjour à Rome, a également élevé dans le Borgo Nuovo, pour le cardinal de Corneto (Adrien Castellesi), un charmant palais, appelé depuis, du nom de ses différents propriétaires, palais du roi d'Angleterre, palais Giraut et palais Torlonia. Puis en adoptant le même genre de décoration, dans un autre quartier de la ville, il commença, vers 1508, la construction du palais dit de la Chancellerie, qui passe à bon droit pour l'un des chefs-d'œuvre de la Renaissance. Autour de la cour règne un portique à double étage, dont la plupart des colonnes proviennent d'un édifice antique. Sur la rue, le rez-de-chaussée est décoré de bossages, tandis que plus haut, entre les fenêtres cintrées, s'allongent des pilastres corinthiens. Dans ce palais bâti pour le cardinal Riario, neveu de Sixte IV, tout n'est pas sacrifié à la majesté : on retrouve quelque chose de la grâce des premières compositions du maître.

Bramante mourut le 11 mars 1514, et sa succession, tout au moins en ce qui concernait Saint-Pierre, fut dévolue à son neveu Raphaël. Et la chose n'a pas lieu de nous étonner, car, de l'autre côté des Alpes, presque tous les arts étaient heureusement confondus[1]. A ce

---

[1]. Les peintres et les sculpteurs, en donnant pour fond à leurs compositions des monuments étudiés avec soin, s'étaient en quelque sorte fait la main à l'architecture. Chez la plupart d'entre eux, on sent la préoccupation de créer des édifices qui auraient pu exister.

sujet, à peine avons-nous besoin de citer Michel-Ange. De son côté, si Raphaël, semble-t-il, ne s'occupa jamais de sculpture, en maintes occasions il montra qu'il pouvait être un habile architecte. Nous le blâmerons toutefois d'avoir dans son plan de Saint-Pierre, par la substitution de la croix latine à la croix grecque, fait perdre en harmonieuse majesté à l'édifice ce qu'il gagnait en dimensions. Il est vrai que Raphaël n'eut jamais le pouvoir de passer à l'exécution. Tout son temps s'est dépensé, en suivant les conseils de Frà Giocondo et de Giuliano da San-Gallo, à redonner aux maîtresses piles force et aplomb.

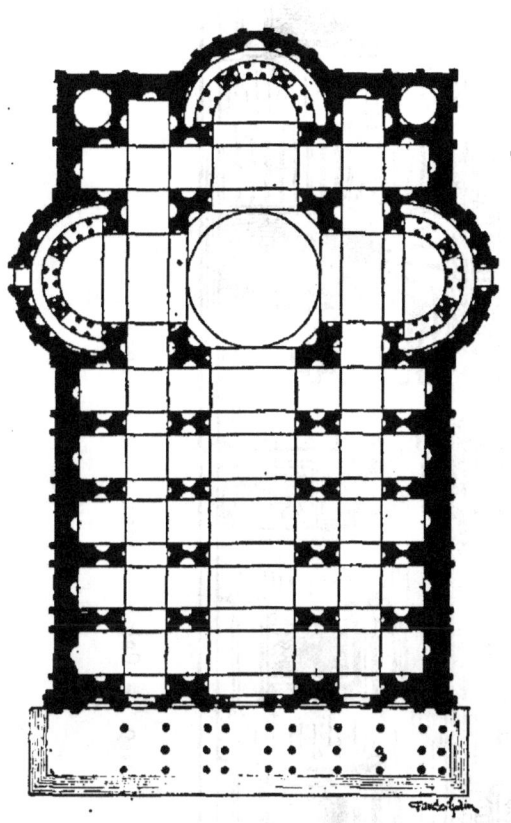

Fig. 8. — Saint-Pierre.
(Plan de Raphaël.)

Raphaël se montra mieux inspiré dans la construction de la villa Madama, près Rome, sur le penchant du Monte Mario. Ce casino, car il s'agit d'un lieu de plaisance et non pas d'une véritable habitation, fut commencé en 1516 pour le cardinal Jules de Médicis, plus tard pape sous le nom de Clément VII (1523-1534). Si les dimensions sont médiocres, l'édifice n'en éveille pas moins une singulière idée de grandeur. On

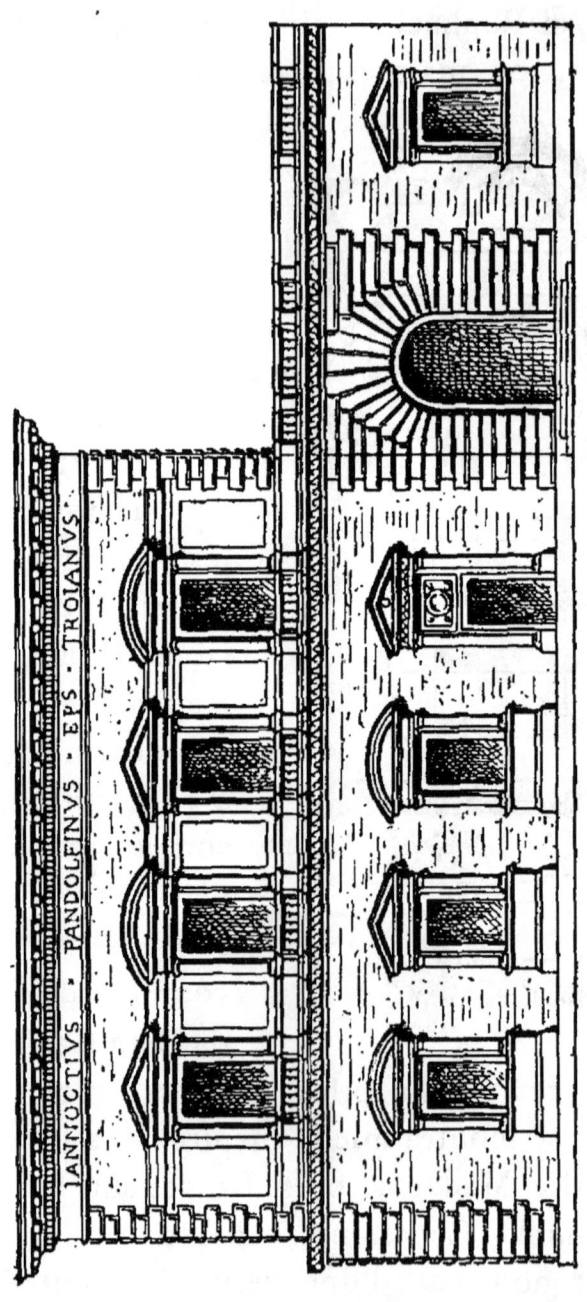

Fig. 9. — Palais Pandolfini, à Florence.

admire surtout avec raison l'ordre de pilastres ioniques, la loge et les arcades qui plongent dans le bassin de la terrasse inférieure. De la cour disposée en demi-cercle, le visiteur passe dans un vestibule qui conduit à une galerie donnant sur le jardin. Tout l'intérieur est décoré de stucs et de peintures qui, par leur goût exquis, font songer aux Loges du Vatican. Raphaël, malheureusement, n'eut pas le temps de mener à bonne fin cette œuvre magnifique qui fut continuée par son principal collaborateur, Jules Romain.

Nous venons de parler des Loges : à la demande de Jules II, Bramante avait fourni un plan, et déjà les maçonneries sortaient du sol tout autour de la cour Saint-Damase, lorsque pape et architecte moururent presque en même temps. Le projet fut repris peu après par Léon X, qui chargea Raphaël de pousser rapidement les travaux. Néanmoins, le grand artiste, sur un des côtés seulement, éleva trois étages de portiques. Il avait hâte sans doute de procéder à la décoration intérieure des deux premiers, qui sont à arcades séparées par des pilastres, tandis que le dernier est à colonnes et entablements.

Durant un séjour à Florence que fit Raphaël en 1515, il fournit, dit-on, les dessins de deux palais. Mais l'un d'eux, celui des Uguccioni, ne semble guère pouvoir lui être attribué ; quant au second, destiné à un ami de l'artiste, Giannozzo Pandolfini, évêque de Troja, si Raphaël, ce qui est probable, en a conçu toutes les dispositions, il a été construit par Jean-François da San-Gallo. L'ensemble du monument offre un grand aspect d'élégance et de noblesse, les proportions et les détails ne laissent rien à désirer. On a réservé les bossages pour les angles et l'encadrement de la porte cochère qui est en plein cintre ; de beaux chambranles, aux fenêtres, rompent la monotonie des parties lisses ; une frise avec le nom du propriétaire et une corniche à modillons couronnent le tout.

Raphaël, à Saint-Pierre, eut pour successeur Balthazar Peruzzi qui, de deux ans seulement plus jeune que lui, — il était né en 1481, — avait déjà montré un grand talent dans la construction du petit palais dit plus tard la Farnésine, sur la rive droite du Tibre, lorsque les Farnèse se furent substitués au banquier Chigi. C'est un édifice aux profils très purs, dont la façade se fait en outre remarquer par des grisailles d'un caractère tout particulier. Mais l'architecture, il faut bien le dire, tient ici le second rang. On admire surtout et avec juste raison les fresques de la galerie où Raphaël et ses élèves ont figuré la célèbre fable de Psyché.

Fig. 10. — Saint-Pierre.
(Plan de Peruzzi.)

Le premier soin de Peruzzi, aussitôt son installation en qualité de chef des travaux de Saint-Pierre, fut de reprendre le projet de Bramante. La croix grecque une seconde fois eut toutes les préférences, et de nouveau l'on disposa à l'extrémité de chaque bras une abside semi-circulaire. Des changements, suivant l'idée de l'architecte, devaient être seulement apportés à l'extérieur, où, dans les parties rentrantes, quatre campaniles se seraient élevés au-dessus des sacristies. Ce que l'ensemble perdrait en noblesse, il le regagnerait ainsi en mouvement. Mais Peruzzi, avant sa mort (1536), loin de pouvoir mettre son projet à exécution, n'eut même pas le temps d'achever la consolidation des maîtresses piles. Pour s'être trop pressé au début, la construction de Saint-Pierre, sans parler de la dépense qui en était le résultat, se trouvait soumise à toute sorte de fluctuations en même temps qu'à de longs retards.

Pour bien juger Peruzzi, pour se rendre compte du talent qu'il savait au besoin déployer, il faut visiter à Rome le palais Massimi (1532). Nulle part ailleurs, en pareille circonstance, emplacement plus restreint et plus irrégulier n'a peut-être été imposé à un architecte; et cependant tout paraît si naturellement combiné que, suivant la remarque de Quatremère de Quincy, l'on serait presque tenté de croire à un choix voulu et déterminé. La principale difficulté résidait dans la courbe de la rue, qui obligeait à élever une façade en arc de cercle. Afin de donner moins d'importance à ce dernier, Peruzzi, sur la moitié de la longueur, dans toute la partie centrale, a substitué un portique au mur plein du rez-de-chaussée. L'œil ainsi, de la rue, loin d'être arrêté, aperçoit entre les colonnes doriques un élégant vestibule, terminé à ses extrémités par deux grandes absides. Le premier étage n'offre rien de particulier, mais au-dessus règnent deux rangs de fenêtres plus larges que hautes, destinées évidemment à donner à la construction un aspect sévère. Tout cela est très étudié, et le xvie siècle n'a guère laissé de monuments qui lui fassent plus d'honneur.

Fig. 11. — Palais Massimi, à Rome.

A Rome, Peruzzi n'a pas construit que des palais : çà et là, on montre de lui quelques habitations de moindre importance où Quatremère de Quincy se plaît à reconnaître une imitation tellement fidèle de l'antique

que l'esprit de l'observateur en est tout troublé. Enfin nous devons signaler, à Ferrare, une merveille de goût et d'élégance, la porte du palais Sacrati. Pour mener à bonne fin ce chef-d'œuvre, Peruzzi a négligé le reste de l'édifice, qui de nos jours encore attend son revêtement.

A plusieurs reprises, il a été question de Giuliano da San-Gallo (1445-1515). Cet architecte, qui de son vrai nom s'appelait Giamberti[1], ne comptait pas dans sa famille moins de quatre personnes adonnées à la même profession. Mais l'espace nous manque pour consacrer ici seulement quelques lignes, soit à son frère Antonio dit le Vieux (1455-1534), dont Vasari fait l'éloge, soit à ses deux neveux, Giovan-Francesco (1482-1530) et Battista (1496-?). Du reste, il faut bien l'avouer, la postérité n'a guère conservé le souvenir que d'un troisième neveu, Antonio dit le Jeune (1485-1546). C'est de lui que l'on est censé parler chaque fois que l'on prononce isolément le nom de San-Gallo.

A la mort de Giuliano, qui, nous l'avons vu, avait été appelé à Rome en même temps que Frà Giocondo, le jeune architecte, nourri des principes de ces deux maîtres, les plus habiles alors dans l'art de la construction, fut attaché par Bramante aux travaux de Saint-Pierre en qualité de surveillant général. Il se trouva ainsi de bonne heure familiarisé avec les moindres détails de l'immense édifice qui devait plus tard, lorsque Peruzzi vint à disparaître à son tour, lui être directe-

---

1. Le surnom de San-Gallo, qui passa non seulement à son frère, mais aux fils de ses sœurs, lui fut donné à la suite d'un long séjour dans un faubourg de Florence, près de la porte San-Gallo.

ment confié. La consolidation des supports de la cou-

Fig. 12. — Palais Farnèse (Burckhardt).

pole n'était pas encore achevée; Antonio da San-Gallo,

tout en s'occupant de ce soin, se prépara, suivant l'habitude, à continuer l'œuvre sur un plan nouveau. Il exposa même, dans le but de faire mieux connaître sa pensée, un modèle en relief, heureusement conservé jusqu'à nous, et dont les dispositions ne justifient que trop les critiques des grands architectes du temps. Les lignes principales, en effet, y sont comme étouffées par les détails, et la mesure de la richesse se trouve de beaucoup dépassée. Ce projet ne fut pas exécuté, quelque empressement qu'eût mis San-Gallo à réunir dans la future enceinte du monument les matériaux nécessaires.

Les travaux de Saint-Pierre, assez peu actifs, du reste, grâce aux discussions soulevées à leur sujet, permettaient souvent à l'architecte de s'occuper ailleurs. Aussi le voyons-nous donner ses soins à la petite église Notre-Dame-de-Lorette, dont la coupole est son œuvre. C'est à lui également que le pape s'adressa lorsque la solidité des Loges, compromise par l'addition d'un troisième étage, donna quelque inquiétude. Mais San-Gallo ne fit pas que continuer des édifices déjà commencés ou réparer les fautes d'autrui : il a attaché son nom à l'une des plus admirables créations de la Renaissance, nous voulons dire le palais Farnèse. Là où tout était laissé à son talent et à son inspiration, il s'est montré aussi habile architecte que constructeur consommé. Même on peut dire qu'il a fait un véritable tour de force en donnant, au cours de la construction, sans que le changement demeurât sensible, lorsque le cardinal Alexandre Farnèse, en 1532, fut devenu pape sous le nom de Paul III, plus d'étendue au projet primitivement arrêté.

Le palais, complètement isolé, présente quatre façades à trois étages chacune, dont les fenêtres dites « à tabernacle » sont accostées de colonnes supportant un fronton. Sous le rapport de l'appareil, pour lequel on n'a employé que le travertin, aucune comparaison n'est à craindre avec les monuments les plus soignés de l'antiquité. La corniche mérite également un grand éloge; son exécution est parfaite de tout point. Mais cette partie de l'édifice ne saurait figurer dans l'œuvre de San-Gallo, qui, à la suite d'un concours provoqué par le pape (1544), toujours désireux de mieux faire, s'était vu remplacé par Michel-Ange.

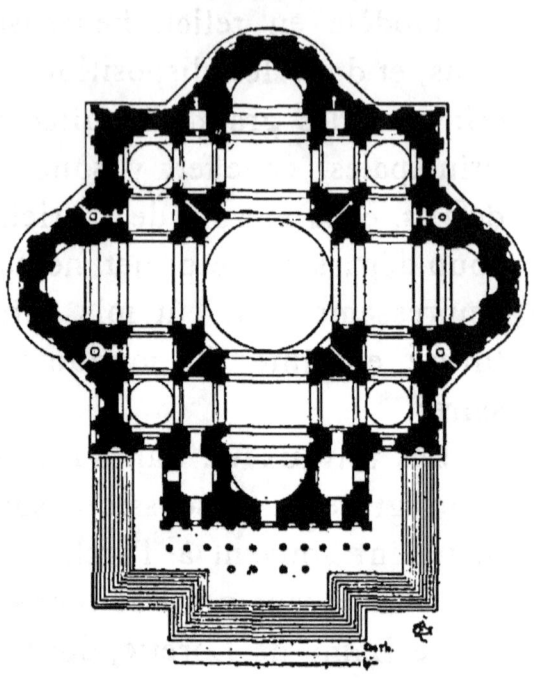

Fig. 13. — Saint-Pierre.
(Plan de Michel-Ange.)

Le grand artiste, du reste, devait être appelé bientôt (1546) à recueillir tout l'héritage du maître. Son premier triomphe le désignait au choix de Paul III pour la continuation des travaux de Saint-Pierre, qui gagneraient beaucoup à tomber entre les mains d'un génie entreprenant, ne se laissant jamais détourner de son but et capable d'agir avec promptitude et résolution.

A ces qualités que l'âge n'avait pas affaiblies, — il comptait alors soixante-douze ans, — Michel-Ange, par malheur, joignait quelques défauts. Chez lui, l'originalité frise souvent le mauvais goût. On sent un esprit qui, pour se donner la satisfaction d'innover, est prêt aux conceptions les plus étranges. Pas de règles fixes, aucune préoccupation des nécessités du métier proprement dit, mais une grande puissance de création, un haut sentiment du rôle que l'art doit jouer en toutes choses. Au sujet d'un sculpteur réputé habile, dont le temps se passait à copier des statues antiques, on l'entendit dire un jour : *Chi va dietro ad altri, mai non gli passa innanzi;* et pour compléter sa pensée, il ajouta : *Chi non sa far bene da sè, non può servirsi bene delle cose d'altri*[1]. Ces deux phrases, sous forme d'adages, font admirablement connaître le fond de la pensée du maître, quelles étaient ses tendances et ses aspirations.

A Saint-Pierre, préoccupé surtout de produire certains effets, Michel-Ange négligea quelque peu la distribution intérieure. Il lui suffisait, quant à l'ensemble, de maintenir la donnée primitive : car, suivant son opinion fréquemment exprimée, « on ne pouvait s'écarter du projet de Bramante sans s'éloigner de la vérité ». Mais si l'intérieur conserve ses quatre absides, extérieurement il n'en apparaît que trois, celle du côté de la façade étant noyée dans un massif rectangulaire, destiné lui-même à disparaître derrière une colonnade. Sauf ce dernier arrangement, sauf également quelques modifications apportées à la coupole, le nouveau plan fut entièrement

---

[1] « Qui s'habitue à suivre les autres ne les dépasse jamais. — Qui ne sait bien faire par soi-même ne saurait profiter de l'ouvrage d'autrui. »

exécuté ; aussi, quand on parle de la basilique, est-il toujours question de Michel-Ange. La besogne, du reste, avait été menée si vite, qu'après lui tout remaniement devint impossible. Les murs, les piliers, les voûtes, le tambour même étaient à peu près terminés au moment de sa mort, arrivée en 1564. Seule, la façade n'étalait encore que des arrachements, ce qui plus tard, au grand détriment de la physionomie générale, conduisit à ajouter une nef complète avec ses bas côtés. Quant à la coupole, elle subit un changement assez notable par la surélévation de la calotte extérieure, dont la courbe, au lieu de demeurer plein cintre, tendit vers l'arc brisé, ce qui tout à la fois était plus harmonieux et plus logique, eu égard à la lanterne dressée au sommet. Car, les praticiens ne l'ignorent pas, les conditions d'une coupole hémisphérique et celles d'une coupole ovoïde sont bien différentes ; l'adjonction d'une lanterne, qui entraîne la déformation de la première, contribue au contraire à la solidité de la seconde, dont l'effet de relèvement, produit sur la clef par les assises voisines, se trouve neutralisé. Si Michel-Ange ne termina pas la coupole, il eut au moins un successeur digne de lui dans Giacomo della Porta, à qui revient l'honneur de la modification indiquée.

Sans parler de la célèbre corniche du palais Farnèse, que quelques-uns attribuent à Vignola, Rome doit encore à Michel-Ange deux constructions assez belles de lignes, mais aux détails mal conçus : la Porta Pia et le Capitole. Quant au tombeau de Jules II qui ne reçut, quant à l'architecture, pas même un commencement d'exécution, il apparaît surtout, dans les dessins parvenus jusqu'à nous, comme l'œuvre d'un sculpteur désireux de placer des statues.

Hors de Rome, on ne retrouve Michel-Ange qu'à Florence, où se firent ses premiers essais en architecture. Il s'agissait d'élever une rotonde destinée à contenir les tombeaux des Médicis (1514). C'est l'édifice connu sous le nom de nouvelle sacristie de Saint-Laurent, et nous ne saurions trop blâmer l'accumulation de détails capricieux et même disparates qui alourdissent l'ensemble. Le vestibule de la Bibliothèque Laurentienne (1524) est aussi du même maître, dont les restes, enlevés secrètement de Rome, où il était mort, par ordre du grand-duc Cosme Ier, reposent à Sainte-Croix.

On peut dire que la succession de Michel-Ange, à Saint-Pierre, fut recueillie par Vignola, car il ne saurait être question de compter parmi les architectes de la grande basilique un personnage incapable et à peu près inconnu qu'une cabale avait imposé à Pie IV. Mais le célèbre législateur de l'art de bâtir, sur lequel nous aurons bientôt à revenir, eut à peine le temps († 1573) d'achever les voûtes et de construire les deux petites coupoles placées latéralement et en avant de la grande pour la faire valoir. Ce sont là ses moindres travaux.

Giacomo della Porta (1530-1595), élève du précédent, eut la gloire, comme nous l'avons déjà dit, d'achever la coupole de Saint-Pierre, après avoir corrigé, par permission spéciale de Sixte-Quint, la coupe de l'enveloppe extérieure. Il arriva ainsi à un résultat qui, depuis plus de quatre siècles, ne cesse d'enlever les suffrages de tous les hommes de goût. A ce sujet, voici sur l'œuvre entière le jugement porté par l'un des architectes les plus distingués de notre époque, M. Charles Garnier :

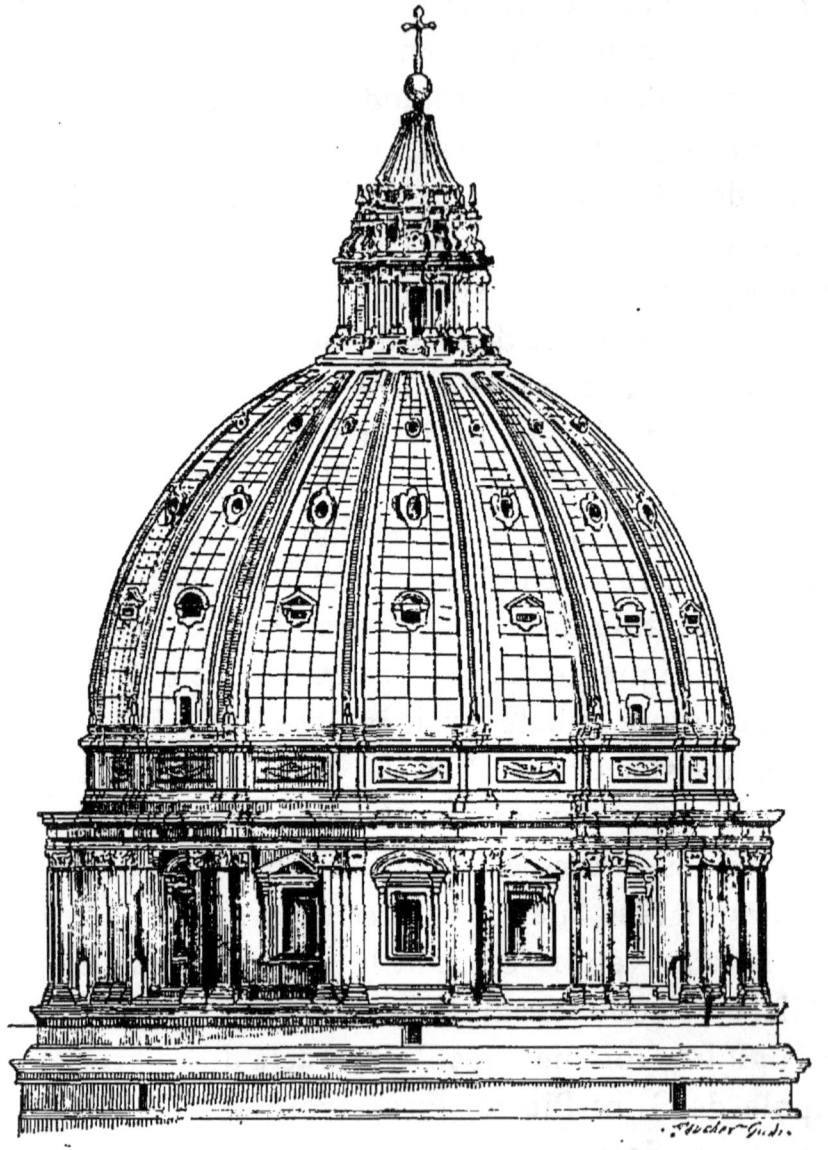

Fig. 14. — Coupole de Saint-Pierre.

« L'ordonnance qui sert de base au dôme est bien comprise, les colonnes sont bien plantées, les jours bien percés et les saillies bien agencées ; mais c'est surtout le dôme lui-même qui forme la dominante de l'ensemble; c'est la courbe donnée à la coupole qui charme, séduit et fait de ce couronnement, unique au monde, une œuvre à peu près sans rivale, une création d'une majestueuse harmonie; c'est cette courbe, qui a été bien souvent étudiée, que l'on a appelée chaînette, parabole, ellipse, qui tient de tout cela, pour n'être en somme qu'une courbe de sentiment, qu'un éclair enfanté par le génie. »

L'achèvement de la fameuse coupole est le principal, mais non le seul titre de Giacomo della Porta à la renommée. Rome doit encore à cet architecte différentes constructions remarquables, telles que Sainte-Marie-des-Monts, le portail de Saint-Louis-des-Français, celui de Saint-Pierre-ès-Liens, etc., où se montrent les premiers types de ce qu'on a longtemps appelé le style jésuite.

Nous en avons fini avec le Saint-Pierre de la Renaissance. Bien que dans ses lignes générales elle soit comme la continuation du chœur et des croisillons, l'ample nef ajoutée par Carlo Maderno (1556-1629) appartient déjà à la période moderne proprement dite. A plus forte raison en est-il de même de la façade qui accuse un caractère absolument indépendant et, sous prétexte de majesté, n'arrive qu'à la lourdeur.

Pour ne pas interrompre un récit qui avait quelque intérêt à être présenté d'une manière suivie, certains architectes véritablement distingués ont dû être ou négligés ou simplement nommés en passant. Mais le moment est venu de faire à chacun d'eux une juste réparation, et naturellement notre attention se portera tout d'abord sur les plus anciens en date, sur ceux qui, par exemple, comme le Cronaca, Giuliano da San-Gallo, Antonio père de ce dernier, et Baccio Pintelli, ont vécu plus encore dans le xv° siècle que dans le xvi°.

Simone Pollajuolo (1457-1508) a gagné le surnom

Fig. 15. — Palais Strozzi, à Florence.

de Cronaca, c'est-à-dire « la Chronique », — en France on l'eût appelé « le père la Chronique », — aux récits incessants et interminables qu'il faisait de ses voyages. S'il avait un grain de vanité, on ne saurait l'en blâmer, car l'œuvre capitale à laquelle il a attaché son nom, le palais Strozzi, témoigne d'un talent de premier ordre. La première pierre en fut posée (1489) par Benedetto da Majano, mais c'est bien le Cronaca qui, pour la majeure partie, a dirigé les travaux, et le meilleur de cet édifice, le plus beau de Florence, lui appartient. Deux étages à fenêtres géminées et à bossages règnent au-dessus d'un rez-de-chaussée pareillement à bossages, avec grande porte plein cintre et fenêtres carrées. La force des bossages décroît à mesure que les murs s'élèvent; les trois assises supérieures sont tout à fait lisses et font valoir la partie maîtresse, le couronnement, qui, parfaitement approprié à l'ensemble, n'a cessé depuis quatre siècles d'être l'objet d'un véritable enthousiasme de la part de tous les fins connaisseurs.

Le Cronaca ne semble pas avoir exercé son art en dehors de Florence, et s'il vint à Rome, ce fut uniquement comme tant d'autres artistes pour se préparer, par l'observation des monuments antiques, à une plus brillante carrière. On cite de lui, dans la ville même, la sacristie de San Spirito, la salle du Conseil, au palais de la Seigneurie, remarquable par sa charpente que respectèrent heureusement les remaniements de Vasari, et hors de la ville, sur la colline de San Miniato, l'église de San Francesco del Monte qui, dépouillée aujourd'hui de ses ornements, n'en conserve pas moins son caractère de pureté et de grandeur.

Giuliano da San-Gallo, qui, nous l'avons vu, s'était un instant trouvé associé à Frà Giocondo pour les premiers travaux de consolidation des maîtresses piles de Saint-Pierre, a laissé de son talent à Prato, la Madonna delle Carceri (1485-1491), église remarquable par l'excellente conception du plan et la parfaite harmonie des lignes. On cite encore du même architecte, à Florence, le palais Gondi, et, à Rome, la coupole de Notre-Dame-de-Lorette, où, pour la première fois peut-être, il a été fait en pareil cas emploi d'une double voûte.

Antonio da San-Gallo (1455-1534) dit le Vieux, par opposition à son neveu qui portait le même nom, a pour titre de gloire la Madonna di San Biagio, à Montepulciano, monument en croix grecque, exécuté d'un seul jet et qui passe à bon droit pour un des édifices à coupole les plus intéressants de l'Italie. Il bâtit également dans la même ville plusieurs palais, puis travailla à Rome, où on lui attribue en partie la transformation du mausolée d'Hadrien qui, dès le règne d'Alexandre VI, avait commencé à prendre la physionomie d'une forteresse.

Les deux San-Gallo peuvent, en un certain sens, être considérés comme les précurseurs de Bramante : ce sont eux qui ont placé l'architecture dans la voie de l'imitation absolue et parfois irraisonnée de l'antique. Non content d'avoir visité toutes les villes d'Italie qui avaient conservé des restes de la domination romaine, Giuliano franchit les Alpes et vint dans la Narbonaise dessiner les monuments d'Arles, d'Avignon, d'Orange, etc., ainsi qu'en témoignent, à Rome, ses albums conservés à la bibliothèque Barberini.

On a fait jusqu'ici une part beaucoup trop large à Baccio Pintelli (1450-15..). Cet architecte florentin, qui débuta par être marqueteur, a certainement longtemps séjourné à Rome, où son talent semble avoir été très apprécié à la fin du xve siècle et au commencement du xvie ; mais on ne saurait lui attribuer, à l'exemple de Vasari, l'église Saint-Augustin, qui est une œuvre bien authentique de Giacomo da Pietra Santa († 1491).

Enfin, parmi les promoteurs du mouvement qui nous occupe en ce moment et dont Bramante prit plus tard la direction, figurent Giuliano da Majano (1432-1490) et son neveu Benedetto (1442-1497), Giovannino de' Dolci († 1483) et Meo del Caprino (1430-1501). Ce dernier, dont le nom était naguère encore parfaitement inconnu, a certainement déployé une grande activité à Rome où, sous la conduite de Giacomo da Pietra Santa, il prit part à la construction du palais de Venise. Le même architecte a également construit, à Turin, la façade de la cathédrale.

A propos de la villa Madama, il a déjà été question de Giulio Pippi dit Jules Romain (1492-1546). Comme on devait s'y attendre, l'élève préféré de Raphaël, son collaborateur le plus habituel, ne pouvait manquer d'être un fidèle imitateur de l'antiquité. En cela, du reste, il ne faisait que suivre le mouvement auquel Bramante avait imprimé une si grande force et dont le triomphe, en quelque sorte, était depuis longtemps consommé.

Pour bien juger le talent de Jules Romain, il faut aller à Mantoue où, tout près de la porte Pusterla, mais en dehors de la ville, s'élève le palais dit du T, abréviation de Teietto ou Theyeto, nom primitivement donné à cet endroit et qui rappellerait, paraît-il, l'existence d'un ancien canal destiné à l'écoulement des eaux d'un marais voisin. Car la forme du plan ne saurait être invoquée dans la circonstance, et nous sommes en présence de quatre corps de bâtiments, longs de soixante mètres chacun et rangés symétriquement autour d'une cour de quarante mètres de côté. Tant au dedans qu'au dehors de ce carré parfait, la décoration consiste seulement en un ordre dorique élevé sur stylobate et embrassant, outre le rez-de-chaussée qui a une grande importance, un demi-étage ou mezzanino. Dans le but d'alléger un peu la construction, à la partie supérieure, des refends ont été substitués aux bossages; mais l'effet obtenu est insuffisant et l'ensemble n'en demeure pas moins lourd et monotone. Avec beaucoup de connaisseurs, nous préférons à ce palais la cathédrale de Mantoue, vaste édifice à cinq nefs qui, après la mort du maître, fut continué, sur ses plans, par Giambattista Bertani († 1576).

Jules Romain, que le duc Frédéric de Gonzague et son frère le cardinal Hercule, à force de prières, retinrent à Mantoue durant plus de quinze ans (1524-1540), construisit encore, dans la ville et aux environs, plusieurs palais et maisons dont il est inutile de parler en détail. Il prépara également, vers le même temps, pour l'église San Petronio, à Bologne, un projet de façade malheureusement demeuré dans les cartons, bien qu'il eût reçu les plus grands éloges.

Un autre architecte, le Véronais San-Micheli (1484-1549), qui se partagea entre sa patrie et la république de Venise, est surtout connu par des travaux d'art militaire. Les Italiens lui font honneur de l'invention des bastions à cinq lignes ou pentagones, dont le premier germe se trouve, en France, dans les tours à bec, usitées de la fin du XIIe siècle au milieu du XVe. Au Lido, près Venise, on peut toujours voir le fort Saint-André (1544), qui passe pour l'un de ses meilleurs ouvrages; puis, dans un genre un peu différent, à

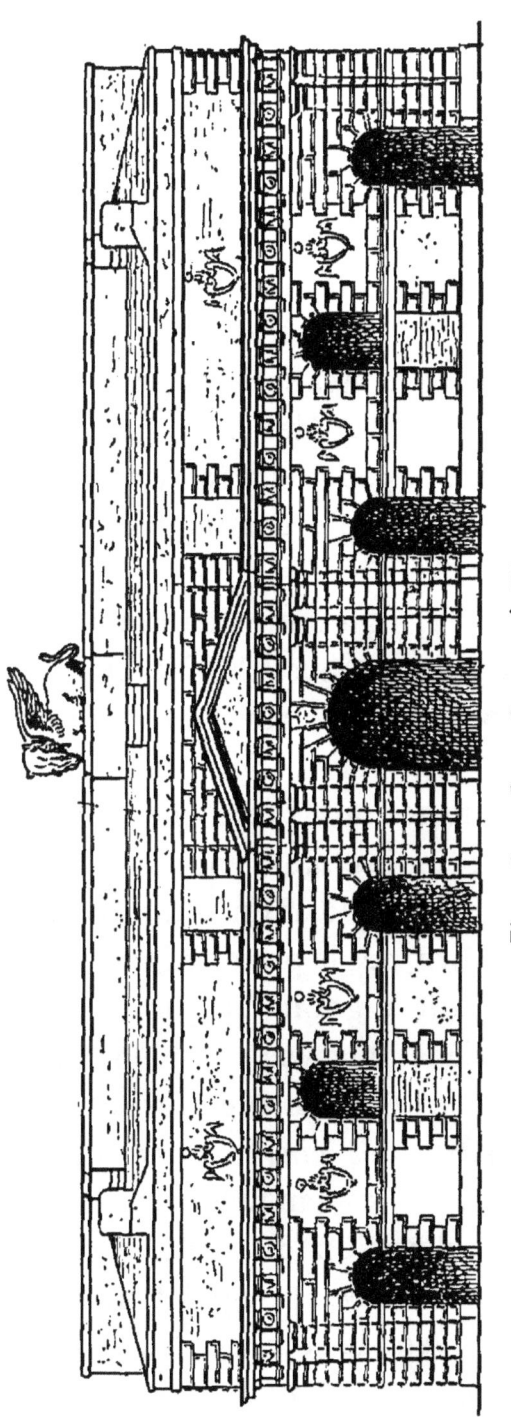

Fig. 16. — Porta Stuppa, à Vérone.

Vérone, une série de portes où l'homme de goût se manifeste tout autant que l'habile ingénieur. Nous donnons la plus célèbre, la Porta Stuppa ou del Palio, que relèvent à la fois des bossages et une belle ordonnance dorique.

Les monuments civils dus au talent de San-Micheli se distinguent généralement par un soubassement à bossages percé d'arcades. Quand des colonnes entrent dans la décoration, ce qui est fréquent, elles appartiennent uniquement à l'ordre dorique. Citons, comme exemples : à Vérone, le palais Bevilacqua, le palais Pompei et le palais Maffei. A Venise, pour le palais Grimani, le maître qui avait à lutter, comme Peruzzi à Rome, contre les difficultés d'un emplacement irrégulier, sut tout combiner avec tant d'art, qu'il arriva à produire également une œuvre remarquable par l'harmonie des masses et la richesse bien raisonnée des détails.

On ne parle pas souvent de San-Micheli comme architecte religieux. Cependant, outre une part prise à certains travaux de la cathédrale d'Orviéto, il a construit, à Montefiascone et à Vérone, des églises en forme de rotonde qui tendent à rappeler des monuments antiques. L'une d'elles est même pourtournée extérieurement d'une colonnade, à l'exemple des temples de Vesta.

San-Micheli laissa un neveu, non moins habile que lui dans l'art de défendre les places; aussi les Véronais lui continuèrent-ils les appointements assignés à son oncle.

Nous arrivons à un architecte dont la célébrité, véritablement universelle, tient moins aux monuments élevés sous sa direction qu'à la publication d'un livre devenu classique, pour ainsi dire, dès le premier instant. Jacopo Barrozio (1507-1573) dit Vignola, du nom du bourg où il naquit, près Modène, aux yeux de bien des gens peu initiés aux choses d'art, est, en effet, presque uniquement l'auteur du *Traité des cinq ordres,* qui, promptement traduit en toutes les langues, eut une influence considérable sur la direction du goût. Avec plus de rigueur que Vitruve, le nouveau législateur de l'architecture y détermine, suivant les ordres, les proportions et le galbe des colonnes, le nombre et le caractère des moulures, la plus ou moins grande richesse des ornements. Si un esprit original se trouve ainsi arrêté dans son essor, de quel secours pareilles lois ne sont-elles pas pour le plus grand nombre, et combien plus rares doivent être les compositions incorrectes! Vignola a encore écrit un *Traité de perspective*, qui, jusqu'à ces derniers temps, chose à son éloge, n'avait presque rien perdu de sa valeur.

La première construction notable à laquelle Vignola mit la main fut, dans un faubourg de Rome, près de la porte du Peuple, la villa ou plutôt le casino appelé, du nom du pape Jules III, *Vigna di papa Giulio*. Si le corps de bâtiments commencé vers 1552 était achevé, il restait encore à faire la colonnade semi-circulaire en avant de la cour, la porte extérieure, la nymphée avec ses thermes, ses escaliers et sa balustrade.

Dans le même faubourg, Vignola éleva peu après le petit temple rectangulaire de Saint-André, que surmonte une coupole ovoïde renforcée à sa base, en souvenir du Panthéon, par un triple rang de grandes marches ou gradins. Un avant-corps peu saillant, formé de pilastres corinthiens et percé de deux fenêtres latérales trop courtes, forme frontispice. A l'intérieur, pourtourné de pilastres également corinthiens, deux parties de l'entablement qui n'ont pas leur raison d'être sous une voûte, c'est-à-dire la frise et la corniche, par un raffinement peu habituel aux Italiens, ont été supprimées. Ajoutons que l'ornementation dans les entre-colonnements passe, avec juste raison, pour un peu trop capricieuse.

A l'église du Gesù qui, sauf la voûte, est entièrement de lui, Vignola a inauguré des dispositions intérieures souvent imitées dans la suite en Italie et en France[1]. Les arcades longitudinales ne s'élèvent

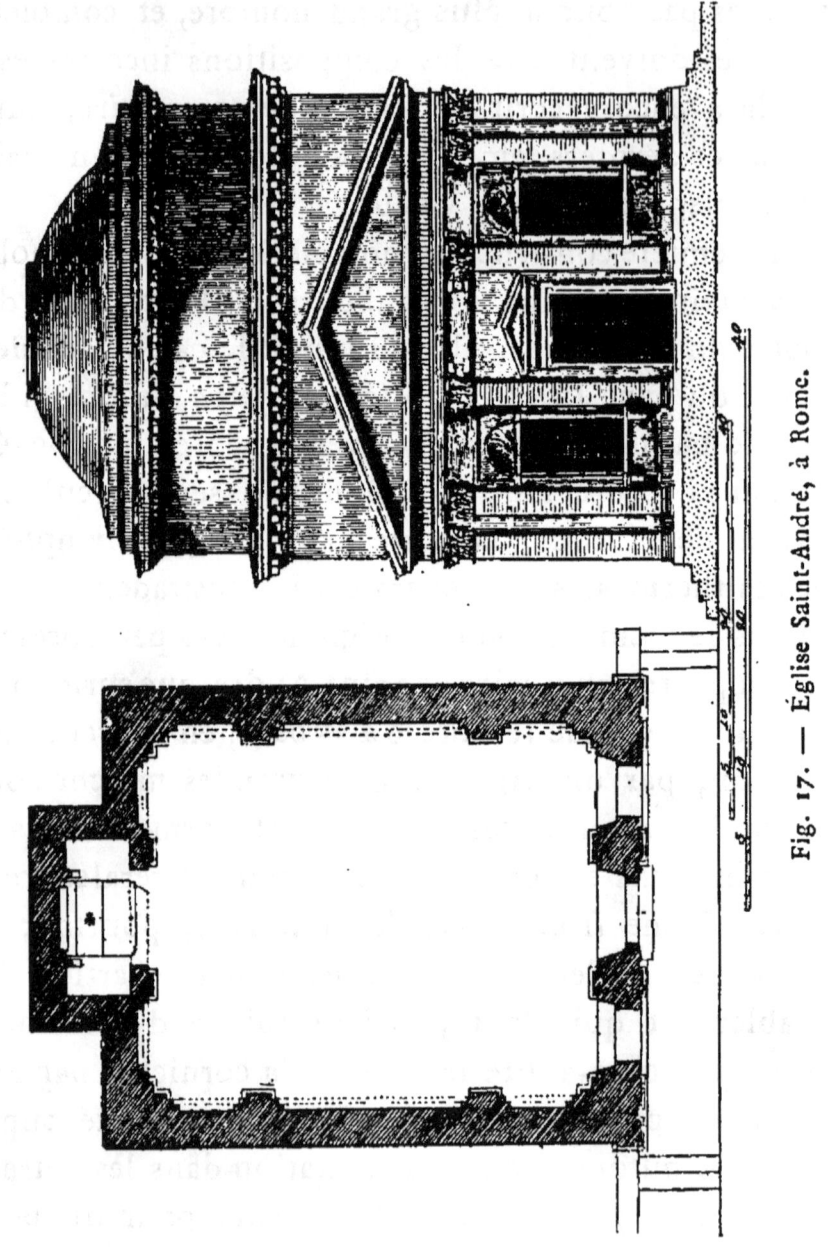

Fig. 17. — Église Saint-André, à Rome.

guère qu'au tiers de la hauteur de l'ordre, le surplus

1. Par exemple, à la chapelle de la Flèche, dont la chapelle est du temps de Henri IV.

étant occupé par des tribunes obtenues aux dépens des bas côtés.

Au point de vue civil, Vignola s'est principalement distingué à Caprarola, où, dans une région solitaire et pittoresque, s'élève sur une hauteur, à cinquante-cinq kilomètres environ au nord-ouest de Rome, près de la route de Viterbe, un château moitié forteresse et moitié palais. Les plans en furent commandés par le cardinal Farnèse, deuxième du nom, neveu de Paul IV; et, chose à laquelle les grandes constructions de la Renaissance ne nous ont guère habitués, le même architecte dirigea les travaux du commencement à la fin. Le caractère de forteresse, plus apparent que réel, est uniquement déterminé par le pourtour en pentagone du soubassement et les simulacres de bastions dont il est flanqué. Quatremère de Quincy donne de l'ensemble la description suivante : « Un portique composé de trois arcades, avec ordonnance dorique et construit en bossages, précède une cour circulaire et forme en quelque sorte frontispice à la composition. Cette cour, environnée de deux rampes tournantes, conduit à un second perron où une autre porte sert de point de départ et d'appui à deux rampes nouvelles, lesquelles aboutissent à un terre-plein construit en talus, faisant office de premier soubassement. Le second soubassement, qui est le véritable, s'élève immédiatement au-dessus et en saillie sur la grande masse du château, ainsi environné d'une terrasse sur les cinq faces du pentagone. C'est au milieu du massif de ce soubassement que s'ouvre la porte donnant entrée dans l'intérieur de la cour. Le principal corps, ou le château proprement dit, se compose de deux étages, ou de deux

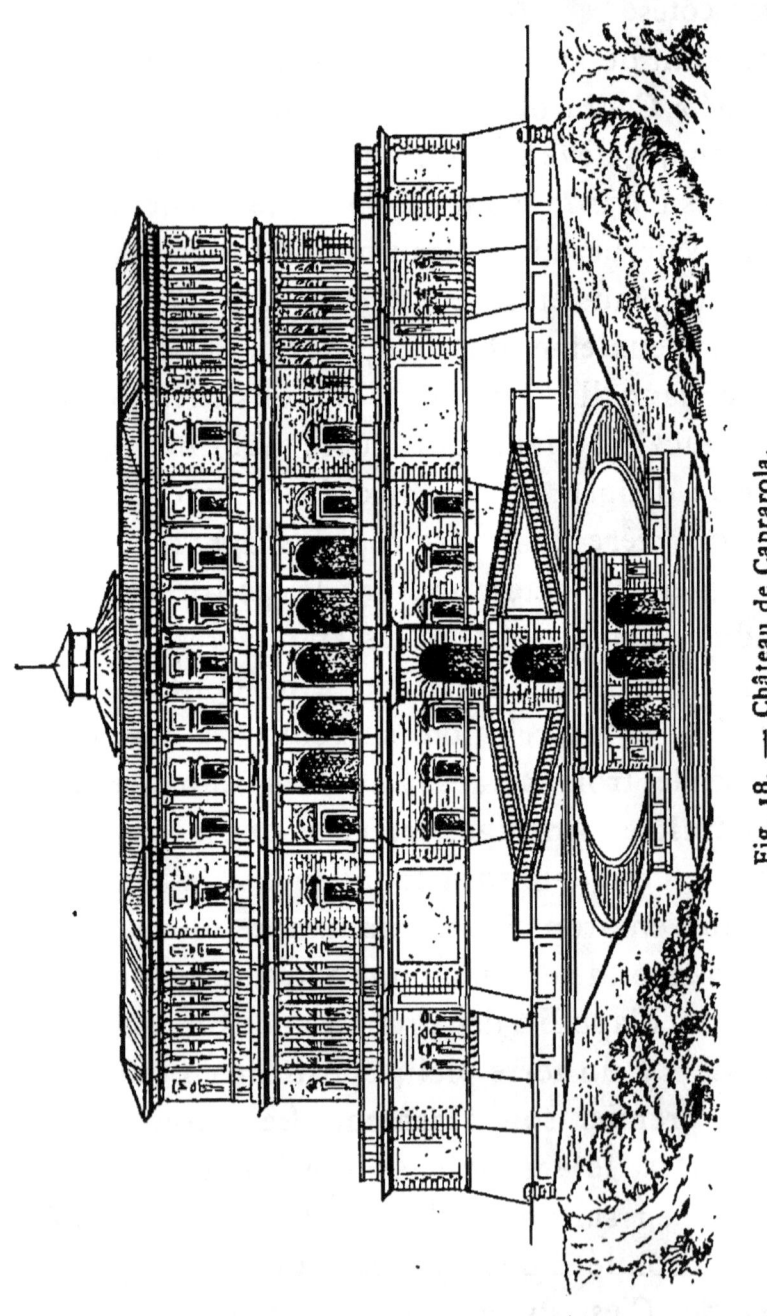

Fig. 18. — Château de Caprarola.

ordonnances. La face antérieure présente, au premier étage, une galerie d'ordre ionique, d'un style élégant.

L'étage supérieur est percé d'un double rang de fenêtres, celles d'en haut en mezzanino[1]. » La grande cour est sur plan circulaire, avec deux portiques superposés formant galeries continues. L'appareil, presque partout en bossages, ajoute encore à l'aspect grandiose de la construction, dont les détails comme l'ensemble sont minutieusement et heureusement étudiés. La distribution intérieure mérite de grands éloges, et l'on peut dire qu'aucun autre édifice bâti en Italie au cours du xvie siècle ne se rapproche autant de ce que nous appelons chez nous un château.

A un moment où la Renaissance a déjà fait le meilleur de son œuvre et où il reste peu de voies nouvelles à parcourir, André Palladio, né à Vicence en 1518, mort en 1580, sait néanmoins se créer un titre aux yeux de la postérité par une certaine manière de comprendre et d'exécuter qui, tout en se conformant dans son ensemble aux règles établies, ne laisse pas d'accuser une grande originalité. Ses œuvres sont autant de modèles offerts à l'admiration et qui, depuis bientôt quatre siècles, emportent les suffrages.

C'est dans la construction des palais et des villas que Palladio déploie tout son talent et se montre un maître. Contrairement à ce qui a lieu d'ordinaire, il arrive en ce genre à faire grand avec des dimensions modérées et sans dépenses excessives. Par des combinaisons d'ordres aussi variées qu'ingénieuses, et par des assemblages de matériaux dont l'idée lui appartient, il est toujours neuf dans ses façades et ne se

---

1. *Histoire des plus célèbres architectes*, t. I, p. 326-327.

répète jamais. Il faut dire que cette indépendance d'allures est bien obtenue un peu aux dépens de la fidélité à l'antiquité romaine, que Palladio n'a guère eu d'autre maître direct que Vitruve, considéré, du reste, comme un mentor peu gênant ; mais c'est chez lui raison et sagesse, non mépris : il veut s'inspirer au lieu d'imiter, ou n'imiter que lorsqu'il saisit le pourquoi de ce qu'il observe et peut en faire une application logique et savante. Sous ce rapport, un point de contact existe entre lui et nos grands architectes français du xvie siècle.

Aux qualités qui précèdent, les œuvres de Palladio joignent l'harmonie, la distinction, la netteté. Elles sont faciles à comprendre et d'une imitation aisée. Aussi nul plus que ce maître n'exerça-t-il une juste influence sur la seconde moitié du siècle où il vécut et la première du suivant. A l'exemple de l'Italie, les pays étrangers adoptèrent sa manière de faire ; il eut surtout beaucoup de succès en Angleterre.

De même que Vignola, Palladio a excellemment écrit sur son art ; le *Traité d'architecture* qu'il publia en 1570 eut dès le premier instant une vogue considérable, et de tous côtés on se mit à bâtir suivant les règles indiquées. En outre, par suite d'un heureux concours de circonstances, le maître, sans s'éloigner de la région où il était né, put trouver le moyen d'exercer son talent. Les principaux monuments qu'il a laissés se voient à Vicence, à Venise et lieux circonvoisins. Rome, qui ne pouvait guère servir à sa réputation, l'attira peu. Les bâtiments claustraux de Saint-Jean-de-Latran sont à peu près dans cette ville son seul ouvrage.

Palladio, en 1549, alors qu'il n'avait que trente et un ans, triompha dans un concours établi pour le rajeunissement de la basilique de Vicence. De préférence à Jules Romain, il fut chargé de donner à un édifice du moyen âge une enveloppe moderne, et l'habileté dont témoignent ses combinaisons est au-dessus de tous éloges. Entre les supports de la nouvelle ordonnance extérieure et les anciens piliers de l'intérieur existe la plus fidèle correspondance. On pourrait croire qu'autour du monument se sont toujours étagés les deux portiques actuels avec leurs arcades reposant non sur le massif intermédiaire, mais sur de sveltes colonnes géminées, ce qui établit de chaque côté des baies rectangulaires et prolonge pour ainsi dire l'espace ouvert. Des pilastres, doriques en bas, ioniques en haut, les uns et les autres portant entablement conforme, servent d'encadrement. Le tout terminé par une riche balustrade, bordant une terrasse en arrière de laquelle on aperçoit une sorte d'attique percé d'ouvertures circulaires.

Dans les églises, telles que, à Venise, San Giorgio Maggiore (1565), San Francesco della Vigna (1568-1572) et Il Redentore (1577), Palladio cherche à accuser au dehors les dispositions du dedans. Pour cela, au-dessus de l'ordre qui règne dans toute la largeur de la façade, un fronton est appliqué en avant de la nef principale, un demi-fronton en avant de chaque bas côté. Rien de plus naturel en soi, et pareil arrangement suggéré par les divisions de la toiture, malgré son peu de valeur esthétique, rompt heureusement avec l'habitude de dresser sans règle fixe, à la même place, un grand mur qui n'est nullement attaché à l'édifice et ne laisse rien deviner de l'intérieur. Par exception, l'église San Giorgio est à coupole sur croix

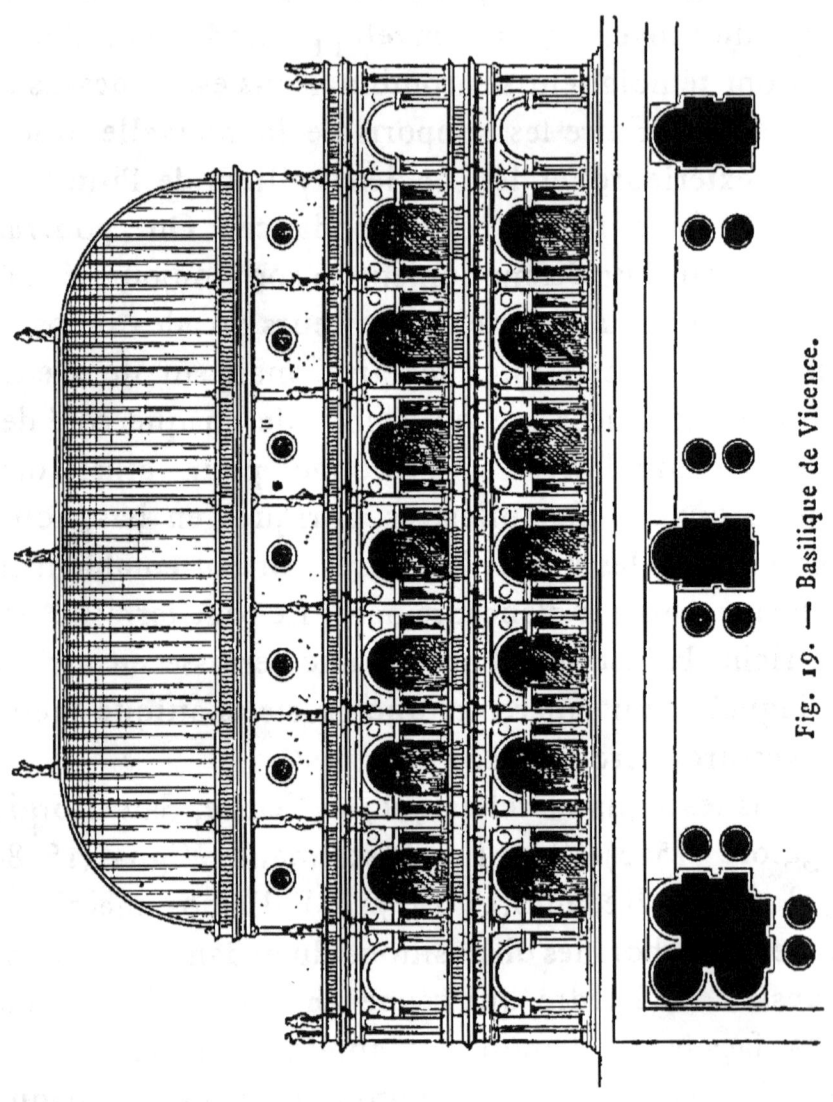

Fig. 19. — Basilique de Vicence.

grecque. Les fenêtres passent pour reproduire dans leur ordonnance les niches du temple dit de Diane, à Nîmes, que Palladio avait vu et dessiné.

A Vicence, le maître se distingua dans la construction du palais Tiene et celle du palais Chieregati, l'un et l'autre relevés sur leur façade de deux étages de colonnes. Mais, au palais Valmarana, il eut le tort, pour une hauteur égale, d'adopter un seul ordre, donnant ainsi un exemple qui ne devait que trop être suivi dans toute l'Europe, durant longues années. Par un défaut de logique encore plus surprenant, chaque angle du même palais est affaibli plutôt qu'accusé par un petit ordre, au rez-de-chaussée, que surmonte une statue, au premier étage. C'est là, de préférence, que les grandes colonnes eussent pu être employées.

En 1578, Palladio fut appelé à donner son avis sur la restauration d'une partie du palais des Doges ravagé par un incendie. Puis il construisit non loin de Venise, sur la Brenta, un palais pour la famille Foscari et, à Campo Marzo, en Toscane, une villa pour le grand-duc François-Marie. Ces édifices ont toutes leurs parties bien combinées, et l'on ne saurait trop appuyer sur l'emploi judicieux des bossages qui n'apparaissent pas du haut en bas, comme dans certains édifices de Toscane, mais sont simplement réservés pour le rez-de-chaussée, où, tout en apportant une solidité apparente à la construction, ils font valoir les surfaces lisses qui les surmontent.

Aux environs de Vicence, la célèbre villa dite Rotonda Palladiana se compose, en arrière de deux portiques sur plans différents, d'un vaste quadrilatère servant d'enveloppe à une salle circulaire surmontée d'un dôme. Nul édifice ne présente plus de majesté, et l'on comprend que Gœthe ait écrit dans son *Voyage en Italie* : « Quand on a de telles œuvres sous les yeux, on en reconnaît le rare mérite; et je dis de Palladio qu'il est essentiellement un grand homme. »

Le dernier ouvrage du maître est, à Vicence, le théâtre Olympique, élevé pour l'Académie de ce nom, qui cherchait à remettre en honneur les œuvres scéniques des anciens. Pour la partie destinée aux spectateurs a été adoptée une courbe elliptique et non semi-circulaire. Au-dessus des gradins, une belle colonnade supporte un entablement avec statues formant comme seconde galerie. Au fond de la scène disposée à l'antique, deux ordres et un attique. On blâme avec raison les statues adossées aux colonnes de l'ordre supérieur. Suivant une habitude de Palladio, qui aimait beaucoup à placer une arcade entre deux baies rectangulaires, des trois portes celle du milieu seule est cintrée.

Comme le précédent, mais à un degré inférieur, le Florentin Jacopo Tatti, dit Sansovino (1486-1570), se distingua par une attachante originalité. On cite de lui, à Venise, où il séjourna durant la seconde moitié de sa vie, l'église San Francesco della Vigna, terminée par Palladio, la Zecca ou Monnaie, la bibliothèque de la place Saint-Marc et le palais Corner, sur le Grand Canal.

Ce dernier, l'une des premières constructions entreprises à Venise par Sansovino, date de 1532. Composé de trois étages bien proportionnés, il élève sa masse imposante au-dessus des constructions environnantes. On ne saurait blâmer que la hauteur trop grande de l'entablement supérieur, mais c'est un défaut particulier à Sansovino, ainsi qu'on peut le voir à la Bibliothèque. A tous égards, la Zecca (hôtel des Monnaies), commencée en 1536, fait plus d'honneur au maître. On vante avec raison le sévère aspect donné à l'édifice qui, dès le premier abord, indique pour ainsi dire sa destination. Non seulement le rez-de-chaussée, découpé en arcades malheureusement fermées plus tard, est à bossages, mais les colonnes doriques et ioniques des deux étages au-dessus reproduisent la même ornementation. Les fenêtres, toutes rectangulaires, n'ont de fronton qu'à la rangée supérieure, et quant à l'entablement, s'il est quelque peu irrégulier, du moins n'offre-t-il rien qui choque ouvertement.

L'œuvre capitale de Sansovino est la Bibliothèque qui, sur tout un côté de la Piazzetta, fait face au palais des Doges. Rattachée jusqu'à un certain point aux constructions voisines qui lui imposèrent des proportions restreintes, elle comprend extérieurement deux étages de galeries à arcades, renforcées en bas de colonnes doriques, en haut de colonnes ioniques. L'entablement des premières est à triglyphes et patères, tandis que celui des secondes, d'une grande richesse de décoration, est percé d'ouvertures oblongues. En outre, au premier étage, les impostes des arcades reposent directement, de chaque côté de l'embrasure, sur des colonnes accouplées. Quant au couronnement en terrasse, la balustrade qui l'entoure se trouve dominée aux angles par des obélisques, et au droit des grandes colonnes par des statues.

N'oublions pas de signaler une disposition assez étrange qui fut adoptée, paraît-il, à la suite d'un conseil d'architectes. Il s'agissait de savoir comment serait

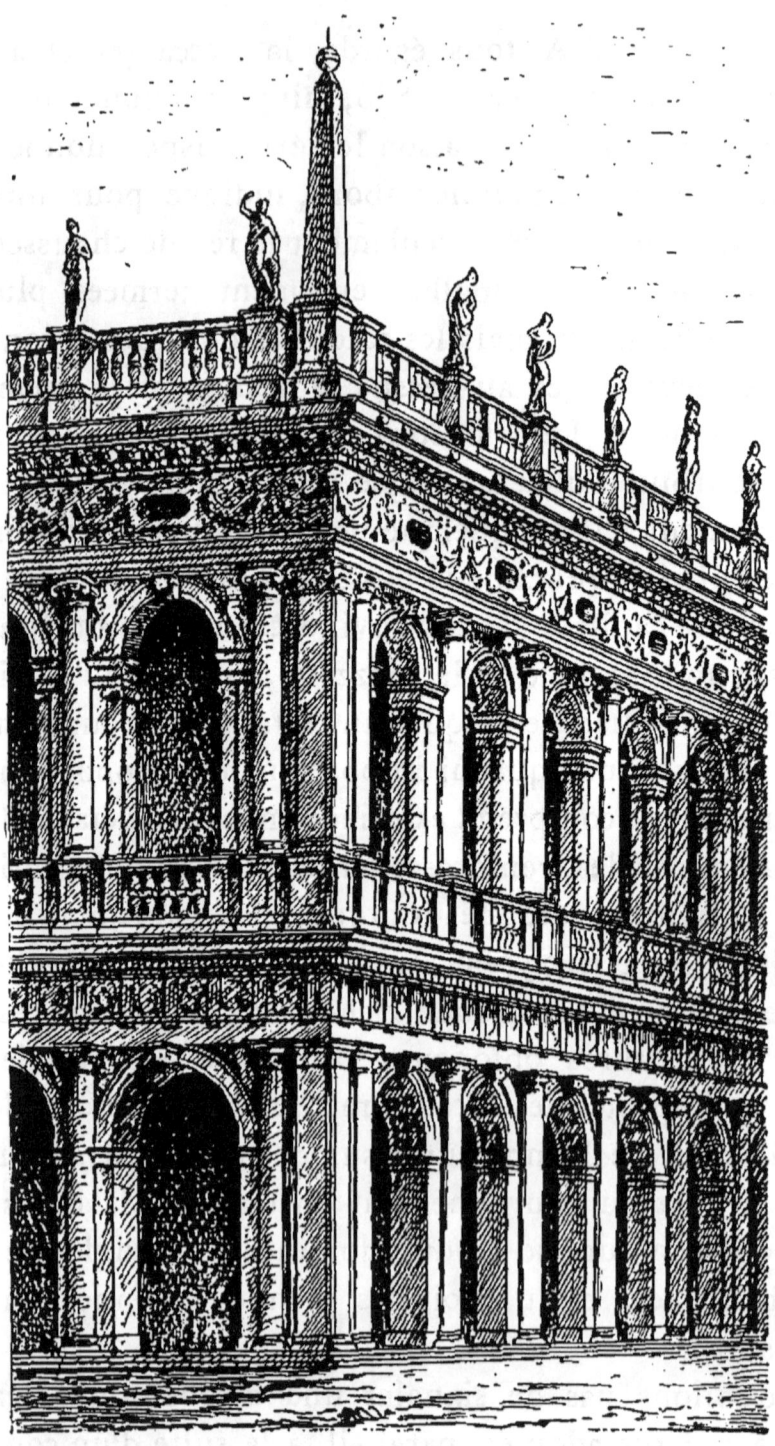

Fig. 20. — Bibliothèque Saint-Marc (Burckhardt).

ornée, à chaque angle inférieur, au-dessus de la pile qui se dressait entre deux colonnes, la partie de l'entablement correspondante. Y placerait-on un disque ou un triglyphe ? Or, le premier, si on le conservait en son entier, présentait trop de développement pour un si petit espace, et, quant au second, il ne pouvait figurer que sur un axe, soit de colonnes, soit de pilastres, ou dans des espaces déterminés par ces mêmes axes, ce qui n'était pas précisément le cas. On se décida alors pour un disque rabattu sur son diamètre et présentant sur chaque face un demi-disque. Il semble que, pour arriver à ce résultat, une consultation n'était pas nécessaire; mais peut-être Sansovino ne fit-il appel à ses confrères que pour se tirer d'un mauvais pas sans engager sa responsabilité.

En résumé, Sansovino, qui était plutôt sculpteur qu'architecte, en usa parfois trop librement avec l'esthétique de l'art monumental. Les règles pratiques ne lui sont pas non plus très familières, et l'on trouve souvent dans son œuvre des porte-à-faux qui ont singulièrement compromis la solidité de ses constructions.

Comme les deux précédents, Pirro Ligorio, né dans une toute autre partie de l'Italie, à Naples, vers le commencement du xvie siècle, était si bien un esprit de libres allures que ses nombreuses reproductions de monuments antiques, comprenant trente albums in-folio, tant il y a mis de personnalité, demeurent privées d'exactitude. Appelé, après la mort de Michel-Ange, à diriger les travaux du Vatican, son premier soin fut de bouleverser les plans qu'il avait charge seulement de continuer, ce qui déplut à Pie V et amena sa disgrâce en 1568.

Antérieurement (1561), Ligorio, à la demande de Pie IV, avait construit, dans les jardins du Vatican, le

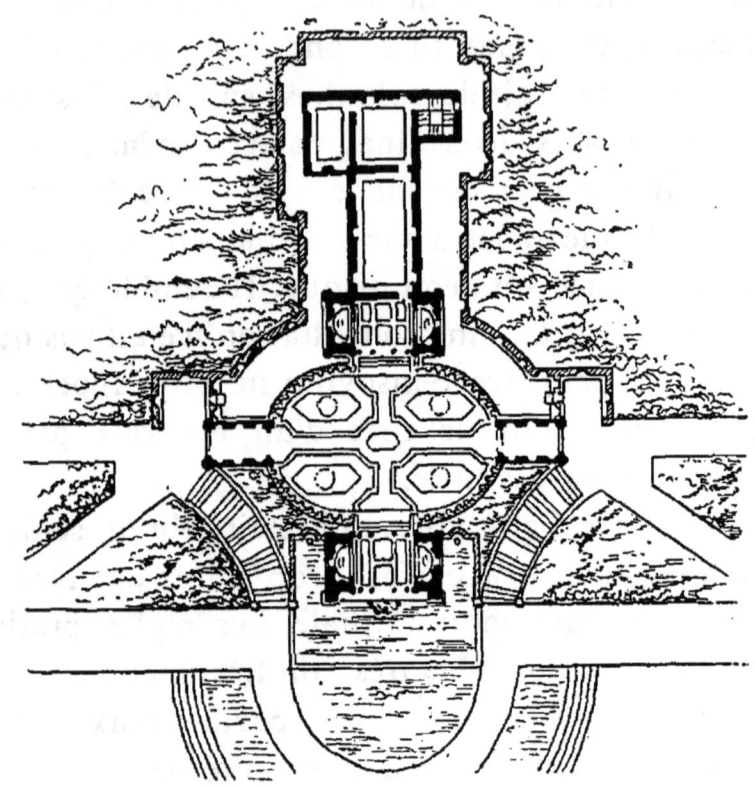

Fig. 21. — Villa Pia.
(Plan.)

charmant casino connu sous le nom de *Villa Pia*, et par cette création, la plus originale peut-être de la Renaissance, s'était placé au rang des plus grands architectes de son temps. On y trouve rassemblé dans un très petit espace, comme dans certaines habitations romaines, que l'artiste semble avoir eu en vue d'imiter, tout ce qui peut contribuer à rendre un séjour délicieux. Au milieu de bosquets de verdure, sur un soubassement baigné par les eaux d'un bassin entouré de fontaines jaillissantes, de vases et de statues, s'élève une loge ouverte qu'il décora de stucs et d'agréables peintures. Deux escaliers, conduisant à des paliers abrités

Fig. 22. — Villa Pia.

par de petits murs ornés de niches et de bancs en marbre, offrent un premier repos à l'ombre des grands arbres qui les entourent. De chaque côté on traverse ensuite un portique en forme de temple avant de pénétrer dans une grande cour pavée en mosaïque. Cette cour, au milieu de laquelle jaillit une fontaine, est fermée d'un mur d'appui, contre lequel des bancs sont commodément disposés. Au fond, et comme un pendant à la loge, un vestibule ouvert, soutenu par des colonnes, précède le rez-de-chaussée du pavillon principal qui, en plan, donne assez la figure d'un T et jouit de chacun de ses étages d'une vue magnifique.

La villa Pia est le seul ouvrage authentique de Ligorio, car rien ne prouve qu'il ait bâti le palais Lancellotti, ainsi qu'on le prétend quelquefois. Ce dernier édifice n'ajouterait, du reste, rien à sa réputation.

Longtemps Gênes, bien que figurant au premier rang par la puissance et la richesse, demeura étrangère au mouvement qui entraînait non seulement Rome, Florence et Venise, mais encore des villes secondaires telles que Vicence et Vérone. Tout entière adonnée au commerce, elle ne prenait pas le soin de s'embellir. Un jour cependant vint où le désir de transformer les vieilles demeures s'empara des principaux habitants, et sous la vive impulsion d'un artiste de talent, Galéas Alessi (1500-1572), fraîchement arrivé de Pérouse, sa patrie, où il s'était distingué par certains remaniements à l'intérieur de la citadelle, des rues entières bordées de palais aussi commodes que magnifiques s'élevèrent comme par enchantement. Les citer tous serait difficile, mais une mention spéciale doit être accordée au palais Sauli, dont la belle cour intérieure, avec son portique à double étage qui rappelle la manière de Palladio, fait l'admiration des connaisseurs.

Alessi a également bâti à Gênes une superbe église, Sainte-Marie de Carignan. En plan, on dirait presque le Saint-Pierre de Bramante et de Michel-Ange. Autour d'une coupole centrale portée sur tambour, et qui ne mesure pas moins de soixante mètres de hauteur, sont disposées quatre coupoles plus petites, dont l'effet extérieurement se trouve amoindri par le voisinage d'un égal nombre de campaniles. Le tout est compris dans un carré parfait de cinquante mètres de côté, si l'on ne tient compte de la petite saillie destinée à donner plus de profondeur au chœur. En outre, l'intérieur, qui est divisé dans les deux sens de la même façon, c'est-à-dire en trois nefs, présente un exemple remarquable de ce qu'on est convenu d'appeler croix grecque ou croix à quatre branches égales.

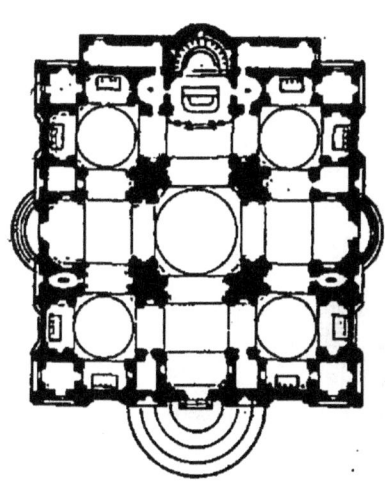

Fig. 23.

Sainte-Marie de Carignan.
(Plan.)

En dehors de Gênes, Alessi a élevé quelques constructions à Milan, où son nom reste surtout attaché à la belle façade de l'église Saint-Celse. Mais le plus souvent il se contentait de répondre par l'envoi de projets aux demandes qui lui étaient adressées. Il a pris ainsi une part active à ce qui s'est fait de son temps, non seulement à Bologne et à Naples, mais en Allemagne et dans les Flandres.

La grande ère artistique qui avait pour ainsi dire pris naissance à Florence devait se terminer brillamment dans cette ville par les travaux de Bartolomeo Ammanati (1510-1592) et Bernardo Buontalenti (1536-1608). Le premier, dont le talent s'était formé dans l'atelier de Sansovino, se distingua de bonne heure (1557-1569) par la construction du pont de la Trinité, sur l'Arno. Avec un profond sentiment des nécessités imposées par les crues fréquentes du fleuve, Ammanati, contrairement aux pratiques de tous ses devanciers, prit le parti, après avoir réduit l'épaisseur des piles au quart de l'ouverture des arches, de donner à celles-ci la forme elliptique. Et le succès justifia ses combinaisons, car l'œuvre, qui est d'une remarquable harmonie de

Fig. 24. — Sainte-Marie de Carignan.
(Élévation.)

lignes, a déjà traversé plusieurs siècles sans recevoir le moindre ébranlement.

Ammanati est également l'auteur, à Florence, de la belle cour du palais Pitti, où, pour introduire plus de richesse et de variété dans les trois rangs d'arcades qui constituent la décoration, s'il adossa des colonnes aux pieds-droits, il prit soin de les envelopper de bossages.

On a ainsi un exemple non moins nouveau qu'original de la manière de traiter les ordres classiques, et nous devons avouer que, réserve faite sur le danger de continuer dans la même voie, l'admiration ne saurait se marchander à une œuvre de tout point remarquable et imposante.

Buontalenti, qui non seulement était architecte de la ville, mais encore excellent ingénieur et décorateur fécond, a pour ainsi dire couvert la Toscane des œuvres de ses mains. On ne peut indiquer tous les ponts qu'il fit construire, toutes les fortifications dont il fournit le tracé et surveilla l'exécution. De même pour les églises et les palais qu'il éleva, principalement à Florence et à Pise. Après avoir débuté par la façade de Santa Maria Nuova, dans la première ville (1574), il finit par la belle villa de Pratolino, sur le penchant des Apennins, au début du xviie siècle.

Bien que leur talent les tienne quelque peu éloignés des précédents, certains architectes n'en méritent pas moins une courte mention. Ce sont :

Formentone, dont la seule œuvre citée jusqu'ici est le palais communal de Brescia (1508), mais qui, vu la ressemblance, doit également avoir bâti, à Vérone, le palais du Conseil, si faussement attribué à Frà Giocondo.

Les deux Zaccagni, Bernardo et Bernardino, qui florissaient à Parme durant le premier quart du xvie siècle.

Andrea Riccio, l'auteur, à Padoue, des plans de Sainte-Justine, curieuse église à série de coupoles et à croisillons arrondis, flanqués, ainsi que le chœur, d'absides secondaires.

Gio.-Maria Falconetto, Véronais, dont la vie (1458-1534) s'écoula paisiblement à Padoue, où il fut le plus ardent apôtre du retour à l'antique.

Les deux Rodari, Jacopo et Tommasso, qui terminèrent, en 1526, la cathédrale de Côme, sous l'inspiration au moins indirecte de Bramante.

Dolcebuono, dont le nom reste attaché à la belle église Saint-Maurice ou Monasterio Maggiore, à Milan ;

Spavento, qui jeta, en 1507, les fondations de l'église Saint-Sauveur, à Venise, terminée suivant le premier projet, de 1530 à 1534, par Tullio Lombardo.

Cristoforo Solari, dit *il Gobbo,* qui, vers 1530, bâtit Sainte-Croix de Riva, sur les bords du lac de Garde, et le chœur de Sainte-Marie-de-la-Passion, à Milan. Le caractère commun de ces constructions est une rotonde octogonale flanquée de chapelles carrées entre lesquelles s'arrondissent des absidioles.

Vitoni, qui, en 1509, éleva à Pistoja la rotonde si pleine de caractère de la Madonna dell' Umiltà.

Mazzoni, qui, dans le palais Spada, à Rome (1540), fit preuve d'un goût douteux en surchargeant la façade de draperies simulées et d'inscriptions.

J.-B. Caporali, mort en 1562, maître d'Alessi.

Giorgio Vasari (1512-1574), d'Arezzo, plus célèbre comme historien d'art que comme constructeur. Il n'a guère fait qu'achever, remanier et presque toujours gâter les œuvres de confrères plus habiles. En 1538, nous le voyons travailler au Palais Vieux de Florence, de 1560 à 1574 à celui des Uffizi.

Pellegrino Tibaldi (1527-1591), né à Valdersa, dans le Milanais. Plutôt peintre qu'architecte, il a fourni les dessins de la façade du Dôme à Milan, de l'église et de la maison du Gesù à Gênes, des églises de Saint-François-de-Paule et des Saints-Martyrs, à Turin. Son chef-d'œuvre est, à Milan, la cour de l'Archevêché dite la Canonica (1570).

Domenico Fontana (1543-1607), dont la vie se passa partie à Rome, partie à Naples. Il est surtout connu comme architecte de Sixte-Quint, pour lequel il contruisit le grand palais de Saint-Jean-de-Latran, la façade latérale de l'église du même nom, la fontaine de Termini, une partie du palais du Quirinal et l'église de la Scala Santa. C'est lui également qui termina la coupole de Saint-Pierre sur les plans de Guillaume della Porta.

Vincenzo Scamozzi (1552-1616), né à Vicence, qui, à l'exemple de son compatriote Palladio, a laissé un grand traité d'architecture. Ses principales constructions se voient à Venise, où il vint se fixer en 1583.

Enfin Flaminio Ponzio, qui, en 1600, construisit, à Rome, le palais Sciarra Colonna; mais cet architecte, en réalité, n'appartient déjà plus à la Renaissance dont l'ère glorieuse se termine avec le pontificat de Sixte-Quint (1585-1596).

CHAPITRE III

Caractères principaux des différents monuments élevés en Italie au xv⁰ et au xvi⁰ siècle.

Letarouilly, *Édifices de Rome moderne*. Paris, 1840-57. — Gauthier, *les Plus beaux édifices de la ville de Gênes*. Paris, 1818-1830. — Cicognara, *le Fabbriche più cospicue di Venezia*. Venezia, 1820. — H. de Geymüller, *la Renaissance en Toscane*, 1891. — Percier et Fontaine, *Choix des plus célèbres maisons de plaisance de Rome et de ses environs*. Paris, 1813.

§ Ier. — GÉNÉRALITÉS.

La physionomie toute spéciale que présente la Renaissance en Italie fait en quelque sorte un devoir, dans le groupement des monuments, de tenir compte de l'origine bien plus que de la forme et de la destination. Dès le premier instant nous l'avons fait entendre, et l'on ne saurait trop le répéter, il n'y a pas eu, au delà des Alpes, plus d'architecture nationale que de gouvernement national. Tout s'est développé suivant des influences locales ou même isolément sous une impulsion particulière. Nulle part les traditions, qui le plus souvent étaient tout à la surface quand il n'y avait pas entre elles contradiction, n'exerçaient un grand empire; on avait un souci médiocre des règles de la logique; les besoins et les programmes étaient volontiers sacrifiés en présence, d'une part, de princes ou autres personnages opulents disposés à subir, s'il le fallait, une installation défectueuse, de l'autre, d'un clergé tout prêt à déroger aux prescriptions et usages liturgiques, chaque fois qu'un effet plus monumental avait quelque chance d'être obtenu. De là pour les artistes pleine liberté d'action ; rien ne les empêchait de se livrer au caprice de leur imagination, d'interpréter l'antique suivant leur fantaisie. La puissance créatrice tenait lieu de tout, et c'est ce qui a valu à de mauvais praticiens tels que Bramante, Raphaël et Michel-Ange, non seulement d'être chargés de travaux importants, mais encore de passer pour de grands architectes aux yeux de la postérité.

Nous devons l'avouer pourtant, certains caractères généraux se prêtent à une exposition sommaire des évolutions de l'art, à un groupement, à une classification des différents édifices. Pour atteindre ce but, il suffit d'écarter les règles absolues et d'admettre à propos de nombreuses exceptions.

La liberté dont nous parlions tout à l'heure n'était pas de l'anarchie. Il y avait chez les artistes et dans la société un goût dominant, raisonné, éclairé, dont nul ne songeait à s'affranchir ; et ce goût procédait de la lassitude et de la confusion engendrées par ces traditions locales, ces influences étrangères qui se disputaient une même région, quelquefois une même ville, sans y implanter rien de fécond ni de solide.

Pour atteindre le résultat cherché, dégager les aspirations générales, une direction était nécessaire ; elle ne fit pas longtemps défaut. Les importations orientales, allemandes et françaises n'avaient pas fait oublier l'antiquité, et le parti le plus simple était de renouer la tradition interrompue. Seulement, au premier moment, par un heureux effet des circonstances, sous l'impression du milieu ambiant, artistes et littérateurs n'entrevirent les merveilles de Rome et de la Grèce qu'à travers leur propre génie; ils n'eurent pas une compréhension assez nette et assez rapide de l'ancienne civilisation pour se lancer dans l'imitation servile; une large part fut laissée aux manifestations individuelles qui, sans s'occuper des règles établies pour arriver à de savantes combinaisons de lignes, déployèrent beaucoup de verve et de richesse.

Aussi les œuvres des quattrocentistes, aux yeux des véritables amateurs, présentent-elles plus d'attrait que celles de leurs successeurs du xvie siècle. Plus simples et moins étudiées en apparence, elles se font remarquer par plus d'effort réel, partant plus de vie, plus d'inattendu et plus d'originalité. Par cela même que l'ensemble est moins sévère et moins compassé, il paraît plus complet. Loin de dédaigner la sculpture d'ornements, on prodigue alors les rinceaux, les fleurons, les bas-reliefs et les statuettes; la nudité ne se confond pas encore avec la pureté et la grandeur. Colonnes et entablements, chargés de décorations variées, continuent à se produire dans des dimensions restreintes, tandis que, pour corriger ce que peuvent avoir de dur les angles des murs ou des baies, on multiplie les colonnettes aux formes capricieuses. Cet heureux état de l'art, qui correspond à la domination intellectuelle de Florence, se maintint assez bien, durant la première partie du xvie siècle, dans les deux écoles où les influences gothiques avaient agi avec le plus d'intensité, nous voulons dire celles de Venise et de Milan. On n'a pas oublié, en effet, que, dans la dernière ville, au temps de Ludovic le More, Bramante s'était cru obligé de tracer l'ouverture de ses fenêtres suivant un arc brisé.

Avec la suprématie artistique de Rome, tout cela change rapidement. Les ordres d'architecture prennent de l'ampleur, enveloppent de toutes parts la construction et tiennent lieu de tout ornement. Où ils manquent, les bossages, déjà usités d'ailleurs au xve siècle, les remplacent. La décoration délicate des quattrocentistes cesse d'être à l'échelle de ces monuments où la majesté vise à tenir lieu de la grâce et du charmant abandon. Tout au plus les Raphaël, les Palladio, les Sansovino trouvent-ils à loger quelques motifs entre les triglyphes de leurs entablements doriques ou dans leurs frises ioniques et corinthiennes. Pour certains monuments, le chapiteau et le modillon corinthien sont les seules sculptures empruntées au règne végétal ; souvent on se passe même des ordres corinthien et ionique ; le dorique sans triglyphes et le toscan réglementé par Vignola obtiennent la préférence. Il est à observer que c'est le prince des sculpteurs modernes, Michel-Ange, qui, par son amour du colossal, a contribué le plus à engager l'architecture dans cette voie. La statuaire a succédé à la sculpture décorative; seulement des statues ne sont pas toujours faciles à placer ; dans un édifice privé, elles peuvent être ridicules.

Quel que soit le jugement que l'on porte sur les transformations indiquées, il faut reconnaître que les qualités d'invention n'ont presque jamais manqué aux architectes italiens des xv° et xvi° siècles, même à ceux qui imitaient le plus étroitement l'antiquité. Et ces qualités se retrouvent non seulement dans les édifices civils, mais encore dans les églises, surtout peut-être dans les églises.

§ II. — ÉGLISES.

On ne saurait trop le faire remarquer, seule en Europe l'Italie, au temps de la Renaissance, eut une architecture religieuse digne de ce nom. Quant aux causes d'une particularité aussi heureuse, elles sont au moins au nombre de deux. Lorsque le mouvement commença, la construction d'une église importante ne laissait pas d'intéresser toutes les classes de citoyens; c'était une affaire de premier ordre, aussi bien pour la noblesse et la bourgeoisie que pour le clergé et les gens du peuple; municipalité et fabrique rivalisaient de zèle; chacun donnait son avis sur les plans; on organisait des commissions où pleine liberté était laissée aux discussions; on convoquait de nombreux artistes soit pour adjuger l'œuvre au concours, soit pour recueillir toutes les observations. La forme des églises n'étant rigoureusement fixée par aucune tradition liturgique, bien des difficultés se trouvaient en outre évitées. Rien n'obligeait, comme en France, à disposer des ronds-points, à élever un étage supérieur de fenêtres, à chercher les moyens d'augmenter la lumière. Les architectes, presque en toute occasion, pouvaient agir sans entraves; ils n'avaient à lutter d'ordinaire que contre les irrégularités de l'emplacement.

Les premières églises, parfois même celles du xvie siècle, gardent cependant, sans trop d'altérations, la forme basilicale. Brunellesco à Saint-Laurent et au Saint-Esprit de Florence, Pietro Benvenuti à Saint-François de Ferrare, Bernardo Zaccagni à Saint-Sixte de Plaisance, Riccio à Sainte-Justine de Padoue, Peruzzi aux Servites de Sienne et tant d'autres que nous pourrions citer, ne se départissent pas de l'ancienne tradition à cet égard. Les chœurs rectangulaires adoptés de préférence par Brunellesco ne sont qu'une variante sans importance ; il en est de même des absides multiples que l'on remarque au Dôme de Pavie, œuvre de Cristoforo Rocchi, à Sainte-Marie-de-la-Passion de Milan, bâtie par Cristoforo Solari, et à Saint-Jean de Parme, dû au talent de Bernardino Zaccagni. Les bas côtés sont souvent supprimés, mais les chapelles latérales subsistent presque toujours. Quant au transept, il devient le point de départ des plus importants changements qui caractérisent l'architecture religieuse à l'époque de la Renaissance.

Antérieurement, au centre de la croisée, en France, en Angleterre et en Allemagne, s'élevait d'ordinaire une tour, tandis que, à la même place, dans les églises grecques, s'arrondissait une coupole. Les Italiens cherchèrent le plus possible à se rapprocher de ce dernier type, tout en gardant d'abord le plan basilical avec ses trois nefs. Du reste, à Florence, dès la fin du xiiie siècle, Arnolfo di Lapo, au lieu de se contenter, pour réaliser ses projets, de la largeur donnée par la rencontre des bras de croix, n'avait pas hésité, en englobant les bas côtés, à jeter les bases d'un vaste octogone, que ses successeurs ne surent ni raccorder élégamment au reste, ni rendre parfaitement solide. Pour les tirer du mauvais pas où ils étaient engagés, il ne fallut rien moins que le génie de Brunellesco. Peu après, à la cathédrale de Pavie, Rocchi suivit ce premier exemple ; puis vint Solari, qui, à Sainte-Marie-de-la-Passion, à Milan, tourna la difficulté en soudant fort mal à l'extrémité de la nef un octogone flanqué de trois grandes absides alternant avec trois absides plus petites. Mais déjà, depuis quelque temps, la coupole ne commandait plus seulement le plan de la croisée ; son influence se faisait sentir par tout l'édifice qu'elle tendait à raccourcir, afin de mieux le dominer. Elle finit bientôt par devenir la partie principale, parfois même par paraître seule exister.

C'est pour donner plus d'importance à la coupole que la croix grecque est si souvent adoptée. Dès l'origine, on la retrouve à la chapelle des Pazzi de Florence, œuvre de Brunellesco, à la Madonna delle Carceri de Prato (1485) et à la Madonna di San Biagio de Montepulciano (1513), deux églises dues à Giuliano da San-Gallo. En outre, bien souvent, dans le but d'accuser encore davantage cette importance, les bras de croix sont réduits à de simples hémicycles.

Autour des églises changées en rotondes, la tendance, comme à la Madonna dell' Umiltà de Pistoja ou à Saint-Bernardin de Vérone, bâti par San-Micheli, est de n'avoir plus en quelque sorte que des annexes, de manière à ne pas troubler le plan général. Fatalement on devait arriver bientôt à envelopper les édifices d'une colonnade circulaire, ainsi qu'on le voit, près

Vérone, à la Madonna di Campagna, ou à Rome, sur le Janicule, au petit temple de Saint-Pierre in Montorio.

Dans les grandes basiliques, lorsqu'il y a nécessité d'obtenir plus d'espace, non seulement on conserve le plan en croix grecque, mais ce dernier est encore inscrit dans un carré. Comme exemples nous pouvons citer, d'une part, les projets de Bramante et de Michel-Ange pour Saint-Pierre de Rome, de l'autre, l'église Sainte-Marie-de-Carignan, à Gênes, considérée à bon droit comme le chef-d'œuvre d'Alessi. Du reste, bien qu'empruntées en apparence, soit à l'antiquité, soit à l'époque byzantine, toutes les dispositions indiquées témoignent d'une grande originalité. On a cherché seulement, en les variant à l'infini, à mettre le plus possible en valeur la coupole adoptée, nous l'avons dit, comme motif principal. Et, à ce propos, il est peut-être bon de rappeler que le moyen âge, dans les baptistères répandus un peu partout, a aussi eu ses rotondes. On continuait donc les traditions en les développant, plutôt qu'on ne se lançait dans une voie absolument nouvelle.

Certaines coupoles sont élevées sur plan octogonal, ce qui les rend plus faciles à construire, car alors il n'est pas besoin de pendentifs. D'autres, comme celle de Sainte-Marie-des-Grâces, à Milan, affectent extérieurement la forme octogonale, tandis que, intérieurement, elles présentent un cercle parfait. Enfin, au lieu d'une seule coupole, il y en a quelquefois plusieurs qui, employées dans des dimensions restreintes, servent à établir plus solidement et plus élégamment une voûte. C'est ce que l'on voit, à Florence, dans les bas côtés de l'église Saint-Laurent, par Brunellesco ; à Venise, dans la grande nef de l'église Saint-Sauveur,

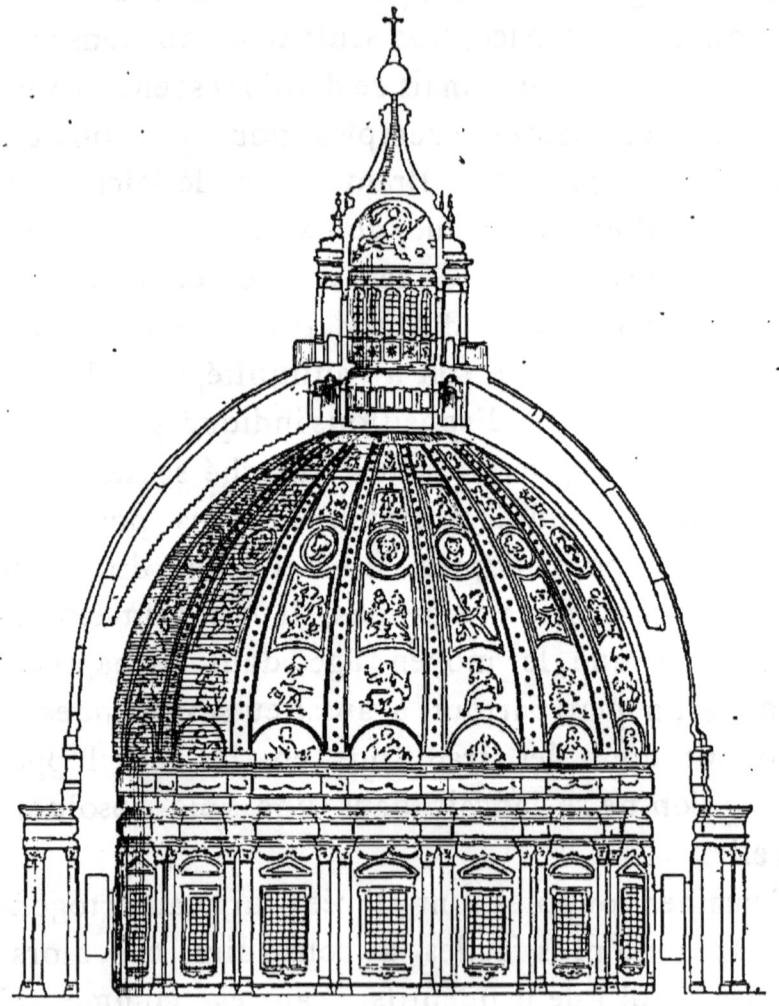

Fig. 25. — Coupole de Saint-Pierre.

par Spavento et Tullio Lombardo ; à Padoue, dans la grande nef et les croisillons de Sainte-Justine, par André Riccio.

Brunellesco paraît avoir inventé le système qui,

après son application à certains édifices secondaires, tels que le petit temple du Janicule, par Bramante, et l'église romaine de Notre-Dame-de-Lorette, par Antonio da San-Gallo, reçut à Saint-Pierre tout son développement. On avait remarqué, en effet, que si une coupole, à l'extérieur, est d'autant plus imposante d'aspect que son élévation est plus considérable, à l'intérieur, au contraire, le regard se trouve fatigué par une sorte de perspective fuyante, une brusque interruption qui ne permet pas de voir tout ce qu'on voudrait. Pour remédier à cet inconvénient, deux coupoles emboîtées l'une dans l'autre, mais isolées à des niveaux différents, remplacèrent l'unique coupole d'autrefois. Rien n'empêche ainsi de varier les galbes, d'adopter intérieurement une courbe plus aplatie. Presque dès le point de départ, la séparation était établie et, sans arrêt jusqu'au sommet, allait toujours en s'accentuant. A Saint-Pierre de Rome, la distance entre les deux coupoles finit par mesurer 3^m,3o.

Les Italiens, comme on le suppose bien, dans les voûtes destinées à couvrir les longues nefs de leurs églises, se montrèrent, au xve et au xvie siècle, presque partout imitateurs des Romains. Sauf à Saint-Jean de Parme, à Saint-Maurice de Milan (Monasterio Maggiore) et aux Servites de Sienne, où certaines influences ont prévalu, le système des croisées d'ogives, qui est un ressouvenir du moyen âge, ne se trouve nulle part pratiqué. La voûte gothique de l'église Saint-François, à Rimini, existait déjà au moment des transformations d'Alberti.

Quelle que fût la prédilection alors marquée pour

les berceaux de pierre ou de brique, on ne négligeait pas les charpentes apparentes qui, à peu de frais, permettaient de couvrir une vaste nef, sans compter l'intérêt de reproduire avec plus de fidélité les anciennes basiliques. En ce genre, il convient de citer au premier rang, d'un côté, les deux églises de Saint-Laurent et du Saint-Esprit, élevées, à Florence, par Brunellesco, presque au début de la Renaissance; de l'autre, celle de San Francesco al Monte, sur la colline de San Miniato, due à Simone Pollajuolo, dit le Cronaca, qui date seulement de l'an 1500.

Les Romains, au beau temps de leur architecture, bien que la chose ne fût pas absolument logique, avaient pris l'habitude de bander presque toujours des arcs sous les entablements saillants des ordres engagés. C'est ce qui se voit, par exemple, aux différents étages du Colisée, et la Renaissance ne pouvait négliger une disposition qui s'appliquait on ne peut mieux à la division des églises en trois nefs. Aussi, à Florence, Alberti, dans la chapelle Rucellaï, et Brunellesco, dans celle des Pazzi, firent-ils reposer leurs arcades sur des pieds-droits dont la partie antérieure était décorée de pilastres. Le Cronaca, à San Francesco al Monte, marcha sur leurs traces, et l'on peut dire qu'à partir du XVIe siècle il n'y eut pas en général d'autre système employé. Mais auparavant, de préférence, suivant l'usage des bons temps de l'antiquité, on aimait surtout à faire reposer les arcades sur des colonnes. Si la raison et le goût étaient quelque peu choqués, au moins obtenait-on de la sorte un plus grand dégagement. Cet avantage, déjà sensible à Saint-Laurent de Florence et aux Servites de Sienne, éclate dans tout son jour à Saint-Zacharie de Venise, où l'architecte, Martino Lombardo, a su créer un type d'une extrême légèreté. Enfin, quelquefois, mais rarement, le cintre fait place à la plate-bande, et les colonnes, comme au portique extérieur de la chapelle des Pazzi, sont reliées directement par l'entablement.

Pour les simples ouvertures, portes ou fenêtres, la fidélité à l'arc est moins constante ; de bonne heure les baies, dans l'architecture religieuse aussi bien que dans l'architecture civile, affectent la forme rectangulaire avec linteau surmonté d'un fronton triangulaire ou circulaire. Le Milanais et les États de Venise conservent seuls, durant la plus grande partie du xvie siècle, les fenêtres géminées, inscrites, soit dans un cintre principal, soit, comme à la Chartreuse de Pavie, dans un encadrement à angle doit. Suivant une disposition empruntée tout à la fois à l'architecture romaine de tous les pays et à l'architecture gothique telle qu'elle se pratiquait en Italie dans les édifices civils des xive et xve siècles, un oculus est généralement percé au centre du tympan réservé à la partie supérieure. Du reste, l'abandon de la fenêtre géminée entraîna celui des colonnettes, dont les formes variées et capricieuses sont une des séductions des premiers temps de la Renaissance.

La grande nef, lorsqu'elle est éclairée, présente une série de fenêtres généralement petites et s'ouvrant sous une voûte dont le berceau est découpé latéralement par ce qu'on est convenu d'appeler des pénétrations. Ce système, rarement employé d'abord, après avoir été admis à Saint-Pierre, fit fortune ; on le retrouve dans toutes les églises modernes. Quelques baies sont cir-

Fig. 26. — Fenêtre de la Chartreuse de Pavie.

culaires; par exemple, à Saint-Laurent de Florence,

Saint-Eustorge et Saint-Maurice de Milan, Saint-Jean de Parme, Saint-Sauveur de Venise. Brunellesco, pour éclairer sa coupole, n'avait pas eu recours à un autre genre d'ouverture, et l'effet en est assez satisfaisant. Au contraire, à Sainte-Marie-de-Carignan, Alessi fut bien mal inspiré lorsqu'il introduisit dans l'architecture religieuse les fenêtres dites « en éventail ». On ne peut rien voir de plus laid que ces cintres sans jambages, ces demi-cercles si universellement à la mode en Italie à partir de ce moment-là.

De bonne heure, les architectes furent préoccupés de la forme à donner aux façades des églises. Ils ne pouvaient, en tenant compte de la coupe des basiliques, se borner à accuser comme précédemment la haute nef et ses bas côtés par un fronton et deux demi-frontons. Puis, le problème de la décoration, qui se compliquait de la suppression du portique projeté en avant, réclamait, pour être résolu, autre chose que les peintures et les mosaïques habituellement disposées de préférence à la partie supérieure. Sur ce mur bizarrement découpé qui devait servir à l'embellissement d'une place et être vu de loin, il fallait distribuer des motifs d'architecture. La situation à tous égards était délicate, et certains artistes ne crurent pouvoir mieux faire que de recourir à l'une de ces dérogations à la logique, alors si familières, en masquant les nefs par un massif carré où, suivant leur gré, allaient prendre place arcades, colonnes et pilastres. Alberti, à Saint-François de Rimini, aborda plus franchement la difficulté. Tout en donnant à l'ensemble de sa composition l'aspect d'un arc de triomphe à triple porte, il laissa voir les rampants des toitures basses. Autre combinaison à Saint-

Fig. 27. — Église Saint-Zacharie, à Venise.

Zacharie de Venise, où un fronton circulaire supérieur

est accosté de deux demi-frontons de même forme. Ces derniers, à la cathédrale de Turin, sont remplacés par des consoles renversées, et l'innovation eut un tel succès, surtout après son adoption à Rome par Giacomo della Porta, à la façade de Sainte-Marie-des-Monts, que l'on ne sembla plus désormais avoir la liberté d'agir autrement. C'est là, à partir de la fin du xvie siècle, l'un des caractères essentiels du style dit « jésuite ».

Des traditions plusieurs fois séculaires permettaient aux architectes italiens de ne pas s'occuper, dans leurs projets, de la place à réserver au clocher. A volonté, suivant de nombreux exemples, ils pouvaient ou supprimer cet accessoire ou le disposer isolément à une courte distance. Mais qu'ils prissent l'un ou l'autre parti, bien des difficultés se trouvaient écartées, et l'extérieur des églises profitait de la liberté ainsi accordée. Tout le monde a entendu parler du clocher bâti par Giotto, à l'aurore de la Renaissance, dans le voisinage du Dôme de Florence. En ce genre, il n'existe pas de construction plus célèbre. Quant au clocher du Saint-Esprit, à Rome, qui mérite également d'être cité, ses quatre étages de fenêtres géminées, encadrées de pilastres, le font assez ressembler aux vieilles tours du moyen âge, habituellement laissées debout, même lorsque les églises subissaient une complète reconstruction.

Les clochers ou campaniles ne méritent pas seuls d'être signalés. Certaines sacristies passent à bon droit également pour des chefs-d'œuvre. Telles sont, par exemple, la vieille et la nouvelle sacristie de Saint-Laurent, à Florence, la première par Brunellesco, la seconde par Michel-Ange; celle du Saint-Esprit, dans la même ville, par le Cronaca; celle de Saint-Satire, à Milan, par Bramante. Quant aux cloîtres qui, le plus souvent, ont de l'analogie avec les portiques des palais, quelques-uns d'entre eux jouissent d'une grande célébrité. Aussi, à peine est-il besoin de rappeler le grand et le petit cloître de la Chartreuse de Pavie, l'un et l'autre remarquables par une abondante décoration en terre cuite, le cloître de Sainte-Marie-de-la-Paix, à Rome, par Bramante, celui de Sainte-Marie-des-Anges (Chartreuse de Rome), par Michel-Ange.

Pour la décoration des églises, les Italiens n'étaient pas embarrassés; ils puisaient également aux quatre sources suivantes : la sculpture sur pierre ou sur marbre, avec motifs tirés, soit de l'imagination, soit du règne végétal, soit de l'histoire ou du symbolisme; la sculpture appliquée, en terre cuite ordinairement peinte ou émaillée; la peinture proprement dite, réservée, sauf de rares exceptions, pour les intérieurs; le luxe et la diversité des matériaux. Nous avons eu à parler plusieurs fois de la splendide Chartreuse de Pavie. Cet édifice est l'exemple le plus caractéristique que l'on puisse citer. Non seulement l'abondance des ornements dus aux plus grands artistes y dépasse toute imagination, mais on ne peut rien voir de plus parfait comme exécution. A côté de la sculpture, la diversité des marbres de couleur joue un rôle important; en vain cherche-t-on une partie tranquille, et si, au milieu de cette apparente confusion, les lignes principales s'accusent encore, c'est grâce à la force des saillies et à une sage distribution qui laisse à chaque membre sa véritable physionomie.

Un peu partout, en Milanais, bien qu'à un degré inférieur, on trouve le luxe d'ornementation qui vient d'être signalé. Nous devons même ajouter que, sous ce rapport, presque aucun changement ne se fit sentir jusqu'au milieu du xvie siècle. Le contraste est donc grand avec les autres provinces où, dans la plupart des cas, on se borna, au dedans comme au dehors, à multiplier les placages, dont la tradition n'avait jamais été abandonnée.

La peinture sur verre, qui, dans les monuments religieux, produit un si puissant effet, semble avoir été sinon ignorée, du moins dédaignée des Italiens. Tous ceux qui, au delà des monts, se sont distingués en cet art, soit au xve siècle, soit au xvie, avaient une origine étrangère. Citons seulement, parmi les plus célèbres, l'Allemand Jacob d'Ulm, dont on voit les œuvres à San Petronio de Bologne, et le Français Guillaume de Marcillat[1] (1467-1529), qui travailla à Rome, Cortone et Arezzo.

§ III. — PALAIS.

En Italie, on donne le nom de palais (*palazzo*) à toute habitation urbaine de quelque étendue, disposée

---

1. Guillaume de Marcillat, dont Vasari a fait un « Guillaume de Marseille », était né, suivant les travaux les plus récents, à Montluçon (Allier). Son nom lui vient du village de Marcillat qui se trouve non loin de là. Entré de bonne heure dans l'ordre de Saint-Dominique, il résida quelque temps à Saint-Mihiel, en Lorraine, avant de se rendre en Italie.

autour ou au fond d'une cour. C'est l'équivalent de ce que nous appelons chez nous *hôtel*, et tout citoyen riche et ami des arts pouvait, aussi bien qu'un prince en possession de l'autorité, se créer une demeure qui reçût une qualification jugée à tort ambitieuse.

Généralement, les palais italiens, quel que soit l'hôte pour lequel ils aient été construits, — que leurs dimensions atteignent des proportions considérables ou soient relativement restreintes, — constituent des œuvres d'une haute valeur monumentale; les architectes sont parvenus à se distinguer dans ce nouveau genre autant et plus que dans le précédent. Michelozzo, le Cronaca, San-Gallo, Peruzzi, Alessi, Sansovino seraient peut-être demeurés pour la postérité au second rang, s'ils n'avaient eu à s'occuper de constructions civiles.

Au xve siècle et même durant toute la période qui nous occupe, c'est à Florence que furent élevés les plus beaux palais. L'un d'eux, le premier en date et qui, dès l'origine, jouit d'une grande célébrité, passa par bien des vicissitudes avant d'arriver en l'état où nous le voyons. Commencé vers 1440, sous la direction de Brunellesco, non pour le chef de l'État, peu désireux d'exciter la défiance et l'envie en se préparant une trop vaste demeure, mais pour un des plus riches commerçants de la ville, Luca Pitti, que sa construction ruina, il dut être laissé inachevé au bout de quelques années. Au xvie siècle seulement, les Médicis, devenus propriétaires, purent faire reprendre les travaux. Ce sont eux qui commandèrent à Ammanati la belle cour intérieure.

Le palais Pitti, dans ses parties primitives, est surtout remarquable par la majesté et l'harmonie des lignes. On n'y trouve pour ainsi dire pas trace d'ornementation, et cette sévérité, si peu conforme au goût alors dominant, doit être attribuée aux tendances personnelles de l'architecte. Les coupes accentuées de l'appareil à bossages convenaient mieux à sa tournure d'esprit que la sculpture décorative; sans compter que les Florentins ne pouvaient qu'être charmés de le voir chercher ses modèles parmi les monuments étrusques, si nombreux dans la contrée.

Vers la fin de ses jours, Cosme l'Ancien († 1464) sortit de la réserve que s'étaient commandée jusque-là les chefs de la république, et Michelozzo reçut ordre de lui bâtir un immense palais qui devait deux cents ans plus tard passer entre les mains d'un simple citoyen dont il a retenu le nom, le marquis Riccardi. Là du moins, si les bossages tiennent encore une grande place, les riches moulures ne sont pas exclues, et la grâce marche de pair avec la force.

Au palais Ruccellai (1460-1466), la tendance indiquée s'accentue de plus en plus. Non seulement des refends sont substitués aux bossages, mais des pilastres se dressent à chaque étage entre les fenêtres. Ce dernier parti, qui constituera plus tard l'un des traits saillants de la manière de Bramante, mérite particulièrement d'être remarqué.

On le retrouve, en dehors de Florence, au palais Piccolomini, à Pienza (1462), que Pie II fit bâtir par Bernardo Rossellino. Aussi, bien que, à propos du palais Ruccellai, le nom d'Alberti ait été souvent mis en avant, est-il permis de songer à son contemporain.

En dernier lieu, citons, à Florence, le palais Strozzi, commencé en 1498. Le Cronaca, auquel il est dû, n'a jamais été mieux inspiré. On pense, en le voyant, au palais Riccardi, dont il reproduit les données générales. De même ressemble-t-il beaucoup au palais Spannocchi, à Sienne, œuvre aujourd'hui reconnue de Cecco di Giorgio.

Les palais florentins du xve siècle, le palais Pitti excepté, ont toujours les deux étages sur rez-de-chaussée dont ils se composent éclairés par des fenêtres géminées. Sous ce rapport, on peut rapprocher d'eux non seulement différents palais de Sienne et de Pienza, mais encore le palais Corner-Spinelli, à Venise, généralement attribué à Pietro Lombardo. Ajoutons que le plein cintre est également l'arc préféré pour les grandes ouvertures du rez-de-chaussée. Les baies rectangulaires ne firent leur apparition qu'au xvie siècle, avec l'influence romaine dont nous retrouvons la trace, d'une part, au palais Bartolini, œuvre probable de Baccio d'Agnolo, de l'autre, au palais Pandolfini et au palais Uguccioni, l'un et l'autre construits sur les dessins de Raphaël[1].

Bien que dans une large mesure le palais de Saint-Marc ou de Venise, élevé, à Rome, sous la direction de Giacomo da Pietra-Santa, pour le cardinal vénitien Barbo, le futur Paul II (1464-1471), sacrifie au

---

1. Raphaël, toutefois, a suivi les traditions florentines dans la porte du premier de ces palais et dans tout le rez-de-chaussée du second.

goût nouveau, sa couronne de créneaux lui donne encore un aspect moyen âge. On remarque aussi que, par une exception bien rare au delà des Alpes, ses fenêtres sont à croisillons. Le vrai palais romain, en réalité, ne fait guère son apparition qu'avec Bramante, à la Chancellerie, dans les premières années du xvie siècle. Si le plein cintre tient encore une grande place, son rôle n'est plus dominant. A côté de lui, le rectangle prend d'autant plus d'importance que tout se trouve pour ainsi dire ramené à la même forme, grâce au développement supérieur des chambranles. La transformation complète s'effectua peu après au palais Farnèse, où San-Gallo, arrivant tout d'un coup à la perfection du genre, inventa les fenêtres à tabernacle. Désormais chaque baie, encadrée de pilastres, eut le plus souvent son linteau droit surmonté d'un fronton.

Peruzzi fut aussi, à Rome, un heureux constructeur de palais. On a vu (p. 54) avec quelle habileté il sut établir la façade du palais Massimi sur un plan irrégulier. Il n'excellait pas moins dans l'arrangement des détails, ainsi qu'en témoignent la Farnésine et la belle porte du palais Sacrati, à Ferrare.

Les palais bâtis hors des régions romaine et florentine sont très variés dans la distribution des éléments d'architecture; les goûts individuels s'y donnent libre carrière. Palladio, Jules Romain, Alessi, Sansovino, pour ne citer que les plus célèbres parmi les architectes du xvie siècle, ont chacun une manière qui leur est propre. Mais cela n'empêche pas, au nord comme au midi, d'adopter certaines dispositions, de s'attacher à diverses formes dont la répétition constitue, entre édifices du même genre, un étroit lien de parenté.

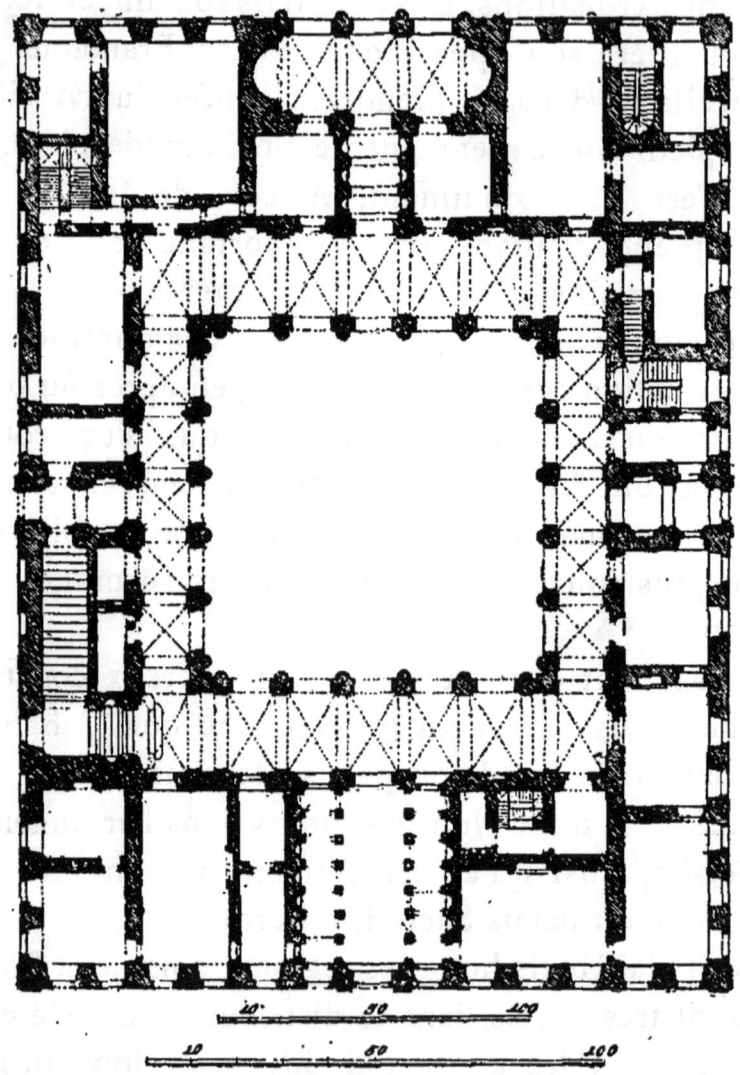

Fig. 28. — Plan du palais Farnèse.

Ainsi, l'espace occupé est sinon toujours rectangulaire, du moins déterminé par des lignes droites donnant quatre côtés. Le nombre des façades varie suivant qu'il y a isolement complet ou rattachement à des propriétés voisines. Mais, dans l'un et l'autre cas, l'arrangement est on ne peut plus simple. Au-dessus d'un rez-de-chaussée habituellement sévère et percé d'ouvertures rares et petites, le premier étage, le *piano nobile*, comme disent les Italiens, déploie sa belle ordonnance, que répète, en l'amoindrissant quelque peu, le second étage. Partout des fenêtres régulières et symétriques. Tourelles d'angle et avant-corps sont également bannis, nulle saillie en encorbellement[1], mais un couronnement plus ou moins magnifique, dont rien ne vient déranger la parfaite horizontalité. Bien différents des églises qui font pyramider leurs parties supérieures, ne se contentent pas d'élever bien haut une ou plusieurs coupoles, mais multiplient les frontons aux lignes rampantes ou arquées, les palais comptent, pour produire leur principal effet, sur la corniche qui les termine réellement, car s'il y a au-dessus une toiture, la pente n'en est jamais assez rapide pour permettre l'usage des lucarnes ou de tout autre motif capable d'attirer l'attention. Les architectes, qui, comme Palladio et Sansovino, se sont permis de découper sur le ciel balustrades, obélisques et statues, font pour ainsi dire bande à part, et les préférences se portent sur ceux dont la plus grande préoccupation a été la composition d'une corniche.

Entre les corps de bâtiments, une cour pourtournée de galeries existe invariablement. Quoi qu'on ait pensé à

---

1. L'exemple donné par Baccio d'Agnolo au palais Serristori, à Florence, n'a pas trouvé d'imitateurs; en Italie, on ne se sert d'encorbellements que comme supports de balcons.

ce sujet, il n'y a là que bien peu de ressemblance avec l'atrium antique. Toujours le rez-de-chaussée est surmonté d'un ou de plusieurs étages, en sorte que l'intérieur comme élévation est la répétition de l'extérieur. Et les étages ainsi multipliés sont eux-mêmes parfois disposés en galeries qui suivent les précédentes dans la diversité de leurs combinaisons. Tantôt (palais Massimi), à l'imitation de ce que pratiquaient les Grecs, des colonnes portent un entablement; tantôt (palais Farnèse), d'après le principe romain, des archivoltes sont bandées sous ce dernier membre d'architecture qui fait saillie et a pour supports des colonnes ou des pilastres engagés; tantôt (palais ducal d'Urbin, palais Riccardi, palais de la Chancellerie), conformément aux coutumes des bas temps, des colonnes reçoivent directement sur leurs chapiteaux la retombée des arcs.

Les galeries dont nous venons de parler sont rarement plafonnées. On préfère à cette disposition trop simple une voûte en berceau avec caissons, ou même, le plus souvent, une voûte d'arêtes à la romaine. Quel que soit le parti adopté, du reste, une décoration peinte ou sculptée qui s'étale partout contribue à faire des galeries le centre artistique du monument; là plusieurs peintres de premier ordre, Raphaël en tête, ont laissé leurs meilleures fresques.

Dans les palais italiens, rien ne manifeste extérieurement la présence de l'escalier. On ne trouve, comme dans nos châteaux, ni avancement destiné à le contenir, ni disposition particulière d'ouvertures au droit de son développement. La révolution en spirale peut également être considérée comme inconnue, puisque le seul exemple que l'on cite se voit à Venise, au palais Minelli, où il semble le résultat d'une influence étrangère. Partout il est fait usage de rampes droites que sépare à leur point de contact, dans les retours plus ou moins multipliés en sens inverse, un mur généralement plein, appelé par les praticiens mur d'échiffre.

Dans les régions centrales, même au xve siècle, sous l'influence de Brunellesco, nous l'avons déjà dit, la simplicité avait fait de grands progrès, et tout tendait à éliminer de plus en plus les ornements superflus. Mais au nord, particulièrement en Lombardie, les choses se passèrent différemment, et les monuments continuèrent à étaler un luxe décoratif véritablement extraordinaire. Sans sortir de Paris, on en peut juger par la porte du palais Stanga, achetée à Crémone il y a quelques années, et transportée au Louvre. Rien ne ressemble plus à certaines parties de la Chartreuse de Pavie, et ce n'est pas sans raison que le nom du sculpteur-architecte Omodeo a été mis en avant. Aux côtés de l'arcade en plein cintre, sur les montants font saillie deux colonnes, dont la moitié inférieure, divisée en quatre ou cinq tronçons inégaux par des élargissements et des rétrécissements heurtés, est assez tourmentée. De même la forme triangulaire des piédestaux correspondants manque-t-elle de simplicité, et peut-être y avait-il d'autres moyens d'échapper à la lourdeur. Ajoutons qu'en dépit de la modération des reliefs, de la discrétion relative de chaque détail, l'ornementation générale, par sa trop grande abondance, offense quelque peu le goût. On ne supprime pas sans danger jusqu'à la moindre surface lisse, et un monument de marbre demande à être traité autrement qu'une pièce d'orfè-

Fig. 29. — Décoration dite *a terretta* (Burckhardt).

vrerie. Les contemporains l'ont si bien compris que

cette porte est restée une pièce unique; à Crémone ni ailleurs, on n'a été tenté de l'imiter.

Un genre de décoration assez souvent pratiqué, appelé par les Italiens *a terretta,* fut surtout porté par Peruzzi à son plus haut point de perfection. Il consistait, sur un enduit frais, en un dessin tracé en creux, dont toutes les lignes étaient remplies de blanc ou de noir. Pour obtenir ces clairs et ces ombres, on se servait d'un mélange de terre argileuse, de charbon pilé et de poussière de travertin. Sans beaucoup de frais et rapidement, une façade était ainsi couverte d'ornements et de bas-reliefs qui simulaient admirablement la sculpture.

Les palais ne sont pas seuls dignes d'attention. Il existe dans la plupart des villes de quelque importance des habitations de second ordre où beaucoup de talent a été dépensé. La chose, du reste, n'a pas lieu d'étonner quand on songe que, par exemple, à Rome, les gens de condition moyenne, connaissant la bienveillance et le désintéressement de Peruzzi, s'adressaient de préférence au célèbre architecte. Quatremère de Quincy, qui avait fait une étude particulière des charmantes façades, quelques-unes avec boutique au rez-de-chaussée, élevées dans différents quartiers, s'exprime ainsi à leur sujet : « Ces masses élégantes, vrais modèles du genre qui convient au plus grand nombre de propriétaires, seront toujours l'objet des études de quiconque désirera mettre le goût de la bonne architecture à la portée des classes moins opulentes de la société. C'est de semblables édifices que Poussin semble avoir fait un recueil pour en orner les fonds de ses tableaux et composer ces belles perspectives de villes antiques, qui, dans plus d'un de ses ouvrages, partagent, avec les figures, l'admiration du spectateur.

« Du nombre de ces maisons, qu'on prendrait pour des restes de l'antique Rome, sont celles principalement que l'on voit rue Borgo-Nuovo, et à l'entrée de la rue qui conduit en face du palais Farnèse. Toute description serait insuffisante à l'égard de semblables ouvrages, dont le principal mérite tient à une certaine grâce de diction, si l'on peut dire, qui ne saurait être comprise et définie que par un sentiment qu'on ne définit pas. Que dire, en effet, de ces élévations, si ce n'est qu'on y trouve un choix exquis des plus belles formes de fenêtres et de chambranles, qu'on y voit les profils les plus purs, que les rapports entre les pleins et les vides y sont dans un accord parfait, qu'il y règne un ensemble de solidité sans lourdeur, de richesse sans luxe, de caractère sans affectation.

« Les ouvrages de ce genre ne sauraient donc être trop étudiés par les jeunes architectes qui, frappés des grandeurs de l'antique Rome, oublient trop souvent que les villes se composent de maisons, et que leur beauté dépend plus du bon goût répandu par l'art, dans les simples ordonnances des habitations particulières, que de l'érection de grands monuments, dont plusieurs siècles parviennent à peine à voir la fin [1]. »

---

[1]. *Histoire de la vie et des ouvrages des plus célèbres architectes*, t. Ier, p. 133-134.

§ IV. — VILLAS.

Quiconque a lu la lettre où Pline le Jeune décrit son cher Laurentin[1] peut se faire assez bien l'idée de ce que furent, au temps de leur splendeur, les plus célèbres maisons de campagne élevées par les architectes de la Renaissance. Sans doute, les bâtiments tiennent une grande place, mais le logement proprement dit est très restreint. Autour des cours assez nombreuses qui affectent différentes formes se succèdent presque indéfiniment des pièces d'apparat. Ce ne sont que grandes salles richement ornées, longues galeries et élégants portiques. Puis viennent des terrasses ménagées avec art, des jardins savamment dessinés, avec accompagnement de grottes fraîches, de bassins et de pavillons. On comprend que Charles VIII et son entourage aient été séduits par tant de choses si nouvelles pour eux. Ces habitations largement ouvertes, où tout semblait fait pour le plaisir des yeux, ne rappelaient guère les sombres châteaux d'au delà les monts. Aussi, suivant l'expression antique, leur donnait-on le nom de *villas,* qui implique l'idée d'un lieu de repos où la vie s'écoule facilement, au milieu de la paix et de l'abondance.

Quelques villas comme le Poggio a Cajano, dont Laurent le Magnifique confia la construction à Giuliano da San-Gallo, comme le Belvédère, que le duc de Ferrare, Alphonse Ier, fit élever dans une île du Pô,

---

[1]. *Epist.*, lib. II, 17.

étaient relativement assez éloignées de tout centre d'habitation ; mais, en général, grands seigneurs et riches prélats, qui n'aimaient guère à quitter pour longtemps

Fig. 30. — La Farnésine, à Rome (Burckhardt).

le théâtre de leur activité, choisissaient de préférence quelque endroit où ils pouvaient se rendre facilement. C'est pourquoi tout, de plus en plus, fut consacré au luxe et à la vaine ostentation. A proprement parler, le Poggio Reale, aux portes de Naples, la Vigna del

Papa Giulio, la villa Madama, sous les murs de Rome, ne pouvaient recevoir des hôtes, même durant une seule nuit. Elles avaient été bâties pour servir de cadre à une fête, et il ne fallait pas en demander davantage. Leurs dispositions les faisaient rentrer dans la catégorie des *casinos*, c'est-à-dire des constructions de plaisance annexées à certaines villas. Du reste, à Rome, où le petit nombre des habitants contrastait si étrangement avec l'immensité de l'enceinte, il n'était pas souvent besoin d'aller chercher au dehors un espace inoccupé. La villa Lante, œuvre de Jules Romain, pouvait s'étendre à son aise sur le Janicule, comme la villa Medici, à laquelle Michel-Ange mit, dit-on, tardivement la main, sur la colline du Pincio. Quant à la villa Pia, ce chef-d'œuvre de Ligorio, on sait combien elle semble perdue dans les jardins du Vatican.

Nous avons déjà parlé de la villa Rotonda, bâtie par Palladio, sur les flancs du Berico, près de Vicence. Il n'y a pas dans le nord de l'Italie d'édifice plus célèbre. Au lieu de se contenter, comme d'habitude, de rattacher les uns aux autres différents corps de logis, l'architecte a si bien combiné toutes les parties d'une masse unique que l'effet produit est véritablement prodigieux.

Vasari parle avec enthousiasme de la villa connue sous le nom de Monte Imperiale, aux environs de Pesaro[1]. C'était, si nous en jugeons par les plans, une construction d'un caractère particulier, tenant à la fois de l'habitation de ville et de l'habitation de campagne.

1. *Opere*, VI, 319.

Jérôme Genga, que le duc d'Urbin, François-Marie, époux d'Éléonore de Gonzague, avait, en 1528, mis à la tête des travaux, n'aimait pas à suivre les routes battues. Il disposa donc, non pas à mi-côte, mais tout à fait en bas, une sorte de grand palais, latéralement précédé d'avant-corps inégaux et surmontés de campaniles. La cour, qui se déployait par derrière en grand rectangle fermé, se trouvait ainsi au niveau du premier étage. Puis venait une terrasse ou plutôt un parterre de broderies, coupé d'eaux jaillissantes, où l'on accédait du mezzanino. Ce dernier desservait également le jardin à la suite, vaste espace un peu plus long que large, bastionné à ses angles postérieurs.

Dans certaines provinces où l'autorité du prince était sans cesse mise en question, on avait parfois pris le parti de combiner le soin de la défense avec les raffinements du luxe et tous les agréments d'une vaste habitation. Les descriptions que les historiens nous ont laissées des deux châteaux de Milan et de Pavie montrent que les Sforza trouvaient à l'abri de fortes murailles ce que d'autres cherchaient au milieu de la campagne. De même, le château de Ferrare, baptisé du nom de Sans-Souci[1] par le duc Borso (1450-1471), qui l'avait enrichi d'admirables peintures, sous une apparence guerrière et sombre, constituait-il un délicieux séjour. Mais ces exemples étaient rares, et l'on ne peut en aucune façon considérer comme présentant une force de résistance le grand et beau château de Caprarola. Si Vignola, qui avait été laissé libre par le cardinal

1. En italien, *Schifanoja*.

Farnèse d'agir à sa guise, a adopté la forme pentagonale, c'est uniquement parce que, dans un endroit élevé, au milieu d'un pays pittoresque, il y avait tout avantage à varier les points de vue. Quant aux bastions, ils ne sont que simulés, et l'on ne doit guère en tenir compte, bien que leur présence contribue à donner à l'ensemble l'aspect d'un château proprement dit plutôt que d'une simple villa.

§ V. — HÔTELS DE VILLE, HÔPITAUX, COLLÈGES PONTS, ETC.

En Italie, où la vie municipale fut de bonne heure très intense, on ne doit pas s'étonner de rencontrer beaucoup d'hôtels de ville qui remontent au moyen âge. Florence, Sienne, Volterra, Arezzo, Plaisance, Mantoue, Crémone et tant d'autres dont la mention ne serait ici d'aucune utilité, sous les noms les plus divers — palazzo publico, palazzo pretorio, palazzo della Commune, palazzo del Consiglio, palazzo del Podestà, broletto, — quand la Renaissance apparut, possédaient depuis longtemps, pour la discussion de leurs intérêts, des édifices importants que tout faisait un devoir de ne pas renouveler sans nécessité. Aussi, en dehors de Lucques, de Bologne et de Padoue, aurait-on peine à trouver quelque chose à glaner durant le xve siècle. Et dans la seconde ville, il ne s'agit même pas d'une complète reconstruction : la façade seule du vieux palais municipal, sous la direction de Fioravante, en 1485, changea de physionomie. Au rez-de-chaussée fut ajouté un portique dont l'appareil à bossages ne contraste pas autant qu'on aurait pu le craindre avec les pilastres couverts d'arabesques du premier étage.

Fig. 31. — Palais du Conseil, à Vérone.

Le XVIe siècle se trouve un peu mieux partagé. Dès le début, Vérone et Brescia font appel à un habile architecte vénitien, du nom de Formentone, qui réussit à créer des types du goût le plus exquis. Puis Vicence et Bergame s'adressent la première à Palladio, la seconde à Scamozzi. Bien que dans la même région, la variété ne laissait donc rien à désirer, et les différentes époques étaient suffisamment représentées.

Le palais du Conseil, à Vérone, a été longtemps mis au compte de Frà Giocondo; mais cette opinion n'est plus soutenable depuis qu'un savant italien a publié le résultat de ses consciencieuses recherches [1]. Quant à l'attribution à Formentone, indiquée ici pour la première fois, elle se fonde sur la ressemblance avec le palais communal de Brescia, œuvre authentique du maître. Des deux côtés, c'est le même esprit qui préside à la conception générale, le même parti pris de décoration faisant songer, entre les fenêtres, à une application de marqueterie, le même étalage de statues se découpant au sommet sur l'azur du ciel. Ajoutons que les dates sont loin de faire obstacle, puisque les travaux commencèrent à Vérone en 1500 et à Brescia en 1508.

La basilique de Vicence n'est pas autre chose qu'un hôtel de ville; aussi fallait-il de nouveau mentionner un monument célèbre à tous égards, celui peut-être où Palladio a montré le plus de talent. Car il ne s'agissait pas de procéder sur plans disposés à sa fantaisie, mais de consolider, en l'enveloppant, un vieil édifice. Le double étage de portiques inventé pour la circonstance, non seulement répond au but cherché, mais constitue encore une œuvre pleine d'harmonie et de noblesse.

En même temps que des hôtels de ville la Renais-

---

[1]. *Dei Lavori architettonici di Frà Giocondo in Verona* dal nobile *G. G.* Ortimanara. Verona, 1853.

sance construisait des hôpitaux, et il faut bien avouer qu'elle a rarement été mieux inspirée que dans certains

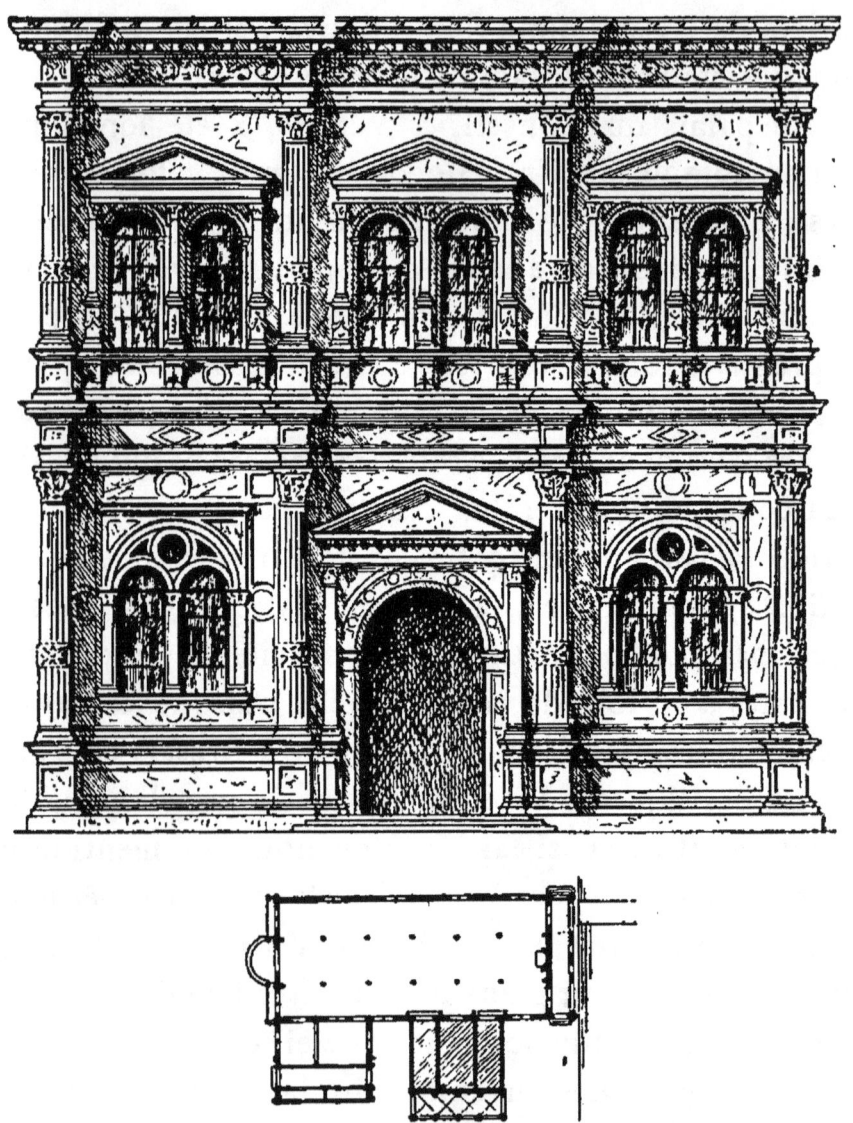

Fig. 32. — Scuola di San Rocco, à Venise (Burckhardt).

de ces derniers édifices où, par un sentiment de délicatesse, au moyen de terres cuites émaillées, les notes gaies se trouvent multipliées plus que partout ailleurs.

Ainsi, à Florence, la façade de l'hôpital des Innocents est décorée d'une série d'enfants, les uns emmaillotés, les autres à moitié débarrassés de leurs bandelettes, qui se détachent en blanc et en bleu sur le ton bruni de la pierre. A Pistoja, l'hôpital du Ceppo va plus loin encore, et sept bas-reliefs, représentant les *Œuvres de Miséricorde,* forment, au-dessus du portique, frise continue. Ces terres cuites, dont la renommée est très grande, sortent, les premières de l'atelier d'Andrea della Robbia, neveu de Luca, les secondes de celui de Giovanni, fils d'Andrea.

Les établissements d'éducation ne furent pas non plus négligés, et nous pouvons citer, à Rome, le Collège Romain, œuvre d'Ammanati, et celui connu sous le nom de Sapience, dont la majestueuse cour est entourée d'un double étage de portiques dessinés, dit-on, par Michel-Ange. Venise est encore mieux partagée, car parmi ses plus beaux monuments figurent la Scuola di San Giovanni Evangelista (1481), due à un inconnu ; la Scuola di San Marco (1485), élevée sur les plans de Martino Lombardo; la Scuola di San Rocco (1517-1550), à laquelle travaillèrent successivement Bartolomeo Bon, Sante Lombardo et Antonio Scarpagnino; la bibliothèque Saint-Marc (1536-1582) qui, même dans les parties terminées par Scamozzi, porte la vigoureuse empreinte de Sansovino. Le célèbre architecte est encore l'auteur, à Padoue, du palais de l'Université (1552), remarquable par les beaux portiques de sa cour intérieure.

On sait quelle réputation s'était acquise Frà Giocondo par la construction d'un pont sur l'Adige, à

Vérone ; malheureusement, il ne reste rien aujourd'hui de ce remarquable ouvrage, et pour juger du savoir faire de la Renaissance en un genre difficile qui est plus du ressort de l'ingénieur que de celui de l'architecte, nous sommes obligés de descendre très avant dans le xvie siècle. Le pont dit de la Trinité, à Florence,

Fig. 33. — Pont de la Trinité, à Florence.

dont les trois arches, tracées suivant une courbe elliptique, font le plus grand honneur à Ammanati, ne date que de l'année 1559. Quant au pont du Rialto, à Venise, composé d'une seule arche solide, mais manquant de beauté, après désistement de Scamozzi, auteur d'un premier projet, il fut exécuté sur plan nouveau par Antonio da Ponte, de 1588 à 1591.

La Renaissance, qui inventa les bastions et transforma l'art des fortifications, ne devait pas manquer de donner une physionomie toute particulière aux portes ouvertes dans les courtines. En ce genre, on admire avec raison les œuvres laissées par San-Micheli au Lido, près Venise (porte du fort Saint-André), et à Vérone (Porta Nuova et porte Saint-Zénon). L'énergie dans la construction ne saurait aller plus loin, bien que toute ornementation n'ait pas été négligée.

Les tombeaux, généralement appliqués contre les hautes parois des églises, nous retiendraient longtemps, si nous voulions les étudier en détail. Mais dans ces créations la part du sculpteur l'emporte de beaucoup sur celle de l'architecte, qui à peine est appelé à disposer certaines lignes, à combiner certains arrangements. Sauf au tombeau de Colleone, à Bergame, où le défunt est représenté à cheval, au centre figure toujours une statue couchée sur un sarcophage plus ou moins orné. Comme encadrement, un stylobate chargé d'inscriptions, enrichi d'armoiries ou de bas-reliefs, des colonnes, des pilastres, des statuettes étagées dans des niches, servant de support, soit à un entablement complet, soit à une grande arcade en plein cintre. Les principaux types que nous puissions citer sont à San Miniato, près Florence, le tombeau du cardinal Jacques de Bragance, dit le cardinal de Portugal (1470); à Venise, le tombeau du doge André Vendramin (1485) ; à Rome, église Sainte-Marie-du-Peuple, le tombeau du cardinal Ascanio Sforza (1505) et celui du cardinal de Castro (1506).

Les autels, les chaires, les fonts baptismaux rentrent encore bien moins dans notre cadre. Ce sont des œuvres de petite dimension, tout entières livrées au ciseau d'habiles artistes qui ne laissent guère de place, même pour de simples moulures.

En terminant, il y aurait quelques mots à dire des fontaines. Beaucoup d'entre elles, comme celle au nord du Palais Vieux, à Florence (1563), celle de la Piazza

Fig. 34. — Tombeau du cardinal Sforza, à Rome.

Maggiore, à Bologne (1564), n'ont été faites que pour étaler des statues ; la sculpture y domine au point de presque tout absorber. Mais quelques-unes, principalement dans les petites villes, sont conçues suivant un esprit différent. Leur physionomie pittoresque et leur utilité pratique ont été uniquement obtenues au moyen de lignes verticales et de plans successifs. Telle est, par exemple, la fontaine de la place della Rocca, à Viterbe, attribuée à Vignola (1566). Sa forme est octogonale, et tandis que, sur une moitié des faces, en alternant, des degrés conduisent au bassin principal où on vient puiser l'eau, sur l'autre sont disposés des abreuvoirs. Au centre s'étagent deux vasques d'où l'eau s'échappe en abondance par un grand nombre de têtes sculptées.

LIVRE II

FRANCE

CHAPITRE PREMIER

HISTOIRE ET CARACTÈRES GÉNÉRAUX
DE LA RENAISSANCE FRANÇAISE

La Renaissance des arts à la cour de France. Études sur le xvie siècle, par le comte de Laborde, t. Ier, 1850; t. II, 1865. — *Geschichte der Renaissance in Frankreich*, von Wilhelm Lübke. Stuttgart, 1868. — *The Renaissance of art in France*, by Mrs Mark Pattison. London, 1879. — *La Renaissance en Italie et en France à l'époque de Charles VIII*, par Eugène Müntz. Paris, 1885. — *La Renaissance en France*, par Léon Palustre. 3 vol. in-folio. Paris, 1879-1889.

Durant plus de deux siècles, il a été de mode chez nous de considérer comme une époque d'impuissance et de barbarie la période plus que millénaire qui sépare la chute de l'art gréco-romain, à la suite des invasions, de son rétablissement progressif sous Charles VIII, Louis XII et François Ier. Pour ne pas perdre la réputation d'homme de goût, il fallait déclarer hardiment que la France civilisée, la France artistique et littéraire, ne datait que des guerres d'Italie, que la

Renaissance fut le rayon de lumière qui dissipa l'obscurité dans laquelle avaient vécu nos ancêtres depuis Clovis.

Après les travaux qui ont illustré les cinquante dernières années et dont les principaux sont dus à Caumont, Didron, Lassus et Viollet-le-Duc, il n'est plus possible de tenir un pareil langage. Sauf pour quelques esprits attardés, dans l'histoire de l'architecture, la France du moyen âge mérite de prendre place à côté de la Grèce antique. On peut varier d'opinion sur la valeur relative des formes monumentales, on peut hautement préférer le siècle de Périclès à celui de Philippe-Auguste et de saint Louis, le Parthénon à la cathédrale d'Amiens; mais on ne peut nier que la France n'ait, comme la Grèce et seule avec elle, créé une architecture parfaite de tout point. Les principes sont opposés, il est vrai, la première basant son système sur les poussées ou pressions obliques, la seconde sur la stabilité inerte ; mais des deux parts, dans l'application, apparait la même logique absolue. Que le monument soit religieux ou civil, chacun de ses membres n'en occupe pas moins une place inévitable, chacune de ses pierres n'en est pas moins éloquente dans l'explication de la fonction qui lui incombe. Partout le dehors laisse entrevoir le dedans, sur lequel il se modèle, dont il n'est à proprement parler que la conséquence et la manifestation.

Et cette recherche de la logique a certainement précédé de beaucoup le xiiie siècle, qui vit l'apogée de l'architecture si improprement appelée gothique. Car on n'enfante pas spontanément des chefs-d'œuvre, et une longue préparation est nécessaire pour arriver à quoi que ce soit de supérieur et de définitif. De même est-ce en persévérant dans une voie si profitable que nos maîtres maçons sont parvenus, durant trois siècles, à maintenir leur immortelle création. Mais avec le temps on finit toujours par abuser des meilleures choses, et dès la fin du règne de Charles VII commença une évolution qui ne pouvait manquer de mener promptement le style gothique à sa perte. Impossible de voir des formes plus tourmentées, une richesse plus mal distribuée. L'ornementation semblait condamnée à une exubérance maladive qui, résultat inattendu ! vu la délicatesse des détails, accusait la sécheresse des lignes au lieu de la dissimuler.

Il était temps de fournir un meilleur emploi à la surabondance de verve et de vie si particulière à nos artistes, et la Renaissance vint à point pour cela. Grâce à elle, notre génie national, un instant alangui, retrouva toutes ses énergies. Il s'élança dans la voie nouvelle, heureusement ouverte devant lui, et saisit avec empressement l'occasion d'exercer pour la troisième fois les aptitudes créatrices dont l'art roman et l'art gothique portaient si merveilleusement témoignage. La Renaissance ne fut donc pas, comme on s'est plu souvent à le répéter, un malheur, mais elle constitua au contraire un bienfait, et nous pouvons admirer ses productions sans être accusés d'irrévérence et d'injustice envers les époques précédentes.

Tout en étant d'une manière directe ou par voie d'interprétation des émanations de l'antiquité, les monuments élevés à la fin du xve siècle ou durant le cours du xvi° conservent une originalité qui leur est propre, et on ne saurait les confondre avec ce que l'Italie nous offre dans le même temps. Non seulement les qualités qui distinguent la race française y dominent au grand avantage de l'agencement général, mais on y trouve encore comme un reflet de l'état momentané des esprits aussi bien que des institutions alors en honneur.

Les découvertes modernes, comme il était assez facile de le prévoir, n'ont point été favorables à ceux qui se plaisaient à reconnaître partout la main des Italiens. Là même où le doute était permis, la balance s'est trouvée pencher de notre côté. Pour répondre à ce que l'on attendait d'eux, il fallait que les architectes fussent imbus des traditions nationales, demeurassent en correspondance avec le sentiment de tous. Des étrangers naturellement eussent importé leur manière, au lieu d'adopter la nôtre. En vain quelques-uns d'entre eux, comme Serlio par exemple, s'évertuaient-ils à présenter des projets, on ne leur permettait jamais de passer à l'exécution. La place que Frà Giocondo, le Primatice et tant d'autres occupaient indûment dans l'histoire a été victorieusement rendue à des maîtres français. Sur ce point, il n'y a plus et il ne saurait plus y avoir de dissentiments aujourd'hui.

De Louis XI à Louis XIII, les prélats italiens furent nombreux en France, où les plus riches bénéfices devenaient facilement leur lot ; mais, chose extraordinaire, cette invasion d'un nouveau genre n'eut aucune influence sur le mouvement des arts. L'unique préoccupation de tous, évêques et abbés, semblait être de palper des revenus. Ceux par exception qui, momentanément, s'astreignirent à la résidence, n'amenèrent point d'artistes et se bornèrent, quand ils entreprirent quelque chose, à des travaux insignifiants. Aussi, le style employé avait-il peu d'importance, et c'est en pur gothique que, sous l'évêque Lascaris de Tende (1523-1530), furent élevées certaines parties de la cathédrale de Beauvais. A Auch, bien qu'à une date plus récente (1551-1586), les archevêques Hippolyte et Louis d'Este se désintéressèrent également de la direction imprimée autour d'eux à l'architecture. Si Julien de la Rovère, le futur Jules II, rêva un instant d'introduire la Renaissance à son abbaye de Saint-Gilles, dont la magnifique basilique romane avait été pauvrement achevée au XIIIe siècle, il ne mit jamais la main à l'œuvre. Deux membres de la même famille, Léonard et Antoine de la Rovère, successivement évêques d'Agen (1487-1538), firent bien poser quelques assises à leur cathédrale, mais seulement après arrêts du parlement de Bordeaux, rendus à la requête de la municipalité. Quant à César des Bourguignons, son premier soin en arrivant à Limoges fut de congédier les ouvriers qui travaillaient à Saint-Étienne. La Renaissance ne trouva pour la protéger, parmi les membres du clergé, que des Français, et tout le monde connaît les noms de Georges d'Amboise (Rouen et Gaillon), Jean Le Veneur (Tillières), Georges d'Armagnac (Rodez), Geoffroy d'Estissac (Poitiers et Maillezais), Jean de Langeac (Limoges), Jean Danielo (Vannes), Jean d'Amoncourt (Langres), Claude de Givry (*id.*), Hector d'Ailly (Toul), Jean de Mauléon (Saint-Bertrand de Comminges), etc.

Dans l'ordre civil, l'absence de Mécènes italiens est plus facile à expliquer. Nos rois ne pouvaient distribuer des fiefs comme ils distribuaient des bénéfices. Pour récompenser magnifiquement César Borgia, qui lui apportait de la part de son père, Alexandre VI, le bref de divorce avec Jeanne de France (1498), Louis XII n'avait pas le choix, et seul le duché de Valentinois, récemment cédé par la Savoie, était à sa disposition Louis de Gonzague, troisième fils du duc de Mantoue. Frédéric II, en 1565, devint duc de Nevers, non par don royal, mais par mariage avec Henriette de Clèves. Les financiers, qui se faisaient eux-mêmes leur situation, tinrent certainement plus de place que les grands seigneurs. Ils aimèrent surtout davantage à bâtir, et il suffit de citer à Paris l'hôtel Torpanne et l'hôtel Sardini.

On croit généralement que le moyen âge se montra, en France, hostile à l'antiquité ; c'est là une erreur qu'il importe de relever. Sans parler de la tentative de Charlemagne, qui affecta plus les lettres que les arts, ne voyons-nous pas dans un très grand nombre d'édifices romans, non seulement des motifs de décoration, mais encore des procédés de construction empruntés aux nobles débris dont notre sol était couvert? Des parties considérables d'églises, en Bourgogne et en Provence, semblent arrachées à des monuments antiques. Au milieu du XIIe siècle, à Saint-Denis, berceau du style gothique, la nécessité seule fit de Suger un novateur. La première pensée du grand abbé, au moment de la reconstruction de la basilique, avait été de demander au pape les colonnes des thermes de Dioclétien. Au-dessus d'une porte, suivant la tradition antique, il plaça une mosaïque. Un des successeurs immédiats de Suger, sous Philippe-Auguste, ayant à orner la vasque d'un *lavatorium*, ne trouva rien de mieux que de faire figurer à la bordure Neptune, Pan, Sylvain et autres divinités de l'Olympe. Ces aspirations vers l'antiquité restèrent, toutefois, des accidents; la marche générale de l'art n'en subit aucune déviation. Pour que, de différents côtés, se manifestassent des velléités de rompre, au moins dans la forme, avec un passé glorieux, il fallait, en même temps qu'un affaiblissement et une dégénérescence des principes en honneur, une succession d'événements dont le xive siècle à son déclin vit le commencement.

En 1382 mourait à Naples la reine Jeanne, laissant pour héritier Louis Ier, comte d'Anjou, qui ne put faire valoir ses droits contre un prétendant plus heureux. Un petit-fils de Louis, René, dont les goûts artistiques ont rendu le nom célèbre, réussit un peu mieux un demi-siècle plus tard, et durant quatre ans (1438-1442) se maintint en possession, outre la capitale, d'un territoire assez important. La maison d'Anjou s'étant éteinte en 1481, les rois de France prirent sa place, et l'un des premiers soins de Charles VIII, en montant sur le trône, fut d'organiser une expédition (1495) dans laquelle il recueillit beaucoup de gloire, mais aucun profit. Son exemple devait néanmoins être suivi peu après par Louis XII, qui, du commencement à la fin de son règne, n'eut pas d'autres préoccupations que de se transporter successivement aux deux extrémités de la péninsule. Car aux droits provenant de la maison d'Anjou et concernant le royaume de Naples se joignaient ceux qu'il tenait sur le Milanais du mariage (1389) de son aïeul Louis d'Orléans, frère de Charles VI, avec Valentine Visconti, fille du duc Jean-Galéas. François I*er*, à son tour, ne devait pas négliger l'occasion de guerroyer au delà des Alpes, et c'est par la bataille de Marignan qu'il débuta sur la scène du monde.

Ainsi, durant près d'un siècle et demi, la France eut en quelque sorte les yeux continuellement tournés vers l'Italie, et au besoin on pourrait s'étonner que les changements apportés à l'architecture ne se soient pas, dans les deux pays, manifestés à distances plus rapprochées. Mais nos compatriotes, traités de barbares par un peuple qu'ils tenaient, de leur côté, en souverain mépris, se sentaient peu disposés à entrer dans la voie de l'imitation. Au lieu d'être générale, de s'étendre tout au moins à la plupart des chefs, l'action fut d'abord isolée et simplement limitée à quelques grands seigneurs laïques ou ecclésiastiques, voire même à quelques gentilshommes perdus dans la foule, qui, faiblement préoccupés de conquêtes, avaient l'esprit plus libre et l'admiration plus facile.

Du reste, pendant ce temps, un sourd travail de transformation s'opérait en France sous des influences diverses. Dès la fin du xiv*e* siècle, à Dijon, on en voit poindre l'aurore dans les œuvres d'un sculpteur flamand, Claux Sluter, considéré à bon droit, bien qu'à longue distance, comme le véritable ancêtre de Michel Colombe. Le duc de Berry († 1416), frère de Charles V, s'il continue à construire comme un Français de son siècle, — le château de Mehun-sur-Yèvre, le palais de

Poitiers, les Saintes-Chapelles de Riom et de Bourges sont là pour le prouver, — devance les Médicis dans la recherche des camées, des médailles, des peintures anciennes, soit grecques, soit romaines. Quelques années plus tard, le roi René également montre un goût assez vif pour les objets antiques ; il collectionne des pierres gravées et s'essaye à copier des inscriptions. Mais ce sont surtout les deux Charles d'Anjou, frère et neveu de René, successivement comtes du Maine, qui accentuent le mouvement en appelant au cœur de la France et en retenant le plus longtemps possible un sculpteur de talent, Francesco Laurana.

Chose à remarquer néanmoins, durant un premier séjour de six années (1460-1467), le maître ne semble pas avoir eu une seule fois l'occasion de s'exercer à quelque œuvre importante. Les princes angevins et Louis XI à leur suite se bornent à commander une série de médailles, qui, outre leur beauté reconnue, constituent de précieux documents iconographiques. Pour trouver trace d'une création digne d'être signalée, il faut descendre jusqu'à l'époque où (1475) le jeune Charles d'Anjou fit, dans la cathédrale du Mans, élever un tombeau à son père. Laurana, qui revenait alors de Sicile, comme on pouvait s'y attendre et, du reste, comme on le désirait sans doute, ne manqua pas d'affirmer hautement ses préférences en empruntant à l'antiquité non seulement courbes et moulures, mais encore ornements de toute sorte, tels que griffes de lion, bordure de godrons, cartouches à queues d'aronde soutenus par des Amours. La chapelle Saint-Lazare, à la cathédrale de Marseille, dont la construction dura huit ans

(1475-1483), accuse les mêmes tendances. Ce grand travail, toutefois, n'est pas entièrement de la main de Laurana, qui, occupé, vers le même temps (1476-1481), au retable de l'église des Célestins, à Avignon, dut se faire aider par un compatriote, Thomas de Côme. A l'instigation de son neveu et héritier, le roi René s'était donc décidé, bien qu'un peu tard, à patronner l'art charmant entrevu près d'un demi-siècle auparavant, quand il traversait l'Italie juste au moment où florissaient Ghiberti, Donatello, Brunellesco et Alberti.

Nous venons de voir le rôle joué par Charles d'Anjou. Grâce à ce prince, le plus ancien monument de la Renaissance se trouve non en Provence, mais dans le Maine. Il n'a servi de rien au beau pays compris entre le Rhône et le Var d'être pour ainsi dire, au point de vue des mœurs comme à celui des traditions de toute sorte, un prolongement de l'Italie. La persistance des formes antiques dans les monuments d'architecture romane et la durée de cette dernière jusqu'à la fin du XIIIe siècle, sous Philippe le Bel, expliquent peut-être pareil fait. Le style gothique était depuis trop peu de temps adopté pour qu'on pût déjà l'abandonner. Parmi les artistes appelés d'Italie par les papes résidant à Avignon (1309-1377), on ne voit guère que des peintres et des miniaturistes. Toutes les grandes constructions sont confiées à des architectes français qui, le plus souvent, nous le savons par des documents récemment publiés, viennent de la province de leurs Mécènes. Pétrarque, plus occupé de littérature que d'art et, d'ailleurs, vers la fin de son séjour (1342-1347), profondément hostile au maintien de la papauté de ce côté des

Alpes, n'a eu et ne pouvait avoir qu'une action insignifiante. En aucune façon on ne voit qu'il ait poussé

Fig. 35. — Chapelle Saint-Lazare, à Marseille.

à l'imitation des nombreux et beaux monuments des bords du Rhône. Privés de toute direction, les maîtres maçons continuèrent de plus en plus à négliger la source où s'abreuvaient leurs pères, et c'est un Italien,

Giuliano da San-Gallo, qui, au xve siècle, vient chez nous enrichir son album des plus précieux motifs d'architecture. Cet exemple, il ne faut pas l'oublier, fut suivi assez longtemps après par Vignola, Palladio et San-Micheli.

Jusqu'ici, nous n'avons rien dit des miniatures de Jean Foucquet. Il y a là cependant un témoignage du goût très prononcé de l'un de nos compatriotes pour tout ce qui touche à l'architecture antique, dès le milieu du xve siècle. Le *Livre d'heures* d'Étienne Chevalier est rempli de fonds de tableaux inspirés des monuments romains. On y trouve notamment plusieurs fois répétées les colonnes torses couvertes de pampres conservées à la basilique de Saint-Pierre, où elles sont données comme provenant du Temple de Jérusalem. Les *Antiquités judaïques,* enluminées quinze ans plus tard, c'est-à-dire en 1470, reflètent les mêmes préoccupations et avec raison jouissent d'une réputation non moins considérable.

L'initiative prise par Jean Foucquet n'eut guère d'influence sur l'architecture, qui, pour être transformée, demande le concours de beaucoup de volontés. Sauf la tentative signalée au Mans dans la région du Nord, on continua sous Louis XI à suivre l'ancienne pratique. L'esprit bourgeois qui régnait à la cour était peu favorable aux arts ; il n'y avait nulle part d'idées élevées ni délicates. Du reste, pendant les premières années du règne de Charles VIII, les choses demeurèrent à peu près dans le même état. Au château du Verger, en Anjou, tout le corps de logis principal, élevé de 1482 à 1490, appartient encore au gothique quintessencié, et c'est seulement la partie antérieure, très probablement due au Blésois Colin Byard, appelé en 1499 par le maréchal de Gié, qui, comme plan et comme ornementation, se ressent de la Renaissance.

On a beaucoup parlé des artistes italiens venus en France à la suite de l'expédition de Naples, en 1495; mais parmi eux ne figurent guère que des jardiniers, des peintres, des orfèvres, des menuisiers et des « faiseurs de hardes ». Et ce choix s'explique facilement. Le roi et ses compagnons, plus enthousiasmés des provinces du midi que de celles du centre, ainsi que nous en avons la preuve, étaient loin, dans leurs préoccupations, de mettre l'architecture au premier rang. « Au surplus, écrivait de Naples Charles VIII à son beau-frère Pierre de Bourbon, vous ne pourriez croire les beaulx jardins que j'ay en ceste ville. Car, sur ma foy, il semble qu'il n'y faille que Adam et Ève pour en faire ung paradis terrestre. Et avecques ce, j'ay trouvé en ce pays des meilleurs paintres, et auxditz vous envoyerés, pour faire aussi beaulx planchiers (tableaux) qu'il est possible, et ne sont des planchiers de Bauxe, de Lyon et d'autres lieux de France en riens approchans de beaulté et richesse ceux d'icy; pourquoi je m'en fourniray et les meneray avecques moy pour en faire à Amboise. » De son côté, le cardinal Briçonnet, évêque de Saint-Malo, faisait ainsi part de son admiration à la reine Anne : « Madame, je vouldroye que vous eussiez veu ceste ville et les belles choses qui y sont, car c'est ung paradis terrestre. Le Roy, de sa grâce, m'a voulu tout montrer à ma venue de Florence, et dedans et dehors la ville; et vous asseure que c'est une chose incréable que la beaulté de ces lieux bien apropriez en toutes sortes de plaisances mondaines. »

Les travaux du château d'Amboise, commencés dès l'année 1490, avaient été suspendus durant l'expédition de Naples. Aussitôt le retour du roi, ils furent repris pour ainsi dire sans changements, ce qui montre dans quel sens nous devons prendre certaines parties du passage suivant de Commines : « Le roy Charles huictiesme estoit en son chasteau d'Amboise, où il avoit entreprins le plus grant ediffice que commencea, cent ans a, roy, tant au chasteau que a la ville; et se peut voir par les tours, par où l'on monte à cheval, et par ce qu'il avoit entreprins à la ville, dont les patrons estoient faictz de merveilleuse entreprinse et despense et qui de longtemps n'eussent prins fin. Et avoit amené de Naples plusieurs ouvriers excellens en plusieurs ouvraiges, comme tailleurs et peinctres; et sembloit bien que ce qu'il entreprenoit estoit entreprinse de roy jeune, et qui ne pensoit point à la mort, mais esperoit longue vie : car il joignit ensemble toutes les belles choses dont on lui faisoit feste en quelque pays qu'elles eussent esté vues, fust France, Italie ou Flandre. »

Si l'expédition de Naples n'a pas produit l'effet immédiat qu'on aurait pu supposer tout d'abord, elle a certainement hâté une transformation préparée de longue date. Les grands seigneurs, vivement impressionnés par les magnificences déployées sous leurs yeux, revenaient avec l'esprit mieux disposé à glisser sur la pente où ils étaient déjà. Ils voulaient, sinon plus de luxe, au moins un luxe compris d'une autre façon. Dans ces conditions, l'architecture ne pouvait être longtemps négligée, et de fait, c'est de ce côté-là que se portera bientôt le plus grand effort. En attendant, on se contente de mettre un frein à l'exubérance maladive qui menaçait de tout envahir. Une petite place est créée aux motifs les plus délicats ; l'ornementation, sans être moins riche, devient moins touffue.

Nous avons déjà parlé de Michel Colombe ; c'est assurément à ce célèbre sculpteur, retiré à Tours depuis l'année 1470 environ, que la meilleure part doit être attribuée en tout ceci. Ses œuvres, d'un sentiment si profond et d'une exécution si parfaite, ne seront pas dépassées plus tard. Dans les dispositions générales, il sait, tout en s'écartant peu des données du moyen âge, renouveler et embellir. Les collaborateurs, d'ailleurs, ne lui manquent pas, et parmi eux figure, pour la partie ornementale, un Italien du nom de Jérôme de Fiésole. Cet artiste, un document en fait foi, est l'auteur non seulement des arabesques qui tapissent les nombreux pilastres du tombeau de François Ier, duc de Bretagne (1501-1507), à la cathédrale de Nantes, mais encore des rinceaux si gracieusement jetés autour du tombeau des enfants de Charles VIII (1506), à la cathédrale de Tours. En outre, la même main se reconnaît à Solesmes (Sarthe), dans les deux grands et beaux pilastres, datés de 1496, que l'on est, tout d'abord, quelque peu étonné de voir mêlés à des ornements en pur gothique. Il y a là, certes, un nouvel argument en faveur de l'attribution à Michel Colombe du groupe de statues figurant l'Ensevelissement du Christ. Jérôme de Fiésole faisait partie de l'atelier du maître tourangeau, et il ne fût pas allé au dehors se mettre à la disposition d'un autre sculpteur.

Personnellement, Louis XII ne semble pas avoir été très désireux d'imprimer à l'architecture une meilleure direction. La partie du château de Blois élevée sous son règne laisse à peine soupçonner par quelques détails la transformation en train de s'opérer. Mais autour de lui, et même dans sa famille, on se montre beaucoup plus avancé. C'est certainement la reine Anne qui a commandé les deux tombeaux mentionnés tout à l'heure. Quant à Georges d'Amboise, le célèbre ministre, on sait quelle merveille il éleva, dans la vallée de la Seine, à Gaillon, de 1497 à 1509. Enfin, l'ancien hôtel de ville d'Orléans, terminé en 1498, est déjà un heureux mélange de la Renaissance et du moyen âge. L'architecte Charles Viart y fait clairement pressentir les admirables qualités qu'il développera plus tard à l'hôtel de ville de Beaugency et dans l'aile dite de François Ier, au château de Blois.

On le voit, dès la fin du xve siècle, l'évolution commencée sous Louis XI est bien près d'être accomplie. On pressent le moment où toute résistance va disparaître, et les vieux maîtres eux-mêmes se rallient d'autant plus volontiers au nouveau programme qu'en définitive il ne s'agit pas pour eux de sacrifier complètement leur passé. Le fond, dans la plupart des cas, demeure identique et les efforts principaux se portent vers l'enveloppe, sur ce qui doit donner au monument une physionomie plus jeune et plus régulière. Aussi, suivant nous, la Renaissance française doit-elle être définie, non la réapparition sans changements, mais *l'adaptation rai-*

sonnée et parfaitement logique *des formes de l'art gréco-romain aux dispositions adoptées par le moyen âge et plus particulièrement par l'architecture gothique.*

Dans ces conditions, on ne saurait songer, ainsi qu'il a été souvent proposé, à faire des deux premiers Bourbons les continuateurs des Valois. A peine si quelques constructions trahissent alors l'ancien goût français. Le moyen âge est bien mort, et les temps modernes représentés par l'art classique triomphent définitivement. Au moins ne voyons-nous qu'en Bretagne, aux environs de Troyes et dans la région toulousaine se prolonger jusqu'à la fin du règne de Louis XIII la brillante floraison de la Renaissance. Il ne faut pas non plus négliger de dire que l'avènement de Henri IV (1589) est loin de marquer une limite précise. Les brusques changements se rencontrent rarement dans les manifestations humaines, quelles qu'elles soient, et toute nouvelle direction n'est pleinement acceptée qu'après une période de transition plus ou moins longue.

La Renaissance, durant les cent années environ où sa domination ne fut pas contestée, subit elle-même différentes transformations que l'on a essayé de caractériser suivant la manière plus particulièrement en honneur sous tel ou tel souverain. C'est ainsi que l'on dit le *style Louis XII*, le *style François Ier*, le *style Henri II*. Peut-être faudrait-il également dire le *style Henri III*, car tout n'est pas demeuré sans changement depuis la mort de François Ier jusqu'au milieu du règne de Henri IV. Sous Charles IX, on constate déjà les indices d'une nouvelle interprétation de l'antiquité; l'art parcourt une dernière phase que l'histoire a le devoir de ne pas négliger.

Le style Louis XII, dont les limites, suivant les provinces, sont assez variables, outre les dix-sept années indiquées par son titre (1498-1515), comprend la fin du règne de Charles VIII et le commencement de celui de François Ier. Les lignes anguleuses et sèches, durant ce temps, tendent de plus en plus à s'adoucir. Le chapiteau, presque abandonné depuis Charles VI, reprend sa place et le pilastre apparaît à la suite des arabesques qui peuvent difficilement se passer de surface plane. Bientôt après se montre l'entablement. L'arc aigu, jurant désormais avec ces dispositions nouvelles, est sacrifié. Chose étrange! il disparaît plus rapidement que dans l'Italie même où si souvent il est associé à une décoration et à des encadrements inspirés de l'antique. En France, à peu d'exceptions près, sa présence n'est plus tolérée, dès le début du XVIe siècle, que dans les voûtes des églises et les grandes ouvertures inscrites sous ces voûtes. On lui préfère le plein cintre et l'arc en anse de panier.

Dans le détail des moulures et des membres d'architecture, on voit les profils gothiques se mêler d'une façon assez étrange aux arabesques, aux médaillons, aux losanges importés par les Italiens, ainsi qu'aux différents éléments des ordres classiques. Il est à observer cependant que ces derniers se présentent encore timidement : ce ne sont pas eux qui déterminent les fortes saillies; ils ne sont employés qu'en pilastres, ou, si la colonne survient, elle fait office de pilier, s'affranchit de ses proportions normales et souvent apparaît couronnée d'un chapiteau de fantaisie n'ayant de corinthien que les volutes. Par une autre singularité, et sans qu'il y ait eu de la part des artistes la moindre préoccupation de pastiche archéologique, — l'archéologie, au xve et au xvie siècle, ne consistait qu'à connaître assez superficiellement l'antiquité romaine, — l'architecture de la Renaissance, durant ses deux premières périodes, se trouve rapprochée de l'architecture romane et de l'architecture gothique rudimentaire. De nombreux chapiteaux, qui ne remontent pas au delà de 1520, semblent de loin avoir été exécutés au xiie siècle; on est revenu au pilier monocylindrique, à peu près abandonné depuis le temps de saint Louis; les bases de nouveau se chargent de griffes, comme sous Louis VI, Louis VII et Philippe-Auguste.

Dans la manière de couronner les édifices, la Renaissance française ne se montre pas moins l'héritière du moyen âge. Jusqu'à la mort de Louis XII et même bien au delà, quand il s'agit des églises, les voûtes d'arêtes sur nervures sont seules usitées. Loin de s'abaisser, les toitures tendent plutôt encore à s'élever, et quelques-unes d'entre elles arrivent parfois à doubler la hauteur totale. De là le maintien des lucarnes se détachant sur l'ardoise sombre; presque toutes sont flanquées de clochetons, de pinacles, naturellement mis en harmonie avec le reste. Entre les murs et les combles s'opère ainsi une sorte de transition; la corniche ne sépare pas brusquement une partie droite d'une partie oblique. Ajoutons que ce dernier membre d'architecture, dans une certaine mesure, par ses découpures, cherche à donner l'illusion des mâchicoulis dont les représentants de l'ancienne féodalité avaient peine à se séparer. Les belles corniches à coquilles que Viart aime à disposer sous ses balustrades, destinées à remplacer les créneaux sacrifiés, n'ont pas d'autre origine.

Le château de Gaillon qui, nous l'avons dit, fut terminé en 1509, résumait la plupart des caractères indiqués. Dans la cour de l'École des beaux-arts, à Paris, on peut voir, depuis la fin du siècle dernier, les plus importants débris de cette somptueuse habitation. Sur place, il ne reste plus guère que le pavillon d'entrée, la chapelle basse, une tour d'escalier et le mur de soutènement, du côté de la vallée.

Le style François I*er* commencerait vers l'année 1520, si l'on voulait faire exactement coïncider son avènement avec la fin du précédent. Mais en bien des endroits les caractères particuliers à la seconde période se montrent dès l'année 1515, tandis que dans d'autres ils persévèrent durant une partie du règne de Henri II. Pareille observation, d'ailleurs, devient presque inutile, tant on est obligé de la répéter souvent. Il y a toujours eu des architectes qui ont précédé ou dirigé le mouvement et d'autres qui l'ont suivi en se traînant et comme à regret.

L'époque de François I*er* est celle qui représente le mieux chez nous la Renaissance dans son histoire, dans son esprit et dans ses caractères.

Sous Louis XII, l'architecte était encore le maître maçon, le tailleur de pierre, l'appareilleur du moyen âge. Il était non pas peintre et sculpteur comme en Italie, mais souvent sculpteur ou plutôt « tailleur d'images »;

comme ses prédécesseurs. Soucieux avant tout des traditions de l'art ou se croyant lié par elles, il ne se faisait novateur que par nécessité ou sous l'influence soit d'une volonté supérieure, soit de retentissants exemples.

Peu après l'avènement de François Ier, les choses

Fig. 36. — Château de Gaillon.

tendent à changer rapidement. L'architecte français, sentant sans doute qu'il vaut bien certaines célébrités étrangères prônées autour de lui, surtout qu'il dépasse en mérite quelques personnalités encombrantes dont le rôle est de donner des conseils généralement peu écoutés, s'affirme dans son œuvre, lui imprime une individualité propre, un cachet qui établit entre les édifices sortis de ses mains des traits communs, en même temps qu'il supplée aux documents relativement à la part qui lui revient dans leur construction. Dès lors, il existe également, de ce côté des Alpes, de grands architectes de la Renaissance ; il existe des écoles personnelles, non à la place, mais dans le voisinage des écoles régionales demeurées toujours vivaces.

Quelque penchant que l'on eût à s'abandonner au caprice, à se laisser guider par son admiration de l'antiquité, la fidélité aux principes qui, depuis cinq siècles, avaient présidé aux évolutions de l'art, n'en demeure pas moins intacte. Dans nos édifices, la logique prédomine, et en toutes choses il est tenu compte des habitudes, des besoins et des goûts. Ajoutons à cela certaines conditions matérielles peu favorables aux innovations. Avant la fin du xvie siècle, peu de constructions furent élevées d'un seul jet. Le clergé avait ses églises, les seigneurs leurs châteaux, et l'engouement pour les formes antiques n'alla pas jusqu'à induire les uns et les autres à jeter bas des monuments vastes, somptueux et solides, que le dédain n'atteignait pas encore. D'ailleurs il y avait là des souvenirs auxquels nos pères n'étaient pas insensibles, et les possesseurs de fiefs notamment répugnaient à abattre des tours qui témoignaient de l'ancienneté de leurs droits. S'il s'agissait d'un château situé dans l'enceinte d'une ville, il y avait aussi à tenir compte des difficultés de s'étendre, par conséquent de modifier et de régulariser le plan primitif. Puis — et c'était là la principale considération — la démolition d'épaisses courtines n'allait pas sans de grandes dépenses ; il fallait se borner à des remaniements ou à des reconstructions partielles.

Les architectes, ainsi gênés dans leurs mouvements et n'ayant que de rares occasions d'édifier un monument de toutes pièces sur un terrain choisi par eux, se trouvèrent moins tentés de rechercher la symétrie. Leurs efforts, conformément à la tradition, tendirent surtout à obtenir un certain effet pittoresque, à établir une correspondance entre les dispositions intérieures et l'arrangement extérieur. Habilement ils parvinrent à allier deux arts qui semblaient être l'exclusion l'un de l'autre, et tempérèrent la froideur des imitations antiques par la variété et la richesse de leurs combinaisons.

Nous dirons en parlant des églises ce qu'on fit de l'arc brisé. Dans les monuments civils, l'arc en anse de panier ne tarda pas lui-même à devenir très rare. Le plein cintre ressaisit presque toute la puissance qu'il avait eue avant le milieu du xiie siècle. Réfugié le plus souvent sous un entablement et serré entre des colonnes, il détermine les espacements et maintient dans les portes et les galeries du rez-de-chaussée, jusqu'aux approches du règne de Henri III, une certaine largeur relative. Si les fenêtres par leurs croix de pierre formant meneaux rappellent les deux siècles précédents, les frontons dont elles sont couronnées constituent une innovation. En outre, les ordres antiques s'accusent très franchement, imposent sur les façades les lignes principales, se multiplient et tendent à confisquer à leur profit la décoration que l'art roman et l'art gothique prodiguaient dans les embrasures des baies.

Cette dernière transformation, qui généralement est complète dès l'année 1550, clôt la seconde période. On pourrait presque dire qu'avec elle s'achèvent les temps de formation de la Renaissance, car, entre les deux moitiés du xvie siècle, il y a une différence considérable, et le style Henri II, au moins en ce qui concerne le système décoratif, est le point de départ d'une ère nouvelle.

Les ordres antiques, prenant de jour en jour plus d'importance, arrivent bientôt, sans respect pour les traditions nationales, à jouer dans les constructions le rôle principal. Avec eux on a la prétention de suffire à tout, et si les surfaces laissées libres réclament des ornements, c'est de moins en moins que la sculpture est mise à contribution. La grâce, la souplesse, la verve, la finesse, la légèreté qui rendent si attachantes, malgré leurs fréquentes imperfections, les productions de notre moyen âge et du premier demi-siècle de la Renaissance, sont considérées comme des qualités dont on peut se passer ou comme des défauts à éviter. Souvent l'architecte, trop vivement pénétré de son propre mérite et ne voulant partager avec personne la gloire d'avoir fait une œuvre remarquable, accorde au sculpteur une place si petite que celui-ci, ainsi que nous le voyons à Rome dès le temps de Bramante, ne peut guère être tenté d'intervenir d'une façon quelconque dans l'arrangement général.

Sous Henri II, certaines fenêtres, comme à Cœuvres (Aisne), ne produisent guère l'effet que de trous réguliers percés dans un mur lisse. Les portes donnant sur les cours, pour la plupart, affectent également une grande simplicité. Mais l'ornementation ne disparaît pas subitement, et tout d'abord on se contente de la changer de place. Négligeant quelque peu frises, corniches et chapiteaux, elle envahit le fût des colonnes, sans doute pour justifier la célèbre invention dont Philibert de l'Orme nous entretient dans le *Premier tome de l'architecture :* « S'il a esté permis, dit-il, aux anciens architectes, en diverses nations et païs, d'inventer nouvelles colonnes ainsi que feirent les Latins et Romains la Thuscane et composée : les Athéniens, l'Athénienne : et longtemps devant lesdicts Latins et Romains, ceux de Dorie, la Dorique : de Ionie, la Ionique : et Corinthiens, la Corinthienne : qui empeschera que nous François n'en inventions quelques unes et les appellions Françoises, comme pourroient estre celles que ie inventay et fis faire pour le portique de la chappelle qui est dans le parc de Villiers coste Rets (Villers-Cotterets) du temps et regne de la maiesté du feu Roy Henry ? Vray est que pour la nécessité où ie me trouvay, de ne pouvoir recouvrer promptement, et sans grands frais, des colonnes toutes d'une piece, ie les fis faire de quatre ou cinq pieces, avec beaux ornements et moulures, qui cachent leurs commissures : de sorte qu'à les voir il semble qu'elles soient entierement d'une piece, se monstrants fort belles et de bien bonne grace. » En réalité, loin d'innover, Philibert de l'Orme ne faisait guère que suivre l'exemple donné par les maîtres maçons du xiie siècle. La colonne dite française a son prototype dans les colonnes annelées de l'architecture gothique rudimentaire.

Durant la seconde moitié du xvie siècle, il y eut véritable abus des ordres antiques. Non seulement les colonnes s'entassèrent les unes sur les autres, s'accouplèrent dans les intervalles des baies ou dans les embrasures ; mais lorsqu'on voulut en limiter le nombre pour éviter la monotonie des répétitions, on ne crut pouvoir mieux faire que d'exagérer l'ampleur de celles employées. Là où une superposition semblait indispensable, vu l'élévation des façades, vint prendre place un ordre unique et cossal. Et cette disposition défectueuse eut un grand succès grâce à Jean Bullant, qui, après s'en être fait le promoteur à Écouen, l'appliqua successive-

Fig. 37. — Petit château de Chantilly.

ment à Chantilly et à Fère-en-Tardenois. Il est vrai que l'architecte préféré du connétable de Montmorency, quelque peu effrayé de sa hardiesse, s'étudia à en diminuer l'effet. Au petit château de Chantilly, ses pilastres chevauchent sur les deux étages, de manière à n'occuper tout à fait ni l'un ni l'autre. En outre, l'entablement supérieur est coupé par les fenêtres, ce qui, à notre avis, est une imperfection aussi grande, sinon pire que la première. Androuet du Cerceau, quelques années plus tard, ne connut pas de telles hésitations. Les grandes constructions dont il fut chargé, au Louvre et ailleurs, sont là pour le prouver.

On considère souvent les bossages comme une importation florentine. De fait, c'est surtout depuis l'arrivée en France de Catherine de Médicis que ce mode d'ornementation fut en grand honneur. Mais les exemples fournis par le moyen âge, dès le xiie siècle, rendent au moins incertaine la question d'origine. On ne voit pas pourquoi nos architectes seraient allés chercher des modèles au delà des monts. La célèbre grotte des Pins, à Fontainebleau, terminée en 1531, par conséquent bien avant le mariage de Henri II, passe aujourd'hui à bon droit pour une œuvre française. Il n'est plus personne qui, à son sujet, évoque encore le nom de Serlio.

Le génie français, tel que l'avait fait ou entretenu la pratique de l'architecture gothique, répugnait à se raidir dans des lignes symétriques et compassées, ainsi que le veut l'architecture antique, ainsi du moins qu'elle le voulait dans l'esprit de ceux qui l'étudiaient sans toujours la comprendre. Les grandes façades plates à fenêtres rigoureusement comptées, rigoureusement ouvertes les unes au-dessus des autres et avec les mêmes espacements, les angles nus, les longs bandeaux ininterrompus ne l'ont jamais séduit, et, autant qu'il l'a pu, il a été fidèle aux tourelles gracieuses, aux encorbellements hardis, aux tuyaux de cheminées luttant d'élévation avec les toits. Ces bons souvenirs s'allient à la lourdeur des dernières conceptions de la Renaissance et leur donnent un cachet pittoresque propre à faire oublier un instant que l'on marche vers la majesté ennuyeuse, ou, comme disait Viollet-le-Duc, vers « l'ennui majestueux » des constructions de Louis XIV.

Durant le moyen âge, nos sculpteurs, formés par la seule intuition de ce qui convenait aux différents édifices, étaient devenus d'une habileté et d'une fécondité extraordinaires. Pour eux, au début de la Renaissance, il s'agissait donc, non de créer tout à nouveau, mais de développer en la transformant l'ancienne manière. Plus tard, il est vrai, les choses changèrent un peu, et à l'époque où nous sommes arrivés, extérieurement, comme en Italie, la statuaire tendait à prévaloir. L'ornementation proprement dite, avec ses qualités de verve et d'abondance, continua seulement à se produire au dedans des églises où tombeaux, retables, jubés, stalles et boiseries restèrent jusqu'à la fin des chefs-d'œuvre d'harmonie et de délicatesse. Dans le but d'aider à une élégance que paraissait trop peu favoriser l'art classique, on prolongea plus longtemps pour ces petits monuments secondaires les ornements de la première moitié du xvie siècle. Il est tel jubé du temps de Henri IV, par exemple celui de Saint-Étienne-du-Mont, à Paris, qu'à la finesse des découpures et même à certaines formes procédant du gothique, on prendrait au premier abord pour une conception du temps de Louis XII. Ainsi les accessoires, qui ont tenu une si grande place dans les débuts de la Renaissance, recouvrent à la fin toute leur importance.

Nous n'avons pas encore épuisé la mention des caractères qui méritent d'être signalés. De même qu'aux différents siècles précédents, dès la fin du règne de Louis XII on vit se former des écoles régionales. L'art, suivant les provinces, s'accusa par des variétés assez difficiles parfois à déterminer d'une manière rigoureuse, mais dont l'existence ne saurait échapper à tout regard tant soit peu exercé. Quelques écoles sont limitrophes, d'autres isolées. Les premières embrassent une province comme la Bretagne, la Normandie, la Touraine, l'Orléanais, la Bourgogne; les secondes sont concentrées presque tout entières dans une ville, par exemple Toulouse et Troyes. Nous ne parlons pas de certains foyers assez nombreux, mais pour ainsi dire sans rayonnement. Même en tenant compte de ces derniers, on n'arriverait pas à une répartition complète de l'ancien territoire. Plusieurs provinces, telles que le Berry, l'Angoumois, la Provence et l'Ile-de-France, n'ont pas d'écoles, et les monuments, souvent remarquables, qu'on y trouve y sont comme dépaysés.

Dans l'Ile-de-France, les choses se sont passées d'une manière qui mérite d'attirer tout particulièrement l'attention. Plusieurs grands architectes, Pierre Chambiges, Jean Bullant, Philibert de l'Orme, ont créé autour d'eux des centres d'action, considérés à bon droit comme des écoles personnelles. D'autre part, l'influence exercée par certains monuments produisit un résultat analogue, et l'on a coutume de dire : « l'École de Fontainebleau », bien que ce terme désigne plutôt la réunion des artistes, peintres, sculpteurs et architectes successivement employés à la construction et à la décoration de l'immense palais.

Au point de vue de l'individualité, l'école bretonne figure au premier rang. Il n'y a presque rien de commun entre les manifestations qui se produisent au delà d'une ligne allant de Dinan à Guérande et celles qui ont pour théâtre les provinces voisines. L'union politique avec la France, à la fin du xv® siècle, n'eut aucune influence sur l'architecture, dont l'esprit au contraire devint de plus en plus local. Et la raison de cet état de choses tient à deux causes différentes. La matière employée, qui est le granit, se prête difficilement à certaines combinaisons. Il faut, en bien des circonstances, qu'il s'agisse de la construction proprement dite ou de l'ornementation, plier devant des nécessités auxquelles on ne peut se soustraire. Les programmes également créent des conditions toutes nouvelles. Dans un pays où les architectes, contrairement à ce qui se voit ailleurs, ne sont appelés qu'à satisfaire aux besoins des fidèles, l'église elle-même est négligée, et les efforts se portent sur les accessoires, tels que clocher, porche et sacristie. En outre, autour du principal édifice s'en groupent d'autres, qui souvent acquièrent une grande importance. Nous voulons parler des ossuaires, des entrées de cimetières, des calvaires, des fontaines. L'ensemble de ces hors-d'œuvre, d'une exécution parfois assez grossière, est captivant; le génie de la Bretagne s'en dégage tout entier.

En Normandie, la Renaissance, à la fois religieuse et civile, se distingue par une sorte d'exubérance qui n'exclut pas l'exquise finesse des détails. Architectes et sculpteurs, admirablement doués, se plaisent aux combinaisons hardies, cherchent à étonner, et finalement, tant il y a de grâce et d'élégance, enlèvent les suffrages. Les hôtels, non moins beaux et non moins nombreux que les châteaux, témoignent d'une richesse presque générale. La haute bourgeoisie, qui a gagné de l'argent dans le commerce, ne veut pas rester au-dessous de la noblesse. Quant au clergé, il trouve pour le seconder les meilleures volontés. Principalement dans le département de l'Eure, les églises reconstruites avec luxe ne sauraient se compter. Mais rien ne l'emporte sur le chœur de Saint-Pierre de Caen, ce chef-d'œuvre d'Hector Sohier. A l'opposé de la précédente, l'école normande rayonne au dehors: la province du Maine presque tout entière lui appartient, et c'est à la Ferté-Bernard qu'il faut aller chercher l'une de ses manifestations les plus précieuses.

On peut réunir sous le nom d'école de la Loire les édifices, particulièrement civils, répandus dans l'Orléanais, la Touraine et l'Anjou. Cette école est éminemment l'école française, car depuis Louis XI jusqu'au drame sanglant qui, en 1588, mit fin aux jours du duc de Guise, et termina en réalité le règne de Henri III, nos rois passèrent le meilleur de leur temps sur les bords du grand fleuve, entraînant avec eux princes, seigneurs, riches parvenus, écrivains et artistes. Du reste, toute l'activité est loin d'être concentrée en un seul lieu. Orléans, Tours, et jusqu'à un certain point Angers, s'efforcent de rivaliser avec Blois, qui, placé dans des conditions plus avantageuses, demeure en définive, particulièrement au temps de François Ier, le plus brillant foyer de la Renaissance.

La Bourgogne est une de nos provinces qui non seulement accueillirent avec le plus de faveur les idées nouvelles, mais encore contribuèrent le plus à leur assurer dans la suite un grand développement. On n'avait pas oublié l'éclat jeté sous les quatre derniers ducs, et Dijon devint, comme au siècle précédent, un centre artistique considérable, bien que resserré dans des limites assez étroites. Le nord du duché, en effet, c'est-à-dire la partie représentée aujourd'hui par le département de l'Yonne, sans qu'on puisse facilement en indiquer les causes, semble avoir subi une autre influence. Quant à la région qui s'étend au sud, de Charolles à Bourg, elle ne participe que peu ou point au mouvement. La grande et belle église de Brou, bâtie de 1505 à 1532, appartient tout entière au gothique dégénéré, tel qu'on le comprenait en Belgique à la fin du xve siècle et même longtemps après. Marguerite d'Autriche, veuve de Philibert le Beau, prince de la maison de Savoie, ne songea pas un instant à faire venir des artistes d'Italie. Des négociations furent d'abord engagées avec Michel Colombe, au moins pour ce qui concernait les tombeaux, par l'entremise de Jean Perréal; mais, fatiguée des agissements de ce dernier, esprit brouillon s'il en fut jamais, et peut-être aussi influencée par son entourage, la princesse se décida à confier la direction des travaux au Brugeois Louis van Boghen, qui s'adjoignit pour la sculpture les deux frères Conrad et Thomas Meyt.

La ville de Lyon, par sa position non loin de la frontière et ses relations continuelles avec l'Italie, eût dû, semble-t-il, entrer de bonne heure dans le mouvement. Néanmoins, c'est le contraire qui arriva. Le séjour dans son sein de Florentins illustres, tels que les Médicis, les Pazzi, les Pitti, les Strozzi, les Capponi, les Ricci, venus volontairement ou amenés par les commotions politiques, ne servit absolument de rien.

Assurément la population riche et éclairée, dès le milieu du xve siècle[1], ne pouvait ignorer ce qui se passait au delà des monts; mais loin de profiter elle-même et de faire profiter les autres de cet avantage, loin de prendre l'initiative qui s'imposait pour ainsi dire, elle se tint volontairement à l'écart ou du moins n'attacha son nom qu'à des œuvres sans valeur. Il est vrai que Philibert de l'Orme est né à Lyon; mais le célèbre architecte, au moment de son retour d'Italie, en 1536, ne fut occupé qu'à construire une maison, rue Juiverie, et à doter l'église Saint-Nizier d'un portail en rotonde, si tant est que le plan exécuté partiellement un demi-siècle plus tard soit de lui.

Fig. 38.
Puits dans la cour d'une maison de la rue Juiverie, à Lyon.

Nous avons fait entendre que les monuments d'Or-

---

1. Les Médicis vinrent à Lyon en 1455.

léans appartenaient à l'école de la Loire. Le fait est exact pour quelques-uns d'entre eux, comme l'ancien hôtel de ville par exemple. Mais les délicieuses maisons que connaissent aujourd'hui tous les architectes français ont un caractère purement local qui, à côté de l'école régionale, révèle l'existence d'une école orléanaise. Il y a donc tout lieu de mettre Orléans sur le même pied que Troyes et Toulouse, c'est-à-dire de classer cette ville parmi celles qui ont joué à elles seules un rôle important.

A Troyes, nul mélange ne se produit, et nous assistons au développement d'une école pleine de sève qui a pour chefs, outre les architectes-sculpteurs Dominique Florentin (Domenico del Barbiere) et François Gentil, trois ou quatre maîtres maçons distingués. Son origine, quoi qu'on ait dit, est bien antérieure au grand incendie de 1524; mais la reconstruction ou la restauration de sept églises, endommagées en même temps qu'une grande partie de la ville, lui donna certainement une impulsion considérable. Sans renoncer absolument à employer le style gothique, ainsi qu'en témoigne le chevet de la Madeleine, rebâti en 1531, plus de goût se montra dès lors pour les formes nouvelles qui, vers le milieu du règne de François Ier, l'emportèrent définitivement. Et cet état de choses eut une longue durée. Jusqu'en 1610 environ, l'école de Troyes, école toute religieuse, dont le rayonnement est assez étendu, ne cessa pas un instant de déployer une puissance qui se manifeste bien moins par l'ampleur des constructions que par leur originalité.

A Toulouse, au contraire, de même qu'à Orléans,

on ne rencontre guère que des monuments civils. En outre, suivant une légende vieille de deux cents ans, un seul homme, Nicolas Bachelier, à la fois architecte et sculpteur, aurait imprimé au mouvement sa direc-

Fig. 39. — Portail de la Dalbade, à Toulouse.

tion et mis la main aux œuvres les plus différentes. Il est vrai que nous savons maintenant à quoi nous en tenir sur ce point. D'observations présentées par M. J. de Malafosse à la Société archéologique du Midi, le 20 avril 1886, il résulte, en effet, que la Renaissance, dès la première moitié du règne de François Ier, était florissante à Toulouse, car de cette époque datent l'hôtel Bernuy et le portail de la Dalbade. Aucun caractère local ne se faisait alors sentir, et, s'il en est différemment un peu plus tard, vers 1545 environ, l'honneur n'en revient pas uniquement à Nicolas Bachelier et autres membres de la même famille. Sans difficultés on saisit la trace d'une école rivale qui, en face de l'hôtel d'Assezat, par exemple, élève l'hôtel Catelan. Ajoutons que le petit nombre des textes contemporains relatifs au célèbre artiste parlent de l'ingénieur — les premières études du canal destiné à unir l'Océan à la Méditerranée furent faites sous la direction de Bachelier — et du maître maçon, mais jamais du sculpteur, ce qui diminue encore la valeur de la tradition.

L'école toulousaine a un goût prononcé pour les cariatides engainées, les faux mâchicoulis, les moulures anguleuses; ses fenêtres, que surmonte un épais linteau, sont surchargées de sculptures tant sur les meneaux du croisillon que sur les pieds-droits. Au pourtour des cours, les mêmes ouvertures se trouvent parfois inscrites dans des travées à arcades simulant un portique dont on a utilisé la profondeur. Presque toujours les détails, d'une grande lourdeur, font souvenir du voisinage de l'Espagne. Ce défaut n'est nulle part plus sensible que dans la façade de l'hôtel connu sous le nom de *Maison de Pierre*, en raison du genre de matériaux partout employés. Sa construction, due à Dominique Bachelier, fils de Nicolas, remonte seulement au règne de Henri IV. Et la Renaissance, à Toulouse, ne finit pas avec ce prince; on en trouve des traces jusque sous Louis XIV.

Aux trois écoles qui précèdent nous pourrions en ajouter une quatrième, celle de Fontenay-le-Comte, en Bas-Poitou. Là, sous l'influence de nombreux lettrés, parmi lesquels figura un instant Rabelais, fut un centre actif qui a laissé dans le château voisin de Coulonges-les-Royaux une éclatante manifestation de sa puissance. Aussi François Ier, en 1540, crut-il devoir octroyer à la petite ville cette glorieuse devise : FELICIVM INGE-NIORVM FONS ET SCATVRIGO.

Au XVIe siècle, la plupart des villes se suffisant à elles-mêmes, rien ne serait plus facile à un observateur minutieux que de multiplier les petites écoles locales. Certaines d'entre elles, comme celles de Riom et de Périgueux, se distinguent surtout par un ensemble de dispositions particulières aux édifices destinés à l'habitation.

Ainsi que cela s'était vu au moyen âge, quelques monuments d'une importance capitale ont, à la Renaissance, donné lieu à de nombreuses imitations. Quand on ne les reproduisait pas tout entiers dans de moindres proportions, on cherchait au moins à rappeler leurs traits les plus caractéristiques. Il suffit pour se convaincre de ce que nous avançons de parcourir, par exemple, la région autour de Gisors. La grande église des Saints-Gervais-et-Protais revit en quelque sorte dans celles de Magny, Vétheuil, Montjavoult et tant d'autres qu'il est inutile de citer.

Les grands architectes de la Renaissance se distinguent véritablement les uns des autres soit par des combinaisons dans les plans et les ordonnances, soit par certains détails qui, sans leur appartenir en propre, reviennent sous leurs mains avec une fréquence et une affectation tout à fait significatives. L'étude de ces différents caractères a une grande importance, car seule elle permet d'entrer dans la voie des rapprochements, de rectifier avec certitude des attributions erronées ou trop incertaines. Sans avoir presque étouffé les écoles géographiques, comme en Italie, les écoles personnelles en ont gravement troublé l'unité. Leur intervention néanmoins est beaucoup plus une nouvelle source d'informations qu'un élément d'anarchie ; l'art ne saurait perdre à retrouver, joint au cachet général d'une époque ou d'une société, le cachet spécial et la pensée d'un homme de génie.

Les œuvres des architectes de la Renaissance sont loin d'être toutes anonymes, et si, trop souvent, la postérité a fait fausse route à leur égard, il en faut accuser la négligence avec laquelle avaient été fouillées jusqu'ici les archives publiques et privées. Mais, désormais, la France a retrouvé ses titres de noblesse, elle est en droit de revendiquer des productions bénévolement mises au compte de personnalités étrangères. Bien plus, une sympathie universelle seconde les efforts des chercheurs et des érudits ; leurs découvertes sont considérées comme un événement, et la renommée s'en empare aussitôt. On voudrait tout connaître de ces beaux génies qui illustrèrent le xvie siècle, pénétrer dans l'intimité de leur existence en même temps que posséder la liste de leurs travaux.

Au premier rang des architectes qui ont dû au mouvement indiqué de reprendre au grand jour une place méritée figure assurément Pierre Chambiges. Son père, nommé Martin, que des documents montrent successivement occupé à trancher les difficultés relatives à de grandes constructions (cathédrales de Sens, de Troyes et de Beauvais, pont Notre-Dame, à Paris), était un maître expérimenté dont les leçons ne laissèrent pas de lui profiter. En tout cas, il fut de bonne heure distingué

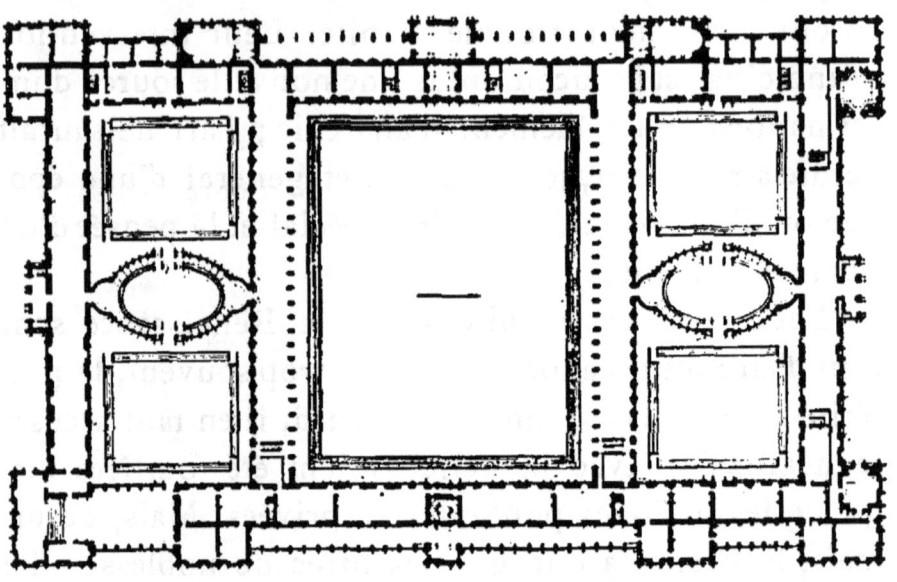

Fig. 40. — Plan des Tuileries, suivant le projet de Philibert de l'Orme.

par François Ier, qui d'abord lui confia une partie des agrandissements de Fontainebleau (cour du Cheval-Blanc), puis l'appela à bâtir ou à transformer les trois châteaux de la Muette, Challuau et Saint-Germain-en-Laye. L'ancien hôtel de ville de Paris, quoi qu'on en dise, lui devait également beaucoup plus qu'à Dominique de Cortone. Mais il ne faut pas le confondre avec un autre Pierre Chambiges, son fils ou son neveu sans doute, qui, en 1567, fut chargé d'élever la petite galerie du Louvre. D'après l'épitaphe que l'on voyait jadis dans l'église Saint-Gervais, à Paris, sa mort eut lieu en 1544.

Pierre Lescot (1510-1578), l'un des hommes qui font le plus d'honneur à l'art français, n'appartenait pas, comme le précédent, à une famille d'architectes. C'était un magistrat, membre du Parlement de Paris, dont les dispositions, véritablement extraordinaires, se révélèrent, en 1541, par la construction du jubé de Saint-Germain-l'Auxerrois. Suivant toute vraisemblance, l'amitié qui le liait à Jean Goujon ne lui fut pas inutile. On pourrait croire aussi, en voyant certaines combinaisons, que Pierre Chambiges, au début, exerça sur lui quelque influence. Ses œuvres authentiques, en dehors du jubé déjà cité, sont la fontaine des Innocents, l'ancien hôtel de Ligneris, aujourd'hui Carnavalet, et le nouveau Louvre, qu'il commença en 1546, par ordre de François Ier. Malheureusement, l'aile principale, celle qui devait s'élever au fond d'une cour carrée et une partie de l'aile du midi, furent seules achevées par l'illustre architecte.

En même temps que Pierre Lescot, vivait Philibert de l'Orme (1515-1570), dont le talent, fait principalement de science et de raison, personnifie le mieux la seconde évolution de la Renaissance. Maniant, du reste, aussi bien la plume que l'équerre, il a supérieurement écrit sur son art et *le Premier tome de l'architecture* (1567), *les Nouvelles inventions pour bien bastir* (1571) sont des livres que, même de nos jours, on ne consulte pas sans profit. Plus haut, il a été question de la nouvelle colonne dite française, et nous ne croyons pas utile de revenir sur cette création, dont le mérite est incontestable, bien qu'un peu exagéré par son auteur. Les principales constructions dues au maître sont le château de Saint-

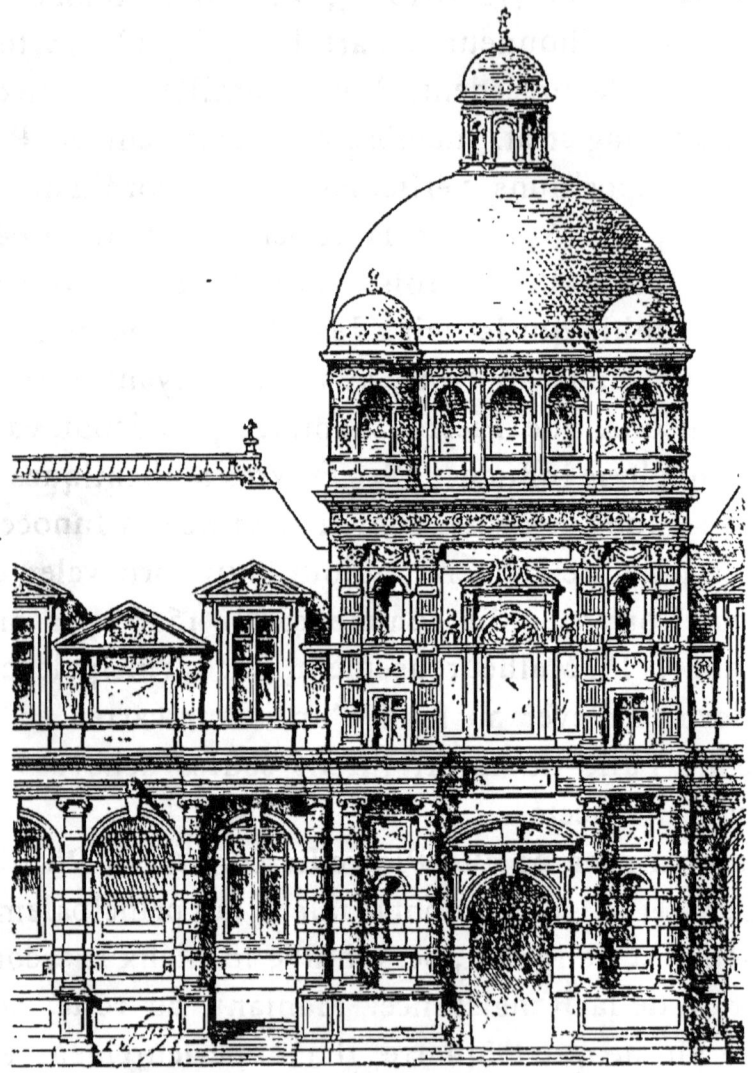

Fig. 41. — Partie centrale des Tuileries.

Maur-les-Fossés (1546), le tombeau de François Ier à Saint-Denis (1550), le château d'Anet (1552) et le château des Tuileries (1564). En outre, durant les années où il conserva la surintendance des bâtiments du roi, il mit personnellement la main à plusieurs résidences telles que Villers-Cotterets et Fontainebleau. Dans cette dernière, depuis que le bel escalier donnant sur la cour du Cheval-Blanc n'existe plus, — il a été remplacé au xvii° siècle par une conception de Jacques Lemercier, — on montre surtout la tribune de la chapelle Saint-Saturnin, le plafond et la cheminée de la galerie Henri II.

Jean Bullant, né au plus tôt vers 1512, contrairement à l'opinion reçue jusqu'à nous[1], n'a pu fournir les plans du château d'Écouen, commencé très probablement en 1532 ou 1533. Mais après avoir fait ses preuves dans diverses constructions des environs, il a été appelé, en 1550, à continuer l'œuvre d'un nommé Charles Billard ou Baillard. La manière propre à chacun des deux maîtres est facile à reconnaître : Bullant a seulement élevé l'aile de droite et appliqué contre celle de gauche quatre hautes colonnes corinthiennes surmontées d'un entablement, le tout servilement imité du temple de Jupiter Stator, à Rome. Quel que soit le respect de Jean Bullant pour l'antiquité, il ne laisse pas d'innover, ainsi qu'on peut le voir à Écouen, où des arcs pénètrent dans les frontons, où des fenêtres viennent couper le couronnement, où des ordres classiques montent du bas d'un étage au milieu de l'étage supérieur. Ces particularités très caractéristiques ont permis, entre autres choses, de restituer au grand architecte le petit château de Chantilly et le pont-galerie de Fère-en-Tardenois. Quant aux nombreuses églises bâties en style de la Renaissance dans la région autour d'Écouen,

---

1. Voir *la Renaissance en France*, t. II, p. 48 et suiv.

elles accusent, sinon toujours la main de Jean Bullant, du moins son influence.

Le Parisien Gilles Le Breton, comme Pierre Chambiges, n'a pris place que depuis peu de temps parmi les grands architectes du xvie siècle. La majeure partie du château de Fontainebleau est pourtant son œuvre, et seul il a tout conçu, tout dirigé durant vingt-cinq ans,

Fig. 42. — Château d'Écouen.

de 1527 à 1552. Mais pour rétablir la vérité sur ce point, il a fallu la production de documents aussi nombreux que décisifs. Les tenants de Serlio et autres Italiens ne se laissaient pas facilement convaincre, bien qu'ils n'eussent pour eux qu'une tradition menteuse. Et cette obstination est d'autant moins compréhensible que le talent de Gilles Le Breton est en réalité fort contestable. Si cet architecte brille parfois dans l'agencement des lignes, dans l'habileté à tirer parti de certaines conditions désavantageuses, il manque trop souvent dans l'ornementation de cette abondance et de cette grâce sans lesquelles on a peine à concevoir la Renaissance du temps de François Ier.

Naguère encore le château dit de Madrid ou du bois de Boulogne, si malheureusement détruit par la Révolution, était attribué à un céramiste italien, Jérôme della Robbia. Mais nous savons aujourd'hui d'une manière certaine que les plans en furent dressés (1528) par un architecte tourangeau, Pierre Gadyer. A la mort du maître (1531), la direction des travaux, jusqu'à leur achèvement en 1560, passa successivement entre les mains de deux autres Tourangeaux, Gatien et Jean François.

De même, contrairement à une opinion trop répandue et qui ne repose absolument sur rien, est-ce à une famille d'architectes français qu'est due la construction de la grande et belle église Saint-Eustache, à Paris. La première campagne, qui dura de 1532 à 1545 et aboutit à élever le transept ainsi que quatre chapelles au nord du chœur, fut conduite par Pierre Lemercier, dont le talent avait été mis en évidence à Pontoise, son pays d'origine, par certains embellissements de l'église Saint-Maclou. En 1578, au moment de la reprise des travaux, la direction se trouva confiée à l'un des fils de Pierre Lemercier, nommé Nicolas, et c'est le gendre de ce dernier, Charles David, qui, au commencement du xviie siècle, termina l'immense édifice.

Jacques Androuet du Cerceau, né à Orléans dans les dernières années du règne de Louis XII, mort à Paris sous Henri III, est surtout connu comme dessinateur et graveur de monuments. Son principal ouvrage, *les Plus excellents bastiments de France* (1576), nous a conservé le souvenir de nombreux châteaux disparus, en même temps qu'il permet de retrouver les anciennes dispositions de ceux encore existants. Peu de constructions peuvent lui être attribuées avec certi-

Fig. 43. — Château de Bournazel.

tude. A Montargis, le chœur de l'église n'est même pas tout entier son ouvrage. Il n'a fait, en 1565, qu'ajouter un pendant à l'aile droite, élevée de 1540 à 1545. Jacques Androuet du Cerceau laissa deux fils, l'un et l'autre architectes distingués. L'aîné, Baptiste († 1590), est l'auteur des plans de Charleval, dont la construction fut si malheureusement interrompue à la mort de Charles IX. Il avait aussi dressé le projet du Pont-Neuf, à Paris (1578), exécuté un peu plus tard par Guillaume Marchand. Quant au second, Jacques II, qui vécut jusqu'en 1614, il paraît avoir bâti l'ancien pavillon de Flore, aux Tuileries, ainsi que les deux galeries jadis adjacentes, au nord et à l'est.

Clément Métezeau, premier du nom, — le second (1581-1652) est le célèbre inventeur de la digue de la Rochelle, — vivait à Dreux durant la première moitié du xvie siècle. En 1516, il est chargé de continuer la construction de l'hôtel de ville, commencé quatre ans plus tôt sous la direction de Pierre Caron, et, en 1524, il ajoute un portail à l'église paroissiale. Son fils, Thibaut (1533-1596), architecte de Henri III, s'installe, semble-t-il, d'assez bonne heure à Paris. C'est lui qui dressa les plans et exécuta en partie la première moitié de la grande galerie du Louvre.

Sur les bords de la Loire, outre Charles Viart et Colin Byard dont il a été déjà question, nous trouvons Pierre Nepveu dit Trinqueau, l'immortel architecte du château de Chambord; Bastien et Martin François, deux des esprits les plus avancés de leur temps, ainsi qu'en témoignent, à Tours, le clocher nord de la cathédrale (1507), la fontaine dite de Beaune (1510) et le cloître de Saint-Martin (1508-1519); Jean de Lespine, la plus grande gloire artistique de l'Anjou, qui eut probablement des conseils à donner hors de sa province, car son genre se reconnaît à Solesmes et dans le corps principal du château de Valençay.

La Normandie n'est pas moins bien partagée. Au début, Pierre Fain et Guillaume Senault construisent le château de Gaillon, l'une des merveilles de la Renaissance; Roland Leroux élève dans la cathédrale de Rouen le tombeau de Georges d'Amboise. Puis, à

Caen et dans les environs, Hector Sohier, dont l'exubérance s'allie au goût le plus exquis, de 1515 à 1545, manifeste son génie; à Gisors, trois générations d'architectes du nom de Grappin (Jean Ier, Robert et Jean II),

Fig. 44. — Détails de Bournazel.

sans atteindre à la même hauteur, font preuve d'un talent véritablement original.

Dans les provinces de l'est, Bourgogne et Franche-Comté — cette dernière alors séparée de la France, — Hugues Sambin (1518-1602), que les documents qualifient tantôt de *menuisier,* tantôt d'*architecteur,* en la seconde qualité a bâti, à Dijon, une partie de la façade si curieuse de l'église Saint-Michel, à Besançon, un corps de logis des bâtiments municipaux, aujourd'hui transformés en palais de justice. La caractéristique de son style est une grande habileté dans la distribution des ornements dont il abuse quelque peu. Parmi les émules de Sambin, il faut citer Charles Ribonnier, qui se distingua, à Dijon, dans la construction du palais de justice et, près de Langres, dans celle du grand et beau château du Pailly.

Enfin le Rouergue ne doit pas être oublié, car il produisit, au cours du XVIe siècle, un grand nombre d'architectes, parmi lesquels Jean Salvanh, Baduel et Guillaume Lissorgues tiennent le premier rang. La Renaissance, qui s'était déjà manifestée sous l'évêque François d'Estaing (1501-1529), trouva dans son successeur Georges d'Armagnac (1530-1562) un protecteur aussi généreux qu'éclairé. Ce prélat, d'ailleurs, avait pour ami et pour conseiller le célèbre Guillaume Philandrier, qui, en 1541, publia un commentaire sur Vitruve. Si le château de Gages, bâti par Salvanh, aux environs de Rodez, n'existe plus, nous admirons encore celui de Bournazel, œuvre de Baduel, et celui de Graves, dû au talent de Lissorgues.

Nous nous sommes efforcé plus haut de faire comprendre comment se développa le mouvement de la Renaissance. La transformation, d'abord assez lentement opérée, a été étudiée par règne, ce qui, tout en mettant à peu près chaque chose au point, ne semble pas suffisant pour faire valoir la grande figure de François Ier. Nul prince, en effet, ne s'identifia peut-être aussi complètement avec les tendances de son époque. Capricieux, chevaleresque, épris de toute beauté et de toute grandeur, il ne négligea rien pour assurer le triomphe des novateurs, auxquels les nombreuses constructions qu'il entreprit furent d'un puissant secours. Presque dans le même temps ou du moins

Fig. 45. — Château de Graves.

à peu d'années de distance, on le voit ajouter une aile au château de Blois, renouveler les deux châteaux de

Fontainebleau et de Saint-Germain-en-Laye, commencer dès la base et conduire très avant ceux de Villers-Cotterets, Chambord, Madrid, la Muette, Challuau et Folembray. Il n'est pas jusqu'au vieux Louvre de Philippe-Auguste et de Charles V qui, dans les dernières années du règne, ne fût jeté bas pour faire place à la merveille que nous connaissons. Et l'exemple parti de si haut ne pouvait manquer d'être suivi. De toutes parts on se mit à rajeunir les vieilles habitations quand on n'en bâtissait pas de nouvelles. La France en peu d'années changea d'aspect. Grâce à l'action personnelle du roi, l'évolution depuis longtemps commencée se trouva rapidement atteindre le but désiré.

Si François Ier personnifie le mouvement général de la Renaissance, l'esprit de cette grande époque paraît en quelque sorte s'être incarné dans un écrivain de génie, François Rabelais. On a pourtant, tout au moins dans le domaine artistique, un peu trop grandi le rôle du célèbre curé de Meudon, et nous ne saurions mieux faire que de citer à ce sujet l'appréciation de Charles Lenormant : « Il est, dit-il, du propre des hommes de la trempe de Rabelais de causer une profonde illusion sur la nature de leur esprit. Comme à eux seuls il est donné de communiquer à la pensée qui circule une forme ineffaçable, on leur fait honneur à eux seuls aussi de cette pensée, quand la plupart du temps on ne devrait voir en eux que de merveilleux écouteurs aux portes, des corsaires ayant lettres de marque sur tout le commerce des idées, des gens qui du droit que la forme leur assure prennent leur bien où ils le trouvent, geais immortels parés des plumes de mille paons qui ne vivent qu'un jour, exécuteurs de cette pensée supérieure qui confond les espérances les plus légitimes de notre orgueil et transporte perpétuellement les conceptions individuelles du légitime propriétaire à d'infidèles fermiers [1]. »

Dans l'impossibilité où il se trouvait de construire un édifice réel, Rabelais a mis en œuvre toutes les ressources de son imagination pour grouper les éléments d'un édifice idéal. La description donnée dans le chapitre 52 de *la Vie très horrificque du grand Gargantua* apparaît comme le résumé des doctrines artistiques en même temps que des aspirations et des rêveries qui avaient cours alors. Mais s'il s'agit d'une fiction, les détails sont néanmoins si nombreux et si précis que Lenormant n'a pas eu trop de peine à produire graphiquement une reconstitution.

L'abbaye de Thélème ou de Volonté présentait la figure d'un hexagone appuyé à chaque angle d'une grosse tour ronde. D'autres tours servant d'escaliers faisaient en outre saillie sur deux corps de bâtiments. Au centre de la cour intérieure, également à six côtés, se superposaient les vasques d'une magnifique fontaine. Dans l'arrangement des pièces tout était combiné pour les agréments du corps et les plaisirs élevés de l'esprit. Les femmes au midi, les hommes au nord — car Thélème comme Fontevrault était une abbaye mixte — trouvaient à portée bibliothèque, galerie de tableaux et salles de bains. Des constructions accessoires au pourtour achevaient de rendre ce séjour délicieux. Elles

[1]. *Rabelais et l'architecture de la Renaissance.* Paris, 1840, p. 3.

comprenaient un théâtre, un cirque, un jeu de paume, une fauconnerie. Rabelais évidemment a voulu railler l'esprit païen et sensuel de tant de seigneurs ecclésiastiques du XVIe siècle. Mais ces derniers, comme Jean du Bellay, à Saint-Maur-les-Fossés, comme Hamon Le Barbier, à Kerjean (Finistère), aimaient mieux bâtir des châteaux que des abbayes. Aussi, non seulement ne trouve-t-on rien qui approche tant soit peu du modèle indiqué, mais encore les changements même de peu d'importance sont plus rares dans les monastères que partout ailleurs.

CHAPITRE II

ARCHITECTURE CIVILE

L. de Laborde, *les Comptes des bâtiments du roi* (1528-1571). Paris, 1877. — A. Berty, *la Renaissance monumentale en France*. Paris, 1864. — Id., *Topographie historique du vieux Paris*, t. Ier et II, dans l'*Histoire générale de Paris*, 1868. — Cl. Sauvageot, *Palais, châteaux, hôtels et maisons de France*. Paris, 1860-1867. — C. Daly, *Motifs historiques d'architecture et de sculpture*. Paris, 1863-1880. — *Archives de la commission des monuments historiques*, t. IV. Paris, 1872.

A l'inverse de ce qui s'est passé en Italie, l'architecture civile, dans le mouvement initiateur de la Renaissance, tient en France le premier rang. Depuis la disparition des guerres féodales, sous Louis XI, les seigneurs n'avaient plus aucun motif d'habiter dans des forteresses, et chez eux le désir était presque général de se procurer une existence plus agréable en apportant aux dispositions de leurs vieux châteaux des changements importants. Car il s'agissait bien moins de reconstruire que de transformer, et plusieurs motifs plaidaient en faveur de cette entreprise restreinte. On ne pouvait, sans compter la dépense qu'entraînerait la complète destruction de murs solides et épais, se laisser aller à supprimer toute trace d'ancienne possession. Puis, à une époque où la sécurité était souvent compromise par les bandes de pillards qui parcouraient les provinces, à moins de creuser de nouveaux fossés, il ne fallait pas songer à se priver de ceux depuis longtemps existants, en changeant le périmètre primitif.

Les châteaux de la Renaissance, bâtis sur plan irrégulier, flanqués de tours presque toujours rondes, munis de créneaux et de mâchicoulis, forment donc la famille la plus nombreuse, du moins jusqu'à la fin du règne de François Ier. Même à Gaillon, à Saint-Germain-en-Laye, à Fontainebleau, les architectes ne purent avoir leurs coudées franches, et l'on sent combien l'obligation dans laquelle ils étaient enserrés fut cause parfois de sérieux embarras. A Blois, les brillantes façades de l'aile élevée sous François Ier dérobent une épaisse courtine qui traverse le bâtiment dans toute sa longueur. Ces exemples suffisent, étant donné qu'ils sont fournis par les châteaux les plus célèbres.

Dans le but d'obtenir, sinon toujours un plan rectangulaire, du moins un peu plus d'espace, certains seigneurs n'hésitèrent pas cependant à sacrifier entièrement la demeure des ancêtres; on en vit même qui, devenus plus riches par suite de faveurs extraordinaires du roi ou grâce à d'heureuses aventures, firent choix de nouveaux emplacements, rendant ainsi sa liberté à l'architecte. Celui-ci, naturellement, en profita pour introduire plus de symétrie dans la construction, tout en continuant sur bien des points les traditions du moyen âge. Le Verger, Bury et beaucoup d'autres châteaux, bâtis de 1490 à 1525, ont encore l'apparence d'anciennes habitations féodales. Pas d'ouvertures dans les parties donnant directement vers l'extérieur, de grosses tours crénelées aux angles formés par la jonction des différents corps de logis, d'autres tours plus petites de chaque côté de la principale entrée.

Sauf à Chambord, dans les châteaux élevés par François Ier, les tours d'angle, chaque fois qu'il s'agit d'une construction régulière, sont remplacées par des pavillons carrés. On préludait ainsi au système définitivement adopté sous Henri II et ses fils. La royauté sentait qu'elle n'avait plus besoin d'appareil militaire pour soutenir son prestige; le château se transformait en palais, les temps modernes étaient nés.

Longtemps encore un double pont-levis fut conservé en avant de la porte principale. Celle-ci, ouverte dans un avant-corps rectangulaire, occupait le centre d'une aile de bâtiments généralement moins élevée que les trois autres et disposée en galerie du côté de la cour. Les escaliers, à peu d'exceptions près, ne faisaient plus saillie au dehors; mais leur emplacement était toujours indiqué par des fenêtres d'un genre particulier. En outre, sans répudier la vis du moyen âge, qui eut au contraire du succès jusque sous le règne de Charles IX, ainsi que le démontrent les anciens plans des Tuileries, un peu de tous côtés (à Nantouillet, à Chenonceaux, à Azay-le-Rideau), on commença de bonne heure à développer des rampes droites aux flancs d'un mur d'échiffre. Quant aux chapelles, qu'elles prennent place dans une tour comme à la Rochefoucauld, dans un pavillon comme à Écouen, qu'elles communiquent directement avec le château, comme à Chenonceaux, ou bien qu'elles soient isolées au fond d'un jardin comme à Bury, il leur est impossible de se soustraire aux voûtes sur croisées d'ogives et aux fenêtres en arc brisé. La tradition les étreint encore lorsqu'elle a déjà abandonné tout le reste.

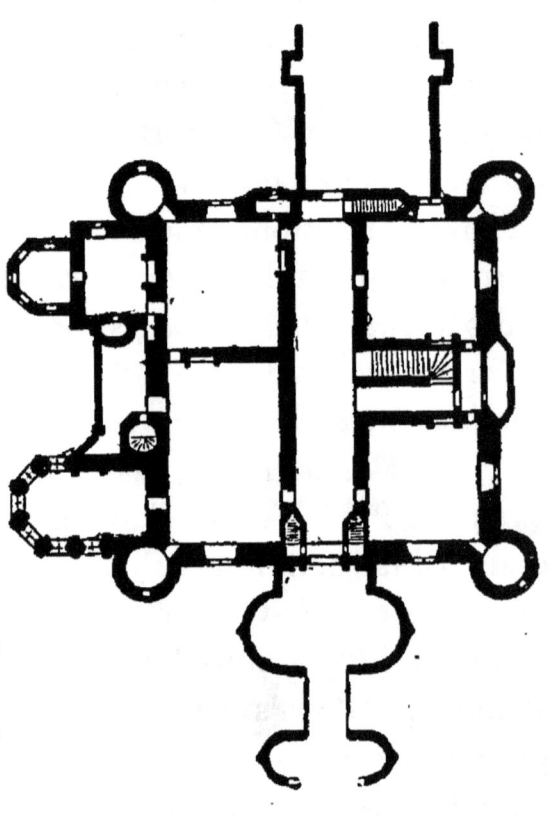

Fig. 46. — Plan de Chenonceaux.

A propos de François Ier, on parle souvent de l'influence italienne. Il suffit de jeter un coup d'œil sur les constructions dues à ce prince pour voir combien, au contraire, tout demeure alors parfaitement français. Aucun rapprochement ne peut être établi entre nos châteaux et les palais ou villas d'au delà les monts. Si un reproche est à faire aux architectes employés par le roi, ce n'est pas de se montrer imitateurs, mais bien de tendre trop à l'originalité. A force d'être ingénieux et inventifs, quelques-uns d'entre eux finirent par tomber, comme à Chambord, dans des combinaisons peu propres à une résidence.

Dès la fin du xve siècle, lorsque de toutes parts la nécessité se fit sentir d'éclairer par le dehors comme elles l'étaient par le dedans les vastes pièces adossées aux courtines dont la conservation s'imposait, l'épaisseur des maçonneries créa des difficultés qui furent promptement résolues de la manière la plus heureuse. Au lieu de pratiquer çà et là des percements dangereux pour la solidité de la construction en même temps que d'une exécution assez lente, nos vieux maîtres maçons ouvrirent du haut en bas, dans les tours et les murs d'enceinte, de longues brèches qui, entre autres avantages, offraient celui de simplifier singulièrement le travail dont ils étaient chargés. Presque sans y penser, on obtint ainsi une ordonnance qui eut un grand succès; car, jusqu'au milieu du règne de François Ier, même dans les constructions entièrement neuves et où, par conséquent, rien n'empêchait d'adopter d'autres dispositions, on la trouve souvent répétée. Elle comprend, dans une superposition pittoresque, parfois une porte, plusieurs fenêtres, une lucarne, et toutes ces ouvertures, encadrées de pilastres, reliées par de larges moulures plates traversant les allèges, contre-butées sur le toit par des arcs-boutants se détachant de la masse, forment des divisions verticales qui rompent agréablement la monotonie des longues façades.

Les portes étaient généralement petites, surtout celles donnant sur les cours, et l'on sait comment Charles VIII, courant à Amboise, heurta si malencontreusement du front une porte trop basse, que la mort suivit de près. Mais les fenêtres, d'abord surmontées d'une accolade, puis en anse de panier ou à linteau, atteignent souvent en hauteur des dimensions assez considérables. Il est vrai que, sauf Pierre Chambiges dans certains châteaux comme la Muette et Saint-Germain-en-Laye, tous les architectes font usage de croisillons. Ceux-ci sont même parfois doubles et triples, en sorte que la surface avec le meneau vertical se trouve divisée en quatre, six ou huit compartiments.

La manière dont les édifices doivent se terminer a toujours été un problème difficile à résoudre. En Italie, au temps de la Renaissance, on ne voulait rien voir apparaître au-dessus de la corniche, considérée comme le véritable couronnement, tandis que, chez nous, à la même époque, les toitures non seulement entraient dans la décoration, mais tendaient à prendre de plus en plus d'importance. Elles étaient relevées, du reste, par des ornements en plomb, tels que crête et épis; puis, à la base, courait une balustrade en pierre, souvent découpée avec art et répétant à l'infini des devises ou des initiales (Blois, la Rochefoucauld, etc.). Cette dernière tantôt précédait, tantôt se reliait à des lucarnes aussi variées que riches; et, pour achever d'égayer une surface naturellement triste, vu l'emploi de la sombre ardoise, des cheminées colossales étalaient dans certaines provinces une incroyable profusion de sculptures. Sous ce rapport, rien n'est comparable à Chambord, dont l'architecte ne semble avoir eu en vue que de faire valoir la toiture. Autour de la merveilleuse lanterne qui couronne le quadrilatère principal, tout pyramide et des lucarnes ont deux étages, les tuyaux de cheminée s'élèvent sur plans successifs.

Sous Charles IX, il y eut déjà quelques tentatives de briser la ligne élancée des combles. Philibert de l'Orme inventa, vers 1560, les célèbres toitures en forme de carène qui portent son nom. Par suite de la difficulté existant dès cette époque de se procurer les énormes pièces de bois habituellement nécessaires, il composa des fermes au moyen d'une multitude de morceaux bien assemblés et maintenus par des clefs et des chevilles. Mais il n'arrivait ainsi qu'à obtenir un plein cintre dont l'aspect extérieurement eût été fort désagréable. L'adjonction de deux nouvelles pièces, formant angle au point le plus élevé, remédia à cet inconvénient, et le plein cintre fut changé en une sorte d'arc en accolade ou en talon d'un effet assez gracieux, bien qu'un peu lourd. D'autres toitures en forme de dôme ou de cloche firent aussi leur apparition au xvie siècle. On en trouve particulièrement des exemples au temps de Henri IV.

Tous les châteaux bâtis ou simplement remaniés durant un siècle, de l'avènement de Charles VIII à la mort de Henri III, sont loin d'avoir échappé à la manie de destruction dont l'effet commença à se faire sentir bien avant la Révolution. Il suffit de rappeler à ce sujet la démolition d'une grande partie du château de Blois par Gaston d'Orléans, frère de Louis XIV, celle du château de Fère-en-Tardenois par le prince de Condé, celle du château du Verger par le trop célèbre cardinal de Rohan. Sous le ministère Turgot, — des documents

Fig. 47. — Lanterne de Chambord.

en font foi, — le beau château de Madrid, qui, par sa
brillante décoration enchantait le regard, fut condamné

à être rasé, et ce n'est pas la faute du grand réformateur si l'exécution ne put avoir lieu. Louis XVI, en 1778, signa également un édit qui ordonnait « la vente ou démolition » des châteaux de la Muette, Vincennes et Blois. Comme la vente était impossible, au moins pour les deux derniers, on voit à quoi tendait l'édit royal.

Les châteaux dont la perte totale ou partielle excite le plus de regrets sont :

Le Verger (Maine-et-Loire), commencé par Pierre de Rohan, dit le maréchal de Gié, sous Charles VIII, terminé en 1499.

Amboise (Indre-et-Loire), presque tout entier rebâti par Charles VIII avant son expédition d'Italie.

Gaillon (Eure), ce chef-d'œuvre de Pierre Fain, Guillaume Senault et Pierre Delorme sur lequel nous n'avons pas à revenir.

Bury (Loir-et-Cher), dont les corps de bâtiments, quoi qu'on en ait dit, ne montraient rien d'antérieur à 1515, puisque, à cette date seulement, Florimont Robertet, surintendant des finances, devint possesseur du sol.

Bonnivet (Vienne), l'une des meilleures créations de la première Renaissance, due en partie au sculpteur-architecte François Charpentier.

Sarcus (Oise), exemple précieux des transformations subies par les vieilles demeures féodales.

Montal (Lot), dont les admirables sculptures ont été dispersées en 1878.

Grignan (Drôme), si fièrement campé au sommet d'une haute colline isolée.

Gages (Aveyron), œuvre de Jean Salvanh, qui le construisit pour l'évêque de Rodez, Georges d'Armagnac, sous l'inspiration de Guillaume Philandrier.

Madrid (Seine), si remarquable par les terres cuites

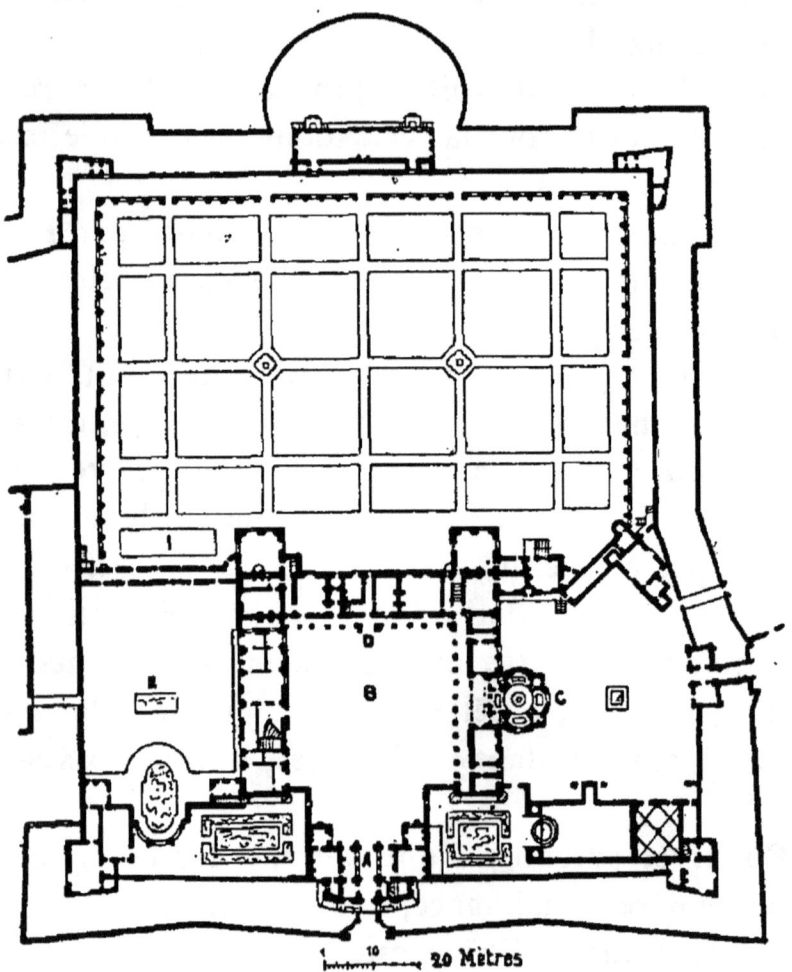

Fig. 48. — Plan d'Anet.

émaillées et par les émaux peints de sa longue façade.

Assier (Lot), illustre demeure de Galliot de Genouillac, grand-maître de l'artillerie, au sujet de laquelle on invoque bien à tort le nom de Nicolas Bachelier.

Apremont (Vendée), dont les tours d'angle, qui seules

subsistent aujourd'hui, rappellent certaines dispositions de Chambord.

Saint-Maur-les-Fossés (Seine), l'un des chefs-d'œuvre de Philibert de l'Orme.

Coulonges-les-Royaux (Vendée), commencé vers 1540 dans le style tout particulier qui caractérise la Renaissance en bas Poitou.

Coutras (Gironde), où le luxe étalé par Jacques d'Albon, maréchal de Saint-André, ne se retrouve plus que dans un puits heureusement sauvé de la destruction.

Challuau ou Saint-Ange (Seine-et-Marne), construit par Pierre Chambiges pour la duchesse d'Étampes.

Maulnes (Yonne), conception originale, sorte de pentagone flanqué de tours aux angles qu'une galerie ouverte sur les côtés unissait à une cour ronde entourée de bâtiments.

Anet (Eure-et-Loir), où Philibert de l'Orme eut pour collaborateur Jean Goujon. Il ne reste plus que l'entrée principale, d'un caractère si original, l'aile de gauche et la chapelle.

Les Tuileries (Paris), dues au même architecte (1564-1572). Le rez-de-chaussée, du côté du jardin, avant l'incendie de la Commune, était à peu près la seule partie demeurée intacte.

Le Puy-du-Fou (Vendée), œuvre de deux Manceaux peu connus, Jean Masneret et René Guitton.

Verneuil (Oise), dont la construction fut confiée par le duc de Nemours à Jean Brosse ou Debrosse, père de Salomon.

La Tour-d'Aigues (Vaucluse), où, dans les parties

qui ont survécu au terrible incendie de 1780, se manifeste l'influence des monuments romains, si nombreux en Provence.

Charleval (Eure), abandonné peu après le commen-

Fig. 49. — Entrée de la Tour-d'Aigues.

cement des travaux, mais dont tous les détails sont connus par les gravures de Du Cerceau.

Monceaux (Seine-et-Marne), assez avancé, en 1561, pour recevoir la cour, ce qui démontre le peu de fondement de l'attribution à Henri IV.

La liste est loin d'être épuisée, et nous pourrions

Fig. 50. — Escalier de Blois.

facilement ajouter de nouveaux noms ; mais il vaut mieux s'occuper des châteaux qui ont échappé à deux siècles de vandalisme. Plusieurs d'entre eux, au point de vue de la beauté des lignes et de la perfection des

Fig. 51. — Château de Blois.

détails, ont figuré dès l'origine et figurent encore au premier rang.

Louis XII, qui avait été élevé à Blois, à peine monté

sur le trône, porta toutes ses préférences sur le château de cette ville, dont l'aile orientale était déjà reconstruite en 1501, lors de la visite de l'archiduc Philippe d'Autriche, père de Charles-Quint. Suivant un procédé du temps, l'ornementation, très riche, est rendue d'autant plus visible qu'elle se détache en blanc sur un fond de briques vermeilles. En outre, les différents artistes employés sacrifient partout largement au moyen âge, et la Renaissance ne fait guère son apparition que dans certaines parties secondaires, du côté de la cour.

Bien que n'ayant pas les mêmes motifs que son prédécesseur, François Ier commença également par entreprendre de grands travaux au château de Blois. Toute l'aile septentrionale remonte au début du règne brillant inauguré en 1515, et l'on peut dire que rien de plus beau n'a peut-être été élevé en France. La façade intérieure, avec ses trois étages où l'ordonnance romaine se montre déjà sans que rien du goût français soit sacrifié, est un véritable chef-d'œuvre. Nous devons cependant faire remarquer que la perfection n'a pas été atteinte du premier coup. Il y a eu hésitation dans l'esprit de l'architecte, et c'est ce qui explique pourquoi la partie de droite diffère sensiblement de celle de gauche. Le grand escalier lui-même, une merveille dont nulle description ne saurait rendre l'incomparable richesse, semble avoir été conçu tardivement. Les assises ne concordent pas et l'ornementation présente un caractère tout particulier.

Du côté du nord l'originalité domine principalement. Que l'on se figure, en effet, deux étages de loges peintes et dorées, ouvertes entre des pilastres isolés ou géminés, et devant lesquelles se décrochent des balcons de pierre portés en encorbellement. La toiture, au lieu de s'appuyer directement sur la corniche, repose à une assez grande hauteur sur des colonnettes qui continuent l'ordonnance et produisent le plus étrange effet.

On ne s'explique bien cette disposition inattendue

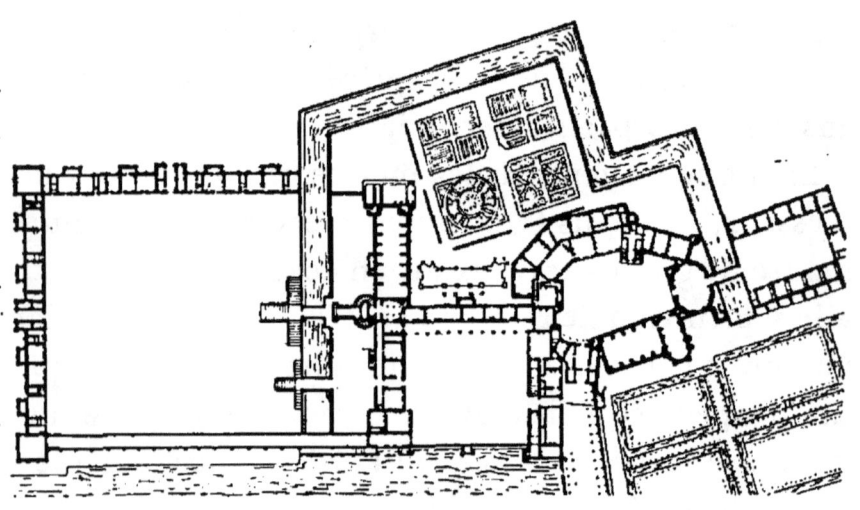

Fig. 52. — Plan de Fontainebleau.

qu'en pénétrant à l'intérieur de l'édifice. Alors apparaît une construction du xve siècle que François Ier se contenta tout d'abord de faire habiller sur ses deux faces à la mode du jour. Mais bientôt sans doute ce corps de bâtiments parut trop étroit. La terrasse qui s'étendait entre la tour du Moulin et la salle des États fut sacrifiée, et la façade que nous voyons aujourd'hui s'éleva à son aplomb extérieur. Un problème toutefois restait à résoudre. A moins de donner à la nouvelle construction une hauteur démesurée, il paraissait impossible de racheter la déclivité du sol. Cette difficulté, capable d'arrêter les plus grands architectes, fut un jeu pour celui de François Ier, qui conçut aussitôt la galerie supérieure dont nous avons parlé. La différence de niveau se trouvait ainsi rachetée d'une manière extraordinairement habile, et tout au plus pourrait-on remarquer dans la toiture quelque chose de lourd et d'anormal, résultat des changements opérés sous la pression des nécessités du moment.

Blois n'était pas encore terminé que déjà l'on travaillait à Villers-Cotterets. La partie la plus importante du château, celle qui renferme la chapelle et un admirable petit escalier, a été construite de 1520 à 1530[1]. Quant au corps de bâtiments dit *le logis du Roi*, il ne fut commencé qu'en 1532 sous la direction des deux frères, Jacques et Guillaume Le Breton. Ces deux architectes furent occupés à Villers-Cotterets jusqu'en 1550 et c'est à eux également qu'est due une partie de l'avant-cour, achevée en 1559, par Robert Vaultier et Gilles Agasse.

Les dates de Fontainebleau ne sont pas moins bien établies. De 1528 à 1534, Gilles Le Breton, qui jusqu'à sa mort, en 1552, eut toute la faveur du roi, éleva la majeure partie des bâtiments de la cour Ovale, la galerie dite de François Ier et le rez-de-chaussée de l'aile en retour vers l'étang. Durant une seconde campagne, de 1540 à 1547, le même architecte attacha son nom à la construction du Péristyle, de la chapelle Saint-Saturnin et de la salle de bal, dite plus tard de Henri II, lorsque

---

1. Voir, pour la description de Villers-Cotterets, *la Renaissance en France*, t. Ier, p. 122-134.

ce prince, en 1553, eut chargé Philibert de l'Orme de

Fig. 53. — Château de Fontainebleau.
Le péristyle.

reprendre les travaux abandonnés. C'est ce dernier qui

substitua un plafond à compartiments à la voûte projetée tout d'abord.

En même temps que Gilles Le Breton, Pierre Chambiges se voyait appelé à Fontainebleau où le roi, sur un dessin tout nouveau, voulait faire élever les longs corps de bâtiments destinés à enclore la cour du Cheval-Blanc. En quatre ans, de 1527 à 1531, tout fut achevé, au moins extérieurement, et cette rapidité d'exécution, constatée par des documents authentiques, exclut toute participation de Serlio, dont l'arrivée en France eut seulement lieu en 1541, à la construction de la célèbre grotte des Pins. De même l'architecte italien, mort en 1552, n'a-t-il pu être chargé, sous Charles IX, de fermer, du côté de l'est, la cour de la Fontaine. Pierre Girard dit Castoret était alors, c'est-à-dire de 1564 à 1566, chargé des travaux de Fontainebleau, et l'on est d'autant moins justifié à lui refuser le corps de logis en question que précédemment, de 1558 à 1561, il avait déjà fait ses preuves en remaniant complètement la façade du château sur la cour du Cheval-Blanc.

Certaines parties de la cour Ovale, telles que le péristyle et la double entrée de l'escalier qui dessert le pavillon de la porte Dorée, ne laissent pas que d'accuser une main habile; mais cela ne suffit pas pour placer Gilles Le Breton au premier rang. La réputation de Fontainebleau tient surtout à la magnificence des décorations intérieures, au nombre des artistes rassemblés autour de François Ier et qui, durant la seconde moitié du règne, implantèrent chez nous un style absolument nouveau. Le terrain, du reste, avait été bien choisi pour faire des expériences. Dans un château où l'architecte, n'ayant à sa disposition que des matériaux rebelles à la sculpture, s'était trouvé condamné à une simplicité jugée trop grande par des yeux habitués à une véritable profusion d'ornements délicats, la comparaison entre le dehors et le dedans devenait trop défavorable, et l'on comprend que le roi et son entourage se soient laissés facilement entraîner. Ce qui eût peut-être échoué à Blois, Chambord ou tout autre château des bords de la Loire avait bien des chances de réussir et réussit en effet à Fontainebleau.

Nos réflexions, il est du moins permis de le supposer, car la galerie d'Ulysse n'existe plus, s'appliquent également aux constructions élevées par Pierre Chambiges. La manie de substituer la brique à la pierre, partout où d'ordinaire se montrent des moulures, était peu faite pour exciter l'enthousiasme. Aussi le Primatice, par la main de Nicolas dell' Abbate qui savait si bien traduire les pensées du maître, eut-il, comme son prédécesseur « maître Roux », toute liberté d'action.

Le château de Chambord, suivant toute vraisemblance, a été commencé en 1519, et son premier architecte serait Denis Sourdeau, frère ou cousin d'André Sourdeau dont le nom a été conservé par les comptes de l'hôtel de ville de Loches. Mais déjà, en 1524, apparaît le nom de Pierre Nepveu dit Trinqueau, et ce nouvel architecte, jusqu'à sa mort, en 1538, semble bien avoir conservé la haute direction de l'œuvre. Un document nous le montre, en effet, payé à raison de 27 sols 6 deniers par jour (environ 6 francs), tandis que Denis Sourdeau, dont les services étaient toujours appréciés, et un autre « maistre-maçon », Jean Gobereau, recevaient seulement l'un et l'autre 20 sols. Trinqueau eut pour successeur Jacques Coqueau, qui travaillait encore au château, en 1556. C'est à lui, par conséquent, que doivent être attribués la chapelle et les bâtiments adjacents, élevés sous Henri II.

Chambord est trop connu pour qu'il soit besoin d'en donner une description. Nous nous bornerons donc à appeler l'attention sur certaines dispositions contestées, car le parti que l'on prendra à leur sujet dans la restauration actuellement entreprise a une souveraine importance.

Du Cerceau dit en parlant de Chambord : « Au milieu et centre est un escallier à deux montées, percé à iour, et autour iceluy quatre salles, desquelles l'on va de l'une à l'autre, en le circuissant. » Et plus loin : « Les quatre salles du troisième estage sont voûtées, sur lesquelles y a quatre terraces regnantes à l'entour de l'escallier, ainsi que les salles. » Ce témoignage est péremptoire; depuis la seconde moitié du xvie siècle, tout au moins, il n'y a rien eu de changé. Alors, comme aujourd'hui, à chaque étage on pouvait aller de l'un à l'autre des quatre pavillons qui, avec les tours dont ils sont flanqués, constituent aux angles la partie habitable. Mais le monument lui-même fournit des indications plus précieuses encore: après observation attentive, on peut affirmer que les dispositions actuelles remontent à l'origine du château, qu'elles ont été voulues par l'architecte. Autour de l'escalier existent des pilastres qui, au lieu de suivre la double révolution des marches, correspondent aux différents étages; au point de raccord avec les planchers et sur toute leur épaisseur, la balustrade, qui n'a pu être ajoutée après coup, puisqu'en certains endroits elle fait corps avec les gros piliers partant de fond, montre des parties pleines; pour atteindre les mêmes planchers, on s'est

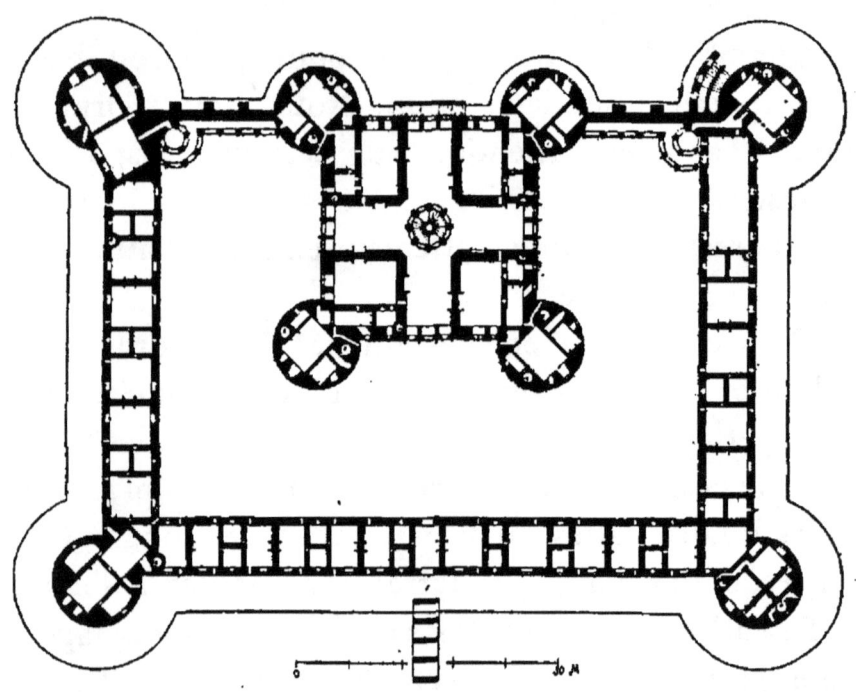

Fig. 54. — Plan de Chambord.

trouvé amené à donner aux révolutions de l'escalier des hauteurs inégales, ce qui évidemment présuppose un plan arrêté dès le premier instant; la corniche sur laquelle s'appuie la voûte, à l'étage supérieur, se confond avec la dernière assise des cheminées, d'où il s'ensuit que tout est du même temps; enfin, sur les quatre faces extérieures, la décoration implique l'existence de trois étages et l'on ne s'explique pas, s'il en était autrement, comment les pavillons des angles pourraient communiquer entre eux. L'idée de supprimer la division en étages, de laisser chaque bras de la croix grecque, occupée au centre par l'escalier, s'élever du sol à la voûte bandée sous la plate-forme, est donc absolument contraire à la vérité, et une restauration entreprise dans cet esprit porterait au monument que l'on prétend rendre à son intégrité première le plus fâcheux préjudice.

Le château de Saint-Germain-en-Laye, qui s'élève sur des bases remontant au xive siècle, a été commencé, en 1539, par Pierre Chambiges; et les travaux marchèrent rapidement, car, à la mort de cet architecte, en 1544, si l'on excepte le corps de bâtiments à droite de l'entrée, toutes les parties atteignaient presque le niveau des toits. Le successeur de Chambiges fut son gendre, Guillaume Guillain, qui, sans rien changer au plan primitif, achevait l'œuvre en 1548.

Saint-Germain, à partir du premier étage, est entièrement bâti en briques. Aussi l'ornementation fait-elle quelque peu défaut; on l'a remplacée, du côté de la cour, par du mouvement dans les lignes, obtenu au moyen de contreforts très saillants, entre lesquels, à deux hauteurs différentes, sont bandés d'épais arceaux. Mais le principal caractère de la construction réside dans les terrasses en pierre de liais que Chambiges, comme il l'avait déjà fait à Challuau, substitua aux hautes toitures d'ardoises. De là la nécessité des tirants en fer qui ont eu le privilège de faire dire tant de sottises. Il était cependant facile de remarquer que, vu la hauteur à laquelle sont placées les voûtes, vu la largeur des bâtiments (12 mètres), le poids énorme des ter-

Fig. 55. — Détails de Saint-Germain-en-Laye (Sauvageot).

rasses et l'impossibilité de chercher au dehors les

points d'appui dont on avait besoin pour faire face à toutes les résistances, le parti adopté s'imposait. Rien n'autorise à voir ici le désir d'imiter l'Italie, et nous aimons à croire que si Chambiges se fût laissé entraîner dans cette voie, son choix eût été plus heureux.

On peut attribuer au séjour de Charles-Quint à Paris, en 1539, l'arrêt de mort du vieux Louvre. Cette résidence, hâtivement aménagée pour recevoir l'hôte impérial, parut alors si incommode que François Ier crut devoir décider sa complète reconstruction. Mais, par suite de différentes circonstances, il fallut attendre jusqu'en 1546 avant de commencer les travaux. A proprement parler, le nouveau Louvre appartient donc bien plus au règne de Henri II qu'à celui de son père. L'aile occidentale, dont on s'occupa tout d'abord, ne fut prête à être livrée aux sculpteurs qu'en 1555. La construction se poursuivit ensuite par l'aile du midi, avec une extrême lenteur si l'on en juge par les monogrammes de Charles IX et de Henri IV qui se succèdent à une courte distance. Quant aux deux autres corps de bâtiments qui devaient fermer le quadrilatère, au nord et à l'est, il n'en a jamais été question. Sous Louis XIII on trouva bon d'allonger démesurément les parties achevées, ce qui changea toutes les proportions et ne permit plus de juger que bien imparfaitement les belles sculptures de Jean Goujon.

Le retard dont nous parlions tout à l'heure eut un résultat des plus heureux, bien que certainement inattendu. En 1539, Pierre Lescot, dont le nom n'était pas encore connu, se fût difficilement trouvé en position d'être appelé à doter Paris d'un somptueux monument. Mais après avoir fourni les plans du jubé de

Fig. 56. — Le Louvre.

Saint-Germain l'Auxerrois (1541) et bâti pour le président de Ligneris (1544-1546) un hôtel qui, avec raison, excitait l'admiration générale[1], nul ne pouvait lui être préféré. Ceux-là mêmes qui d'abord avaient raillé le magistrat se faisant architecte étaient obligés de s'incliner. Pierre Lescot, en dépit de son titre de conseiller au parlement de Paris, fut donc choisi par François Ier, et la France, quelques années après, comptait un chef-d'œuvre de plus.

Le ralentissement apporté aux travaux du Louvre, à partir des premières années de Charles IX, s'explique par la construction des Tuileries qui, de 1564 à 1572, fut menée avec une grande activité. Puis un projet gigantesque s'était déjà fait jour dès ce moment-là : Catherine de Médicis songeait à unir, au moyen d'une longue galerie, son château à celui du roi. Rien de destiné à la défense, du reste, mais un simple passage couvert, largement éclairé sur ses flancs, que surmonterait une terrasse d'où la vue aurait toute facilité de s'étendre au loin. Ce programme reçut un commencement de réalisation. Sous la direction de Pierre II Chambiges, fils de l'architecte dont il a été question à propos de Fontainebleau et de Saint-Germain, de 1564 à 1571, d'une part fut portée à son entier achèvement la partie connue sous le nom de Petite Galerie, entre le Louvre et la Seine, de l'autre s'éleva l'étage inférieur du pavillon de Lesdiguières, jadis appelé *lanterne des Galeries*. Mais de l'une à l'autre de ces deux constructions, quoi qu'on ait dit, exista jusqu'à Henri IV une solution de continuité. Et comme en 1596, lorsque

---

1. Connu depuis le xviie siècle sous le nom d'hôtel Carnavalet.

Thibaut Métezeau fut chargé de reprendre l'œuvre

Fig. 57. — Azay-le-Rideau.

interrompue, les idées étaient quelque peu modifiées, que l'on voulait reporter le passage couvert au niveau de la terrasse, la grande galerie prit-elle une physionomie toute nouvelle. Au rez-de-chaussée se superposèrent deux étages forcément inégaux, car la hauteur était limitée et il s'agissait de ne pas faire quelque chose de trop banal. Métezeau y parvint en créant le célèbre *mezzanino* qui a tant intrigué les modernes historiens du Louvre.

Les châteaux d'origine royale ne sont pas les seuls, parmi ceux qui subsistent encore, dont il y ait intérêt à s'occuper. Mais l'espace faisant défaut, à peu d'exceptions près, nous allons nous borner non plus même à quelques réflexions, mais à une simple mention.

On trouve d'abord sur les bords de la Loire et dans les vallées tributaires :

Châteaudun (Eure-et-Loir), où l'on admire un magnifique escalier bâti, dans les premières années du xvie siècle, par François d'Orléans-Longueville, petit-fils de Dunois.

Chaumont (Loir-et-Cher), dû à Charles d'Amboise, frère du cardinal ministre de Louis XII.

Beauregard (*id.*), au moment de sa construction, vers 1520, composé seulement de deux gros pavillons réunis par une galerie.

Chenonceaux (Indre-et-Loire), l'une des merveilles du xvie siècle. Le corps de logis, sur la rive droite du Cher, qui constitue le château proprement dit, a été élevé de 1515 à 1524, par Thomas Bohier, général des finances de Normandie. On ne connaît pas le nom de l'architecte. Diane de Poitiers fit commencer en 1556, sur les plans de Philibert de l'Orme, le pont et la galerie terminés dix ans plus tard par Catherine de Médicis.

Azay-le-Rideau (*id.*), moins pittoresque, mais plus

Fig. 58. — Le Rocher.

fin comme exécution que le précédent. On remarque surtout la double entrée et les fenêtres qui la surmontent. Les lettres G et P semées un peu partout rappellent les noms des fondateurs, Gilles Berthelot et Philippe Lebès, sa femme. Tout porte à croire que les travaux (1516-1524) furent conduits par un architecte local, Étienne Rousseau.

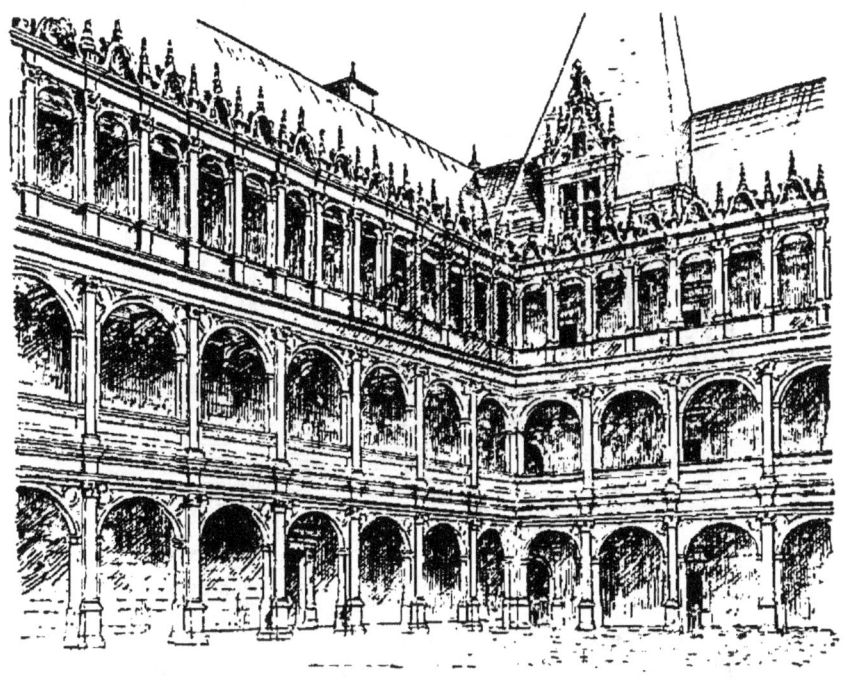

Fig. 59. — La Rochefoucauld.

Villegongis (Indre), qui dans tous ses détails rappelle la manière de Pierre Nepveu dit Trinqueau.

Valençay (*id.*), superbe résidence de la famille d'Étampes, où, dans la transformation opérée sous François Ier, se reconnaît la main de deux architectes, l'un Blésois, l'autre Angevin.

Le Lude (Sarthe), auquel Jacques de Daillon faisait déjà travailler depuis cinq ans, lorsqu'il fut tué à Pavie, en 1525.

Landifer (Maine-et-Loire), élégante construction

du temps de Henri II, en dépit de ses quatre tours d'angle.

Saint-Ouen (Mayenne), où, dans un admirable pa-

Fig. 60. — Cheminée du château de Lauzun.

villon servant de cage d'escalier, le gothique de la fin de Louis XII se marie à la gracieuse ornementation de la première Renaissance.

Serrant (Maine-et-Loire), dont le corps de logis principal, bâti dans les dernières années de François Ier, a été malheureusement gâté sous Louis XIII par l'adjonction d'un deuxième étage et la suppression des lucarnes.

Fig. 61. — Ancy-le-Franc (Sauvageot).

En dehors de la région pour ainsi dire classique de la Loire, nous trouvons à citer :

Nantouillet (Seine-et-Marne), que le cardinal Duprat fit élever durant les premières années de sa puissance (1517-1525).

Écouen (Seine-et-Oise), commencé vers 1532 sous

la direction de Charles Billard qui, à sa mort, en 1550, eut pour successeur Jean Bullant.

Chantilly (Oise), dont la seule partie existante,

Fig. 62. — Le Pailly (Sauvageot).

connue sous le nom de Petit Château, fut bâtie par Jean Bullant, peu de temps après la disgrâce d'Anne de Montmorency (1559).

Mesnières (Seine-Inférieure), où l'on remarque surtout le corps de bâtiments au fond de la cour (1540-1546).

Lasson (Calvados), œuvre probable d'Hector Sohier.

Fontaine-Henri (*id.*), composé de deux parties, l'une rappelant les constructions de Blaise Le Prestre,

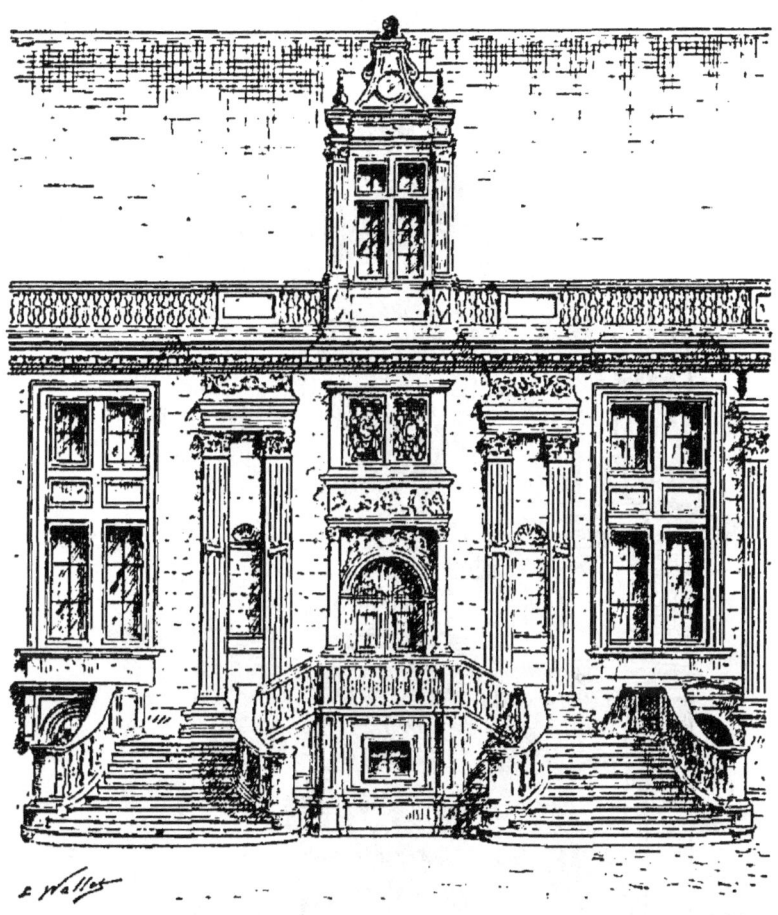

Fig. 63. — Le Grand-Jardin.

l'autre celles de l'architecte inconnu qui a élevé, à Caen, l'hôtel d'Écoville.

Chanteloup (Manche), qui plus encore que Lasson doit être attribué à Hector Sohier.

Le Rocher (Mayenne), où se reconnaît la main d'un architecte normand.

Kerjean (Finistère), tout à la fois château et forte-

Fig. 64. — Cheminée de Cons-la-Granville.

resse, bien que construit sous Charles IX et Henri III. Chateaubriant (Loire-Inférieure), pour lequel Jean de Laval fit certainement venir un architecte de Tours ou de Blois.

Oiron (Deux-Sèvres), qui, demeuré inachevé en 1519, après trois années de travaux, fut continué, de 1542 à 1550, par Claude Gouffier, dit le Grand Écuyer.

La Roche-du-Maine (Vienne), très probablement dû aux mêmes artistes que Bonnivet.

Dampierre (Charente-Inférieure), où, dans un long plafond de galerie à caissons, on sent l'influence de l'érudite Jeanne de Vivonne, tant vantée par Brantôme.

Usson (*id.*), plus riche qu'élégant, pour la majeure partie l'œuvre d'un architecte local assez médiocre.

La Rochefoucauld (Charente), immense forteresse brillamment transformée de 1520 à 1535.

Puyguilhem (Dordogne), remarquable surtout par la finesse et l'élégance des parties décoratives, exécutées sous François Ier.

Bourdeille (*id.*), construction de forme carrée, sans toiture apparente, visiblement imitée des villas italiennes.

Lanquais (*id.*), magnifique modèle de l'architecture du temps de Charles IX.

Cadillac (Gironde), royale habitation du duc d'Épernon, élevée de 1598 à 1603 sur les plans de Pierre Souffron.

Caumont-Savès (Gers), même possesseur et probablement même architecte.

Lauzun (Lot-et-Garonne), commencé sur de grandes proportions, mais demeuré inachevé en 1570.

Bournazel (Aveyron), l'une des œuvres les plus

parfaites du xvie siècle, élevée vers 1545 sur les plans de Baduel.

Graves (*id.*), création non moins remarquable, due à un élève de Baduel, Guillaume Lissorgues.

Pau (Basses-Pyrénées), singulièrement embelli du temps de Marguerite de Valois, épouse de Henri d'Albret, par des artistes venus des bords de la Loire.

Fig. 65. — La Bastie.

Saint-Elix (Haute-Garonne), construction brique et pierre, remarquable par ses hautes toitures (18 mètres), les allèges de ses fenêtres en glacis et les animaux de toute sorte sculptés sous ses lucarnes.

Pibrac (*id.*), type précieux d'architecture toulousaine aux environs de 1540.

Uzès (Gard), qui montre une façade attribuée à Philibert de l'Orme, mais plus probablement l'œuvre d'un architecte provençal.

Roussillon (Isère), bâti par le cardinal de Bourbon, sous Henri II.

Sully (Saône-et-Loire), attribué avec beaucoup de vraisemblance à Nicolas Ribonnier, qui se serait mis à l'œuvre en 1567.

Bussy-Rabutin (Côte-d'Or), réduit aux deux corps de logis latéraux, composés d'un double étage de galeries, décorées avec la plus exquise délicatesse vers 1535.

Ancy-le-Franc (Yonne), construction de la plus parfaite régularité. Autour d'une cour carrée, quatre corps de bâtiments renforcés aux angles par des pavillons. Les profils remarquablement étudiés indiquent un architecte de premier ordre; mais le nom du Primatice a été mis en avant sans aucune raison. Il faut bien plutôt songer à un architecte français du temps de Henri II.

Joigny (*id.*), commencé en 1569. Le corps de logis central et un pavillon d'angle ont seuls été achevés.

Vallery (*id.*), que Du Cerceau mettait en parallèle avec le Louvre, au moment où il venait d'être reconstruit en partie par le maréchal de Saint-André.

Frasnes (Haute-Saône), où l'on admire une longue et pittoresque façade élevée par les Granvelle dans les dernières années de François Ier.

Le Pailly (Haute-Marne), splendide résidence du maréchal de Saulx-Tavannes, authentiquement due à Nicolas Ribonnier.

Le Grand-Jardin, à Joinville (*id.*), auquel firent successivement travailler les ducs Claude Ier et Claude II de Guise. La forme, qui se répétera à l'infini dans les siècles suivants est celle d'un long corps de logis à simple rez-de-chaussée sur sous-sol élevé.

Louppy (Meuse), bâti sur de grandes proportions, durant la seconde moitié du XVIe siècle, par un architecte venu d'Allemagne.

Cons-la-Granville (Meurthe-et-Moselle), où, dans une salle ornée d'une frise peinte tirée des *Chasses* de Jean Stradan, se voit une magnifique cheminée du temps de Henri III. Le manteau, supporté par deux cariatides, présente trois histoires amoureuses, empruntées à la mythologie : la fin tragique de Pyrame et Thisbé,

Fig. 66. — Portail de l'archevêché de Sens.

le jugement de Pâris et la métamorphose d'Actéon.

Meillant (Cher), qui appartient au règne de Louis XII, mais n'a rien de commun avec Frà Giocondo, ainsi qu'on s'est plu à le répéter.

Fig. 67. — Hôtel de ville de Beaugency.

Boucard (Cher), très élégante construction des dernières années de François Ier.

La Bastie (Loire), demeure célèbre, remaniée profondément, de 1535 à 1555, sous l'inspiration de

Fig. 68. — Ancienne porte du Capitole, à Toulouse.

Claude d'Urfé, par un architecte très probablement bourguignon, Antoine Jovillyon. La chapelle, naguère encore toute remplie d'objets d'art, et la grotte qui précède, l'une et l'autre conçues dans le goût italien, occupent en grande partie le corps de logis principal, au fond de la cour, tandis que, à droite, règnent deux étages de galeries, assez maladroitement précédées d'une rampe en pente douce.

Au xvie siècle, les évêques résidaient peu dans leurs diocèses; ils n'avaient donc pas autant de motifs que les seigneurs laïques pour tout reconstruire ou tout transformer. Cependant, on trouve plusieurs palais épiscopaux qui ont alors reçu de notables embellissements. L'un d'eux même, celui de Sens, jouit à bon droit d'une grande réputation. On admire, dans l'aile terminée en 1521, l'habile mélange de la brique et de la pierre, la délicatesse des ornements tant sur les pilastres que sur les chambranles des fenêtres, l'élégance des frises où, par un emprunt fait aux armes de l'évêque, Étienne Poncher, des coquilles enrubannées alternent avec des balustres aussi riches que variés. Quant au corps de logis commencé en 1535, par ordre du cardinal Louis de Bourbon, sous la direction de Nicolas Godinet, et composé d'un étage sur galerie à arcades cintrées, il se fait remarquer par son ordonnance symétrique et sa régularité. En outre, pas de meneaux aux fenêtres ni de lucarnes sur les toits, ce qui est une infraction aux habitudes françaises.

En passant, il a déjà été question des hôtels de ville bâtis par Charles Viart, à Orléans et à Beaugency. Quel que soit le mérite du premier, curieux spécimen du style de transition en honneur sous Louis XII, il cède la place au second dont la façade, qui montre tout le progrès fait en vingt-cinq ans, peut passer pour un chef-d'œuvre d'élégance et d'harmonie. L'hôtel de ville de Lorris, dans la même région, n'a pas l'importance des précédents ; mais on admire, comme au palais de Sens, le sage emploi de la brique et de la pierre, en même temps que l'un des plus anciens exemples de ces fenêtres géminées si chères aux architectes orléanais.

On a beaucoup disputé et on dispute encore sur le nom du véritable auteur des plans de l'Hôtel de Ville de Paris. S'ils ont été dressés, ainsi que le voudraient des documents récemment publiés, par Dominique de Cortone, il faut avouer que ce maître avait singulièrement mis en oubli les traditions de son pays. Du reste, puisque, sur *l'État des gages des ouvriers italiens amenés en France par Charles VIII*, on le trouve désigné comme « menuisier de tous ouvraiges de menuiserie et faiseur de chasteaulx », c'est-à-dire de tours en bois destinées à la défense, tout fait donc supposer qu'il

Fig. 69.
Tourelle de l'hôtel Lallemant, à Bourges.

a appris chez nous son métier d'architecte. En 1533, au moment où la première pierre du monument fut solennellement posée, Dominique de Cortone était en France depuis trente-huit ans, et on admettra difficilement que, pour révéler un talent possédé dès le début, il ait attendu si longtemps.

L'un des plus charmants hôtels de ville bâtis sous François I*er* (1532-1535) se voit à Niort, dans les Deux-Sèvres. Il se compose d'un corps de bâtiments plus profond que large dont l'architecte, Mathurin Berthomé, a eu l'idée de renforcer les angles par des contreforts cylindriques assez semblables à des tours. Au sommet, des mâchicoulis complètent l'aspect pseudo-guerrier de l'édifice. L'hôtel de ville de Loches, à peu près du même temps (1534-1543), présente un autre genre d'intérêt. L'architecte, Jehan Baudoin, a su tirer très habilement parti d'un emplacement ingrat, dans l'angle formé par une saillie des vieux remparts.

On sait combien sont rares les œuvres authentiques de Nicolas Bachelier. Cet architecte, en 1545, fut chargé de refaire, à Toulouse, l'entrée principale du Capitole ; mais dans les transformations subies à différentes reprises par le vieil édifice, les souvenirs de la Renaissance ne devaient pas être respectés. Les uns ont disparu, d'autres, comme la porte de Bachelier, se sont vus transportés loin de leur place primitive.

A propos des Métezeau, nous avons dit quelques mots de l'hôtel de ville de Dreux. Il ne faut pas oublier non plus, à Arras, les additions dues à Mathias Tesson, qui portent la date de 1573 ; à Besançon, l'élégante façade dont un document fait honneur à Hugues Sambin (1582-1585)[1]; à la Rochelle, le long corps de logis terminé en 1607, sur les plans d'un architecte inconnu. Toutes ces constructions ont été disposées

Fig. 70. — Fenêtre de l'hôtel Lasbordes, à Toulouse.

spécialement pour servir de siège aux administrations municipales, tandis que l'hôtel de ville d'Amboise (1502-

[1]. Il s'agit ici de l'ancien hôtel de ville, aujourd'hui transformé en palais de justice.

1505) et celui de Paray-le-Monial (1525-1528), par exemple, ne sont que des habitations privées, récemment appropriées à leur nouvelle destination.

Il ne reste rien, à Paris, de la célèbre Cour des comptes, élevée dans les dernières années du règne de Louis XII ; mais, à Grenoble, une partie du palais de justice qui, en dépit de ses allures toutes gothiques, est à peu près de la même date, n'a heureusement guère subi d'injures. On peut dès lors plus facilement juger du progrès accompli dans une province longtemps en retard, car tout à côté, de 1561 à 1602, l'achèvement de l'édifice a été poursuivi conformément aux doctrines du temps.

Le palais de justice de Dijon appartient aussi à différentes époques de la Renaissance. Commencé sous Louis XII, en 1511, il n'était terminé qu'en 1586, sous Henri III. L'une des parties les plus remarquables, le plafond à caissons de l'ancienne salle des séances solennelles du Parlement, qui porte le nom d'Antoine Gailley, dit Alement, a été posé en 1522. La salle des Procureurs, aujourd'hui des Pas Perdus, était encore en construction sous Henri II, et le joli porche qui précède la façade à pignon, œuvre probable de Nicolas Ribonnier, date de Charles IX. Enfin c'est seulement sous Henri III, en 1582, qu'un traité fut passé avec Hugues Sambin pour l'exécution de la splendide clôture en bois de la chapelle.

Les grandes habitations urbaines, le plus souvent bâties par la bourgeoisie que le commerce avait enrichie, étaient alors et sont encore désignées sous le nom d'*hôtels*. A la différence des simples maisons dont la

Fig. 71. — Palais ducal, à Nancy.

façade en bordure sur la rue constitue toute la partie architecturale, elles déploient autour d'une cour plusieurs corps de bâtiments. Les jardins, quand ils existent, sont de peu d'étendue, ce qui s'explique par la difficulté de s'étendre dans les limites resserrées des villes.

Fig. 72. — Détails de l'hôtel Bretenières, à Dijon.

On peut citer comme principalement dignes d'être étudiés :

A Paris, l'hôtel Carnavalet (1544), œuvre de Pierre Lescot.

A Rouen, l'hôtel du Bourgtheroulde, construction de la fin du xve siècle, remaniée de 1520 à 1532. Sur les murs se déroule toute une série de bas-reliefs, destinés à rappeler, en même temps que le fait même de l'entrevue du Camp du drap d'or, la magnificence déployée dans la circonstance par François Ier et Henri VIII[1].

A Caen, l'hôtel d'Écoville, élégant édifice, l'un des meilleurs de la Renaissance, bâti, de 1532 à 1538, par un architecte inconnu dont la main se reconnaît également, tout près de là, à l'hôtel de Mondrainville, et,

Fig. 73. — Maison à Orléans.

hors des murs, dans le gros pavillon du château de Fontaine-Henri.

A Blois, l'hôtel d'Alluye, contemporain des dernières années de Louis XII. On admire surtout, à l'intérieur, une cheminée couverte de fines sculptures.

A Tours, l'hôtel de Beaune-Semblançay, commencé

---

1. Voir *la Renaissance en France*, t. II, p. 287-303.

en 1507 sur les plans de Guillaume Besnouard, terminé en 1518, sept ans après la mort de cet architecte.

A Angers, l'hôtel de Pincé, en partie l'œuvre de

Fig. 74. — Fenêtres à Cahors.

Jean de Lespine qui, vers 1533, fut appelé à continuer les travaux.

A Bourges, l'hôtel Lallemant, remanié plutôt que

reconstruit durant le premier quart du xvie siècle ; l'hôtel Cujas, attribué non sans quelque raison à Guillaume Pellevoisin, qui l'aurait terminé une trentaine d'années avant l'arrivée (1555) du célèbre jurisconsulte dont il porte le nom.

A Toulouse, l'hôtel Bernuy (1530), peut être dû à un architecte espagnol ; l'hôtel d'Assézat (1555), somptueuse résidence qui rappelle par plus d'un point le Louvre de Pierre Lescot ; les hôtels Cheverry, Brucelles, Saint-Félix, la Mammy, Felzins (anciennement Molinier), Buet et Lasbordes (anciennement Burnet),

Fig. 75. — Porte à Valence.

en tout ou en partie bâtis, de 1535 à 1570, dans un style particulier que bien des raisons portent à considérer comme celui de Nicolas Bachelier. Toute l'ornementation est réservée aux fenêtres dont le cadre de pierre, composé de deux ordres superposés avec architrave intermédiaire, se détache sur un fond de briques.

A Dijon, l'hôtel de Vogüé, tout empreint encore de

l'esprit de la Renaissance, bien que bâti au commencement du xviie siècle (1607-1614).

Fig. 76. — Fontaine de Villesavin.

A Besançon, le palais Granvelle, où de bonne heure (1532-1540) sont superposés les trois ordres antiques.

A Nancy, le palais Ducal (1501-1512), auquel travailla le célèbre architecte-sculpteur Mansuy Gauvain.

Dans les jardins qui accompagnent les hôtels, ou bien isolément, on rencontre parfois des monuments

Fig. 77. — Fontaine d'Amboise, à Clermont-Ferrand.

d'un caractère assez singulier, évidemment construits non pour l'habitation, mais pour servir de théâtre à des fêtes. Au rez-de-chaussée comme au premier étage, tout est en grandes pièces et en longues galeries. Par similitude avec certaines maisons de plaisance italiennes, nous leur donnerons le nom de *casinos*. Les plus importants sont, à Dijon, le belvédère de l'hôtel Bretenières (1541); à Caen, le pavillon dit maison d'Étienne Duval (1550); à la Rochelle, la prétendue maison de Diane de Poitiers, rue des Augustins (1559).

Les habitations de second rang, celles qui d'ordinaire étalent aux yeux des passants toute leur richesse, sont naturellement plus nombreuses que les hôtels. On en trouve jusque dans les localités les plus infimes, celles qui n'ont jamais eu aucun renom. Beaucoup d'entre elles sont en bois, principalement dans la région nord-ouest, et l'on admire en bien des cas l'état de conservation des sculptures, presque toujours pleines de verve et d'esprit.

Certaines villes, comme Orléans, doivent une bonne part de leur célébrité artistique aux maisons que le temps a respectées. La plupart se distinguent par l'emploi d'un style tout local, spécialement caractérisé par des fenêtres géminées.

Nous ne pouvons même indiquer sommairement les maisons les plus curieuses. Pour se faire une idée de la variété qui règne en ce genre de construction, il faut parcourir les vieux quartiers de Rouen, Lisieux, Caen, Morlaix, Saint-Brieuc, Laval, Angers, Chinon, Tours, le Mans, Chartres, Riom, Poitiers, Fontenay-le-Comte, la Rochelle, Périgueux, Brive, Cahors, Rodez, Arles, Valence, Viviers, Vienne, Dijon, Joigny, Langres, Troyes, Bar-le-Duc, Beauvais et Amiens.

Au cours du XVIe siècle, la plupart des villes, ayant pris de l'extension, sentirent le besoin de renouveler leur enceinte. Partout, du reste, si l'on ne voulait demeurer en arrière et compromettre la défense, l'obligation s'imposait de substituer des bastions aux tours. Les comptes municipaux, en général, s'étendent assez longuement sur ces travaux. Grâce à eux, le nombre

Fig. 78. — Fontaine de Beaune, à Tours.

des architectes connus, sans grand profit souvent, se trouve considérablement augmenté. Nous avons beaucoup de noms, mais peu d'œuvres, car, sauf à Nancy, Metz et Langres, a-t-on peine à rencontrer quelque trace de la transformation alors opérée. Les portes elles-mêmes, où se déployait tout le génie décoratif de la Renaissance, ont disparu. En ce genre, depuis la récente destruction, à Arles, de la porte de la Cavalerie, qui datait de Henri II, il n'est guère possible de citer que la porte Montre-Écu, à Amiens, bâtie sous François Ier, et la porte Saint-Nicolas, à Nancy, dont la construction rappelle les agrandissements dus à Charles III (1580-1624).

Soit par les dessins de Du Cerceau, soit par les débris plus ou moins importants conservés au Louvre, à Blois et au petit château de Villesavin, près Chambord, nous sommes suffisamment renseignés sur les fontaines commandées en Italie, au temps de Charles VIII et de Louis XII. Toutes se composaient de deux vasques superposées, maintenues par une colonne émergeant d'un large bassin. Cette disposition fit fortune et nous la retrouvons encore de nos jours dans des fontaines d'âges divers, mais bien françaises d'exécution, à Mantes (1519-1521), Guingamp (1535) et Saint-Jean-du-Doigt (1570). A Clermont-Ferrand, au contraire (1515), c'est le nombre des bassins qui est porté à deux, tandis que la seule vasque conservée, au lieu de s'arrondir uniformément, est divisée en plusieurs lobes.

La belle fontaine, dite de Beaune, à Tours, en un certain sens, se rattache également aux précédentes. Les vasques n'existent plus, il est vrai; mais, du centre d'un bassin en pierre de Volvic, émerge une pyramide en marbre, haute de $4^m,20$, qui, par ses différences de plans, figure assez bien une superposition de piédouches. Suivant les registres de l'hôtel de ville, l'œuvre a été exécutée par les deux frères, Martin et Bastien François, neveux de Michel Colombe (1510-1511).

Fig. 79. — Fontaine Saint-Lazare, à Autun.

Sur la place Saint-Lazare, à Autun, s'élève une fontaine d'un type tout particulier, mais remarquable par son élégance (1540-1543). Qu'on se figure deux rotondes ou lanternes superposées, naturellement de proportions différentes et découpées en arcades dont les supports sont revêtus de colonnes non engagées. La rotonde inférieure, seule utilisée, abrite une vasque posée sur un pied habilement profilé.

Il ne nous reste plus à parler que de la fontaine des Innocents, à Paris (1547-1550). Jusqu'en 1786, ce chef-d'œuvre de Jean Goujon, au lieu de se dresser comme aujourd'hui au milieu d'une place, occupait l'angle formé par la rue aux Fers et la rue Saint-Denis. En outre, il ne comptait que trois arcades, ce qui rendait son développement fort inégal. A le voir, on eût dit une sorte de *loggia* assez élevée au-dessus du sol et richement ornée en toutes ses parties.

CHAPITRE III

ARCHITECTURE RELIGIEUSE

Rouyer et Darcel, *l'Art architectural en France*. Paris, 1866. — Calliat et Leroux de Lincy, *l'Église Saint-Eustache*. Paris, 1850. — Fichot, *Statistique monumentale du département de l'Aube*. Troyes, 1881-1891.

Le clergé, contrairement à ce que l'on pourrait croire en voyant le petit nombre de monuments religieux élevés dans le nouveau style au début de la Renaissance, ne se mit pas systématiquement en travers du mouvement. Les résistances qui se produisirent vinrent surtout des architectes, merveilleusement façonnés par des programmes séculaires et peu disposés à sacrifier des formules facilement utilisables. Maîtres et élèves se trouvaient également embarrassés, car si les premiers répugnaient à recommencer leurs études, les seconds, en dehors de l'Italie, qui les eût trop radicalement séparés des traditions nationales, ne savaient encore où aller puiser l'enseignement dont ils avaient besoin.

Aussi, par une conséquence logique, le système des voûtes à nervures, qui est le point de départ et la raison d'être de l'architecture gothique, fut-il le dernier ébranlé. On ne croyait pas pouvoir y toucher sans modifier le plan des églises, et c'est justement ce qui faisait la difficulté. Clergé et architectes se refusaient à innover sur un point si important. Du reste, l'occasion se présenta rarement de faire une application de principes. La seule grande église qui ait alors été bâtie de toutes pièces est Saint-Eustache de Paris. En général, tout se borna à faire ou refaire ici un chœur, là un clocher, plus rarement une nef ou une façade. Les cathédrales dont la construction ne dépassait guère le transept restèrent en cet état. Les travaux de longue haleine avaient cessé d'être du goût des évêques et si, quelques-uns se décidèrent à dépenser noblement les revenus dont ils pouvaient disposer, leur choix se porta plus volontiers sur des remaniements, des compléments faciles, des œuvres d'art proprement dites, comme retables, jubés, clôtures et tombeaux. Ce n'est plus l'ère des cathédrales, c'est encore moins celle des églises monastiques; le principal et presque unique effort se porta sur les églises paroissiales qui, dans certaines contrées, reçurent alors en grand nombre de notables embellissements.

Ajoutons que la Renaissance est loin d'avoir des droits à faire valoir sur tout ce qui fut construit pour le culte catholique dans le temps où elle eut sa part plus ou moins prédominante dans nos temples. Ce temps commence aux trois ou quatre dernières années de Louis XII, et, pendant tout le règne de François Ier, pendant la plus grande partie du règne de Henri II, on vit des architectes étaler sans vergogne dans le voisinage, souvent à quelques pas des édifices les plus gracieux de la Renaissance, les formes heurtées et anguleuses du style gothique. Il n'y a rien ou presque rien du nouveau style dans Saint-Merry de Paris, église élevée de 1520 à 1612 ; rien ou presque rien dans les croisillons si riches et si imposants des cathédrales de Beauvais et de Senlis, dont la construction, entreprise sous Louis XII, se prolongea jusque vers le milieu du règne de Henri II ; rien dans le magnifique portail septentrional de la cathédrale d'Évreux, terminé vers 1525 ; rien dans le chœur de Saint-Vincent de Rouen, exécuté de 1511 à 1530 ; rien dans la célèbre église de Brou (Ain), ni dans ses non moins célèbres mausolées.

A proprement parler, l'église française de la Renaissance ne se distingue et ne saurait se distinguer par aucune disposition spéciale. Plan, coupe et élévation sont empruntés aux édifices analogues du XIIIe siècle. Les architectes ont les yeux fixés sur le type le plus remarquable de la région où ils bâtissent, ainsi que cela se voit à propos de Saint-Eustache. Pierre Lemercier, qui a commencé les travaux en 1532, Nicolas, son fils, qui les a continués en 1578, Charles David, gendre de ce dernier, qui les a terminés en 1629, poursuivent jusque dans des détails assez singuliers l'imitation de Notre-Dame. Comme à la cathédrale de Paris, bien que partout depuis longtemps on s'en tienne aux pans coupés, le rond-point se termine en demi-cercle. De même, les doubles bas côtés sont interrompus par un transept qui n'a de saillie qu'en hauteur, les chapelles au pourtour affectent la forme rectangulaire.

La principale nouveauté introduite par le xvie siècle est la coupole, généralement préférée à la flèche pour le couronnement des clochers et des clochetons; on la voit apparaître dès 1507, à la tour nord de la cathédrale de Tours, œuvre des deux frères, Martin et Bastien François. Mais la coupole n'en vient jamais à commander les proportions et les dimensions du clocher; moins encore, en s'établissant au centre

Fig. 80. — Contreforts de l'église Saint-Salomon, à Pithiviers.

du transept, — ce qui, si l'on excepte certaines chapelles sépulcrales, n'arriva guère qu'au temps de Louis XIII, — réduit-elle, comme en Italie, la masse de l'édifice à n'être que son contrefort et son accessoire.

A Saint-Eustache, la composition des piliers, où sont

groupés et superposés des éléments de nature différente, paraît quelque peu artificielle. Mais à Saint-Étienne-du-Mont, dont la nef n'a été commencée qu'en 1540, la vieille tradition de l'Ile-de-France se trouve maintenue. Les colonnes allongent de chaque côté leurs longs cylindres que, pour plus de solidité, étrésillonnent vers le milieu d'épais arceaux surmontés d'une balustrade. Sauf ce dernier détail, même arrangement au pourtour du chœur de Saint-Nicolas-des-Champs, qui date de Henri III. Les embellissements alors exécutés furent complétés par un magnifique portail (1576-1581), ouvert sur le flanc sud et reproduisant presque sans aucun changement un projet d'arc de triomphe gravé dans le *Premier tome de l'architecture* (p. 245). En réalité, nous avons donc là une composition de Philibert de l'Orme et c'est sans surprise que l'on admire avec quel art sont combinées toutes les parties, avec quelle perfection sont traités les moindres détails.

A l'ouest et au sud de Paris, la Renaissance n'a exercé qu'une action presque insignifiante et c'est à peine si nous pouvons à Étampes (église Saint-Basile), à Brie-Comte-Robert, à Orly, à Montfort-l'Amaury, signaler quelques travées ou quelques parties de façades remontant au règne de François Ier. Mais, au nord, il en est autrement et, sans parler de Saint-Maclou de Pontoise, où Pierre Lemercier fit ses débuts, dans un rayon peu étendu, à l'ombre pour ainsi dire du château d'Écouen, se rencontrent les églises de Luzarches, l'Isle-Adam, Maffliers, Belloy, Villiers-le-Bel, le Mesnil-Aubry, Sarcelles, Groslay et Goussainville. Bullant, comme on le suppose bien, a été le grand instigateur du mouvement, et sa main se reconnaît directement dans la belle façade de Belloy.

Le séjour de Philibert de l'Orme à Villers-Cotterets, au début du règne de Charles IX, est sans doute cause que l'on attribue à ce maître le chœur de l'église Notre-Dame, à la Ferté-Milon (Aisne). Du reste, la construction est digne d'une telle origine et la pureté des lignes ne saurait être poussée plus loin. A notre avis, la façade de l'église d'Othis (Seine-et-Marne), qui est à peu près du même temps, mérite aussi de grands éloges. L'architecte, secondé par un habile ornemaniste, est parvenu, chose rare, à faire une œuvre dont l'extrême richesse n'entraîne aucune lourdeur.

Il semblerait que, sous l'influence des deux cardinaux d'Amboise, la Renaissance, dans la vallée de la basse Seine, eût dû prendre de bonne heure possession de l'architecture religieuse. Cependant le contraire est facile à constater. Sauf la tour Saint-Éloi et quelques parties à Saint-Martin-sur-Renelle, la ville de Rouen n'a rien à nous montrer. Au dehors, dans la direction du Havre, à peu près même pénurie, car tout se borne, si l'on excepte les remaniements insignifiants de Caudebec, à une tentative de reconstruction à Jumièges (église paroissiale). Le mouvement est plus étendu sur la côte, grâce aux relations par mer avec la ville de Caen. A Valmont, Notre-Dame-de-la-Toussaint, le Bourg-Dun, Offranville, Longueville, Auffay, le nouveau style triomphe sans partage. Mais c'est surtout à Saint-Jacques de Dieppe qu'il faut aller admirer trois chapelles élevées aux frais du célèbre armateur Jean Ango, dans la manière d'Hector Sohier. Ainsi, par une tranformation hardie, les nervures gothiques de la voûte, soigneusement conservées, au lieu de recevoir directement sur leurs reins des remplissages bombés, portent, au moyen de tympans ajourés, des dalles horizontales qui constituent dans leur ensemble un véritable plafond de pierre.

A Caen, sur le flanc nord de l'église Saint-Étienne-le-Vieux, existe un porche datant des premières années du XVIe siècle, où se fait remarquer, croyons-nous, la plus ancienne application du système dont il vient d'être question. En tout cas, les belles chapelles de Saint-Pierre, dans la même ville, commencées en 1518, terminées en 1545, sont certainement postérieures, et les choses ont suivi leur cours ordinaire, c'est-à-dire que la perfection du genre se trouve assez loin du point de départ. Hector Sohier, à qui on ne saurait disputer ce chef-d'œuvre, a montré jusque dans l'arrangement des moindres parties une richesse d'imagination qui enlève tous les suffrages, et l'on comprend la nouvelle dérogation aux coutumes du moyen âge, consistant, dans le but de mieux éclairer les délicates sculptures répandues un peu partout, à priver certaines fenêtres de leurs meneaux. L'extérieur n'est pas moins élégant que l'intérieur et les pinacles à base évasée et à renflements multipliés, plantés sur les contreforts, peuvent à bon droit passer pour l'une des meilleures créations de la Renaissance.

La difficulté de trouver des dalles assez grandes pour remplacer les anciens triangles de remplissage suggéra bientôt une autre combinaison dont le plus parfait modèle se voit dans le chœur de l'église de Tillières (Eure), rebâti, de 1534 à 1546, aux frais du cardinal Jean Le Veneur. Plus de croisées d'ogives à pro-

Fig. 81. — Saint-Pierre de Caen.

prement parler, mais des nervures dédoublées à leur naissance et arrivant ainsi à former huit panneaux triangulaires autour d'un losange central. Ce dernier naturellement, à chacun de ses angles, a une clef pendante, ce qui ajoute à la richesse de l'ensemble, car le plafond continue à être entièrement couvert de sculptures et l'on ne peut lui reprocher qu'un peu d'obscurité dans la partie avoisinant les murs, par suite de la substitution, au-dessus des arcs, de maçonneries pleines aux claires-voies primitives.

Toutes les églises n'avaient pas un protecteur aussi riche que le cardinal Le Veneur, et si le système pratiqué à Tillières facilitait l'emploi des plafonds, il entraînait de grandes dépenses, vu la nécessité de ne pas laisser sans ornements des surfaces relativement considérables. On renonça donc de bonne heure à combiner deux inventions qui entraînaient certaines complications et sur la nouvelle ossature, ainsi qu'on peut le voir à Verneuil, Laigle et autres localités de la même région, vinrent reposer les voûtains d'autrefois. Mais, quel que soit le parti adopté, on retrouve invariablement des nervures à section rectangulaire dont l'intrados est richement décoré.

Pendant qu'Hector Sohier et les architectes désireux de marcher à sa suite dans une voie nouvelle créaient un mouvement singulier au centre de la Normandie, Robert Grappin, ses trois fils, Michel, Jacques et Jean Ier, son petit-fils Jean II, non seulement transformaient l'église de Gisors, à l'extrémité de la même province, mais encore au dehors, dans l'Ile-de-France, à Vétheuil, Magny, Saint-Gervais, Montjavoult, élevaient toute une série de constructions reconnaissables à leur air de famille. Et quand nous parlons ainsi, nous ne faisons pas allusion à certaine manière de pratiquer le système des voûtes plates; on ne trouve trace qu'en deux endroits, Vétheuil et Magny, de la célèbre innovation, et il semble bien évident que les Grappin ont

Fig. 82.

Chœur de Tillières.

seulement voulu se montrer par là au courant de tout ce qui se faisait autour d'eux. L'effort principal se porte sur l'extérieur, où la tendance était d'imiter le plus possible les formes antiques. Partout ce ne sont que frontons tracés suivant un segment de cercle, colonnes cannelées surmontées de chapiteaux empruntés aux trois ordres, fasces d'architraves séparées par un chapelet d'oves, triglyphes alternant avec des patères à ombilic, denticules, grecques, postes et rinceaux. Ajoutons un amour désordonné des niches, introduites souvent à contresens (portail de Magny), et sur les piédestaux, au droit des colonnes, d'élégants médaillons qui représentent non plus des personnages de fantaisie en buste, mais des scènes tirées de l'Ancien ou du Nouveau Testament.

Nous n'avons pas la prétention de signaler toutes les églises marquées du sceau de la Renaissance; celles seulement qui font partie d'un groupe, ou dont la construction peut être considérée comme l'œuvre authentique de tel ou tel architecte, méritent quelque attention. Ainsi en est-il, d'un côté, de la lanterne de l'église Saint-Pierre, à Coutances (Manche), élevée, de 1545 à 1580, sur les plans de Richard Vatin, Guillaume Le Roussel et Nicolas Saurel; de l'autre, des bas côtés de l'église Saint-Germain, à Argentan (Orne), dus aux soins de Guillaume Crété et de Thomas Olivier, qui figurent avec le titre de maîtres de l'œuvre, de 1580 à 1598.

Pas plus à la Renaissance qu'au moyen âge, le Maine n'a eu d'architecture propre. Cette province a toujours été entraînée dans l'orbite soit de l'Anjou, soit de la Normandie. Comme nouvelle preuve à l'appui, il suffit de citer les belles chapelles absidales de l'église Notre-Dame-des-Marais, à la Ferté-Bernard (Sarthe). Rien ne ressemble davantage à Saint-Pierre de Caen, et Mathurin Delaborde qui, de 1535 à 1544, fut chargé de la direction des travaux, avait certainement reçu les enseignements d'Hector Sohier. L'originalité reparaît seulement dans les meneaux des fenêtres, formés de

Fig. 83. — Voûtes de Tillières.

motifs d'architecture, ainsi que dans les balustrades où, par une exception dont nous ne connaissons pas d'autre exemple, figure toute une série de petits personnages représentant les sept jours de la semaine, le roi de France au milieu de ses pairs et les tempéraments de la médecine.

La Bretagne est un pays de pèlerinages : partant, dans la construction des églises, on s'est occupé surtout de la nécessité de grouper autour du prédicateur en renom le plus de fidèles possible. De là certaines dispositions très caractéristiques, l'absence de déambulatoire, un chœur terminé carrément, peu ou point de chapelles latérales, les trois nefs, à peu près égales en hauteur et en largeur, séparées par des colonnes de diamètre restreint, des voûtes en bardeaux richement historiées à leur base sur les sablières et les entraits. Naturellement l'extérieur correspond à l'intérieur. Comme il n'y a pas de poussées obliques à neutraliser, que tout l'édifice se trouve englobé sous un même toit, les savantes combinaisons du moyen âge sont remplacées par quelques niches et une série de gâbles au-dessus des fenêtres.

Ce qui précède ne peut donner qu'une bien faible idée de l'intérêt présenté par les églises bretonnes. Toutes sont précédées, du côté ouest, d'un svelte et élégant clocher, tandis que, sur le flanc sud, font souvent saillie un porche richement orné et une sacristie monumentale. A cela ajoutez, dans le cimetière qui est limitrophe, une chapelle funéraire, un ou plusieurs ossuaires, un calvaire, voire même une fontaine aux proportions colossales. L'esprit est véritablement ébloui quand pour la première fois il considère, comme à Saint-Thégonnec et à Sizun, à travers la triple porte en forme d'arc de triomphe qui sert d'entrée, un pareil entassement d'œuvres architecturales, sinon toujours parfaitement belles, du moins conçues dans un sentiment indéfinissable de grandeur.

Tous les monuments auxquels nous avons fait allu-

Fig. 84. — Clocher nord de la cathédrale de Tours.

sion sont situés dans la région comprise entre Landerneau et Morlaix. Les plus anciens datent du règne de Henri II, les plus modernes de celui de Louis XIII; car, si cette partie de la Bretagne a adopté tardivement les principes de la Renaissance, elle leur est demeurée attachée plus longtemps qu'ailleurs.

On pourrait croire au premier abord que, vu l'éloignement, les choses eussent dû se passer partout de la même façon ; mais il n'en est pas ainsi, et, d'une part, dans les Côtes-du-Nord, à Kerfons, à Bulat, à Guingamp, de l'autre, dans le Morbihan, à Ploërmel, à Sainte-Avoye, à Saint-Nicodème, on trouve des constructions reproduisant les gracieux motifs du temps de François Ier. Enfin, ce qui est plus digne encore d'être signalé, sur le flanc nord de la cathédrale de Vannes, une chapelle de forme circulaire, terminée en 1537, a toute sa décoration inférieure imitée du palais Farnèse. D'où il ne s'ensuit pas que nous soyons en présence d'une œuvre due à un étranger ; le fait s'explique par la fantaisie d'un chanoine, qui, retenu chaque année à Rome durant de longs mois, avait eu tout le temps d'étudier le style de San-Gallo [1].

Le célèbre Jean de Lespine, qui personnifie en quelque sorte la Renaissance dans la province d'Anjou, ne pouvait manquer de mettre la main à de nombreux édifices religieux. Mais on est allé trop loin en lui attribuant la belle chapelle de la Bourgonnière, entre Champtoceaux et Saint-Florent-le-Vieil. Il a surtout bâti des clochers (la Trinité d'Angers, Beaufort-en-Vallée, les Rosiers), où dans la disposition des ouvertures et des colonnes de l'étage principal on sent le désir de ne pas trop s'éloigner des types du moyen âge.

En Touraine également il existe de très remarquables clochers. Deux d'entre eux se font pendant à la

---

[1]. Voir, pour plus de détails, *la Renaissance en France*, t. III, p. 17-20.

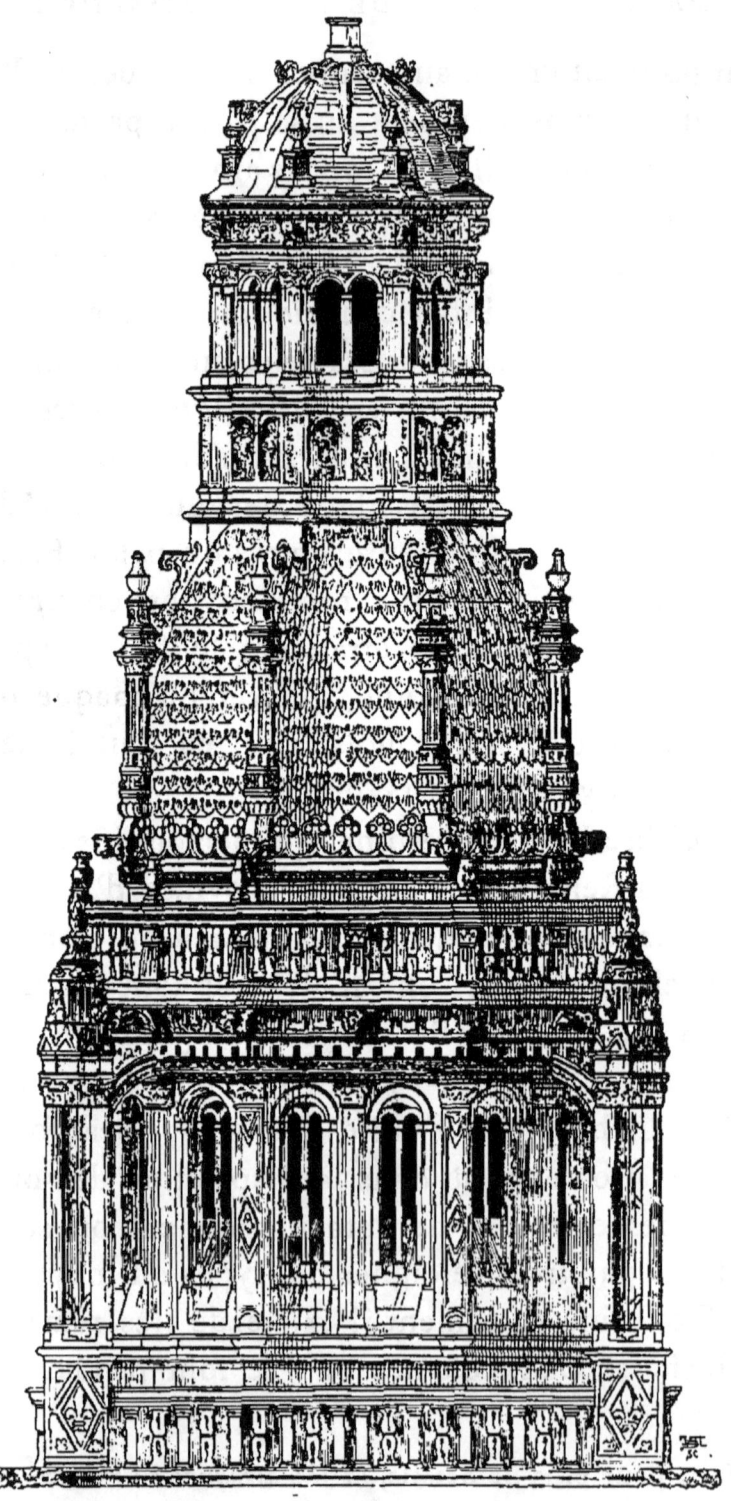

Fig. 85. — Clocher sud de la cathédrale de Tours.

façade de la cathédrale de Tours et, chose assez rare, se ressemblent beaucoup, bien que plus d'un quart de siècle les sépare l'un de l'autre. Le plus ancien, celui du nord, un peu sauvage d'aspect quand on le voit de près, a été terminé en 1507; il est l'œuvre des deux frères, Bastien et Martin François, qui, ne reculant devant aucune hardiesse, établirent à l'intérieur un escalier en spirale sur la clef d'une voûte à jour. Le second clocher, au sud, commencé seulement en 1537, ne reçut son dernier couronnement que dix ans plus tard. L'exécution ne laisse rien à désirer et il est regrettable que le nom de l'architecte demeure inconnu. Entre temps (1519-1530) s'élevait à Loches le clocher de Saint-Antoine, dont le couronnement comprend, comme pour les précédents, un étage de plan octogone surmonté d'une coupole et d'un lanternon. Cette liste s'augmente, au dehors, du clocher de Bressuire (Deux-Sèvres), achevé en 1538 par Jean Gendre et Jean Odonné, qui imitèrent jusqu'à l'escalier intérieur sur voûte ajourée.

Les églises et les chapelles bâties en Touraine durant la première moitié du xvie siècle présentent toutes une disposition caractéristique. Au centre de la façade se creuse une immense arcade qui enserre sous ses multiples archivoltes non seulement les deux baies d'entrée, mais encore les fenêtres au-dessus. C'est là, si nous ne nous trompons, un développement des portails à tympan ajouré de la cathédrale de Tours. Néanmoins la première application du système a été faite à la chapelle du château de Thouars (Deux-Sèvres), par Jean Chahureau et André Amy, de 1503 à 1515. L'église de Saint-

Marc-la-Lande, qui semble venir après, est également dans le même département. Mais la Touraine l'emporte

Fig. 86. — Portail de l'église Saint-Symphorien, à Tours.

avec la chapelle des Roches-Tranchelion (1527), celle du château d'Ussé (1522-1538), la collégiale de Montrésor (1520-1532) et l'église Saint-Symphorien, à Tours (1531). Citons pourtant encore, dans le haut Poitou, la collégiale d'Oiron (Deux-Sèvres) et l'église Saint-Pierre, à Loudun (Vienne). Cette dernière possède, du côté sud, le chef-d'œuvre du genre.

A propos de l'église de Lonzac (Charente-Inférieure), élevée aux frais de Galiot de Genouillac, grand maître de l'artillerie sous François Ier, on a évoqué le nom de Bachelier. Mais ce que nous connaissons du maître toulousain ne permet pas de souscrire à pareille opinion. Tout dans l'édifice rappelle l'architecture des bords de Loire, et, certes, il fallait être du pays où le droit de litre subsistait, pour imaginer la riche et haute frise qui, à deux mètres au-dessus du sol, épouse toutes les saillies extérieures. Galiot de Genouillac fit également construire une église près de son château d'Assier (Lot), et pour cela sans doute eut recours au même architecte, car les dispositions sont absolument semblables.

L'Angoumois et le Limousin n'ont rien produit qui vaille la peine d'être cité. Mais, en Berry, l'attention se porte sur la chapelle dite d'Anjou, à Mézières-en-Brenne; en Auvergne, sur la sainte-chapelle de Vic-le-Comte; en Périgord, sur la chapelle du château de Biron. Tous ces monuments appartiennent à la première Renaissance.

En Gascogne et autres provinces le long des Pyrénées, la pauvreté est exceptionnelle. Tout se réduit à quelques détails : le contrefort dit de Grammont à la cathédrale de Bordeaux, une chapelle à l'église Saint-Michel de la même ville, le portail sud de la cathédrale d'Auch, quelques colonnes à Lézat (Ariège), et un portail à Bagnères-de-Bigorre.

L'école de Toulouse n'était pas encore née au moment où, dans la grande capitale du Midi, furent élevés

Fig. 87. — Clef de voûte de l'église d'Oiron.

le portail de la Dalbade et l'avant-portail de Saint-Sernin. Aussi ces œuvres, qui séduisent par la délicatesse de leur ornementation, n'ont-elles aucun caractère local.

En 1562, Jean Salvanh, à la demande du cardinal

d'Armagnac, bâtit le pignon occidental de la cathédrale de Rodez. Il conçut, vers la même époque, le projet de terminer la tour sud-ouest, et par avance, dans une inscription orgueilleuse, abaissa devant son œuvre les pyramides d'Égypte. Mais le temps ne lui permit d'ajouter que quelques assises à ce qui existait déjà.

Sur les deux rives du Rhône, en Provence, en Languedoc, dans le Comtat et le Dauphiné, absence complète de monuments. Il faut remonter jusqu'à Lyon pour trouver prétexte à nous arrêter. Encore tout se borne-t-il au portail de Saint-Nizier que la tradition, non sans quelque raison, attribue à Philibert de l'Orme. Mais si le célèbre architecte a commencé les travaux, il ne les a pas terminés, et l'on ne saurait mettre à son compte le disgracieux enfoncement en demi-cercle que nous voyons aujourd'hui. Le projet primitif comportait une rotonde entière avec coupole et lanternon.

La Bourgogne, qui avait traversé des années si brillantes, au xve siècle, ne pouvait demeurer indifférente à la nouvelle évolution. De bonne heure elle eut sa part dans tout ce qui se fit de remarquable et l'un de ses artistes, Hugues Sambin, est même arrivé à une renommée peu commune. Seulement, comme pour Bachelier à Toulouse, les choses ont été singulièrement exagérées. Sambin, né aux environs de 1520, n'a pu à une date inconnue, mais évidemment trop récente puisque les deux portails latéraux étaient terminés en 1537, fournir les plans de la grande et belle façade de l'église Saint-Michel, à Dijon. Tout au plus, vers 1564, dut-il intervenir dans la construction du portail central qui, depuis l'année 1551, était resté inachevé. Le tympan et l'immense voussure en entonnoir, destinée à remplacer la série d'arcs concentriques si chers au moyen âge, seraient son œuvre, et tout à la fois nous possédons un admirable spécimen du talent du maître comme architecte et comme sculpteur. Plus tard, en 1570,

Fig. 88. — Portail de l'église Saint-Michel, à Dijon.

Sambin aurait été également appelé à continuer la tour sud, dont les deux premiers étages datent de 1541. Mais il ne put pousser bien loin les travaux qui, pour cette partie de la façade, ne furent sérieusement repris et conduits à bonne fin qu'en 1655. Nous ne parlons pas de la tour nord, achevée encore plus tard, en 1661, après avoir vu sa construction arrêtée à la hauteur du second étage, en 1557.

Saint-Michel de Dijon a une telle importance qu'il fait presque oublier ce qui l'entoure. Et pourtant une mention est bien due tout au moins au beau portail de Saint-Jean-de-Losne, à la riche chapelle greffée sur le flanc sud de l'église Notre-Dame, à Beaune (1529-1532), à la chapelle non moins riche jadis, mais aujourd'hui mutilée, qui se dresse isolément au milieu des ruines du château de Pagny. Ces divers édifices sont situés au centre de la province (Côte-d'Or); au sud (Ain et Saône-et-Loire), la Renaissance n'a pour ainsi dire pas laissé de trace, et quant au nord (Yonne), qui du reste dépendait en partie de la Champagne, s'il se mêle activement au mouvement, c'est surtout sous l'influence de ce dernier pays.

Pour épuiser le Nivernais, il suffit de citer le portail de la Maison-Dieu, le chœur de Brassy (1546-1549) et le clocher de Sully-la-Tour (1545). La Franche-Comté est encore moins riche, puisque l'on ne trouve rien en dehors du chœur de Montbenoît (Doubs), élevé, de 1520 à 1526, aux frais et par les soins de Ferry Carondelet, abbé commendataire du lieu. De même, en Lorraine, tout se borne à la construction de deux chapelles, aux angles rentrants formés par la nef et le transept de la cathédrale de Toul. La plus ancienne, au nord, commencée sous l'épiscopat de Pierre d'Ailly, vers 1530, ne fut guère terminée que dix ans plus tard. De forme carrée, elle est recouverte par un plafond orné de caissons et de rosaces. La plus moderne, au sud, date du milieu du xvie siècle. On y travaillait encore en 1549, au moment de la mort du fondateur, le chanoine Forget. Également sur plan carré, elle est voûtée en coupole avec lanternon.

Fig. 89. — Eglise Saint-André-lez-Troyes (Fichot).

Il ne reste plus à parler que de la Champagne. Le sud de cette province (Aube) et les parties voisines de la Bourgogne (Yonne), pour l'intensité du mouvement de reconstruction des édifices religieux et la franchise dans le sens des idées nouvelles, figurent au premier rang. Rien qu'à Troyes il existe encore six églises qui en tout ou en partie sont l'œuvre de la Renaissance. L'une d'elles, Saint-Nicolas, commencée en 1518, sous la direction de Gérard Faulchot, fut continuée, à partir de 1535, par le fils de ce dernier, nommé Jehan. Une autre, Saint-Pantaléon, a eu quelque temps aussi pour architectes les deux Faulchot; mais on ne sait à qui sont dus Saint-Nizier, reconstruit en 1535, la Madeleine, dont la tour fut élevée de 1531 à 1559, Saint-Remy, qui montre un portail daté de 1555, Saint-Martin-ès-Vignes, où se retrouvent les transformations opérées de 1590 à 1600.

Aux environs de Troyes les monuments sont non moins nombreux. Maîtres et ouvriers, lorsque les travaux de la ville leur laissaient quelque répit, se répandaient dans la campagne, où, par le prestige de leurs travaux déjà connus, ils décidaient sans peine les fabriques, les paroissiens, le clergé et les moines à faire quelque chose pour la décoration des églises. Avec quelle largesse les ressources matérielles furent mises à leur disposition, avec quels succès ils répondirent aux espérances qu'ils avaient fait concevoir, il est encore facile d'en juger. Si nous ne possédons plus la belle église abbatiale de Montier-la-Celle dont Gérard Faulchot commença la construction en 1517, nous pouvons toujours admirer les deux portes jumelles de Saint-André-lez-Troyes (1549), dues aux talents réunis de François Gentil et de Dominique del Barbiere dit le Florentin; les trois portes occidentales de Pont-Sainte-Marie (1553); le portail si original d'Auxon (1535-

Fig. 90. — Église d'Auxon (Fichot).

1540); des parties plus ou moins étendues à Saint-

Phal (1530), Ervy (1537-1540), Villemaur (1540-1547), Creney (1557), Laubressel (1560), etc.

Il n'est peut-être pas de région en France, où, sur un petit espace, les types soient aussi variés que dans la région troyenne. L'affranchissement souvent radical des traditions gothiques n'entraîne pas une inféodation complète à l'antiquité; les architectes demeurent eux-mêmes et savent vraiment trouver. Plusieurs églises, telles que Saint-Nicolas de Troyes, semblent défier toute classification. Les réseaux des fenêtres sont généralement composés d'éléments empruntés aux différents ordres gréco-romains, et les portes, divisées en deux baies, ne se montrent qu'enserrées sous une épaisse archivolte.

Dans le département de l'Yonne, les édifices religieux, moins originaux, moins dégagés que les précédents des procédés traditionnels, présentent en revanche un luxe d'ornementation plus soutenu. A citer en première ligne la belle chapelle du château de Fleurigny (1532), la façade de l'église Notre-Dame, à Tonnerre (1533), le chœur de Neuvy-Sautour (1540), la façade de Villeneuve-sur-Yonne (1575), œuvre de Jean Chériau, la voûte de l'église Saint-Jean, à Joigny (1596), qui porte la signature du même architecte. Puis viennent le chœur et les chapelles de Brienon-l'Archevêque (1535), l'église de Molesmes (1539), le chœur et la tour de Cravant (1550), l'église de Seignelay (1560), l'église Saint-Pierre de Tonnerre (1562 et 1590). A Saint-Florentin, des parties notables du chœur et les façades des croisillons, élevées sous Louis XIII (1611-1622), se ressentent encore pleinement de la Renaissance. Il en est de même du chœur de l'église Saint-Père, à Auxerre, achevé en 1623.

Le mouvement, si développé au centre et au sud de la Champagne (Aube et partie de l'Yonne), est au contraire à peine sensible dans le nord et l'est (Marne, Haute-Marne et Ardennes). On ne trouve guère à signaler que la grande et riche chapelle dite des Fonts ou de Sainte-Croix, à Langres (1541-1545), un portail à Épernay (1540), le chœur de l'église Saint-Jacques, à Reims (1548), et la façade malheureusement incomplète de Vouziers (1535-1540).

CHAPITRE IV

CLOÎTRES, OSSUAIRES, JUBÉS, CHAIRES, AUTELS, TOMBEAUX, ETC.

Albert Lenoir, *Statistique monumentale de Paris*. 1867. — *Archives de l'art français*. Paris, 1852-1891. — N. de Guilhermy, *Monographie de l'église royale de Saint-Denis*. Paris, 1850.

Sauval, parlant du cloître des Célestins de Paris, élevé de 1539 à 1549 sur les plans de Pierre Hamon, disait : « Les plafonds en sont ordonnés avec beaucoup d'esprit; c'est le plus beau cloître, et les architectes ne craignent pas d'assurer que c'est le meilleur morceau d'architecture de Paris. » Autant que nous en pouvons juger par des dessins, l'œuvre, en effet, était admirable, et l'on ne saurait trop regretter que la pioche des démolisseurs ait tout détruit, il y a moins de cinquante ans (1847).

Un autre cloître également remarquable, à Saint-Martin de Tours, n'a pas heureusement disparu tout entier. Il en reste encore l'aile orientale, qui permet de constater avec quelle rapidité s'était développé le talent de Bastien François. Au lieu de l'aspect un peu rude, bien que très avancé de style (1507), propre au clocher nord de la cathédrale, nous trouvons à Saint-Martin (1508-1519) tous les charmes de la décoration la plus fine et la plus élégante. Le neveu de Michel Colombe, qui était à la fois architecte et sculpteur, du côté du préau, a surmonté ses arcades de la plus délicieuse frise. En même temps, dans les écoinçons sont disposés des médaillons imités de plaquettes italiennes (David vainqueur de Goliath, par Moderno; l'Abondance et le Satyre, par Frà Antonio da Brescia). On peut seulement reprocher à ce chef-d'œuvre la trop forte saillie des contreforts qui empêche d'embrasser tout l'ensemble d'un coup d'œil.

A Fontevrault une disposition analogue se fait remarquer dans la partie du grand cloître élevée sous l'abbesse Renée de Bourbon, vers 1520. Mais tout ce qui remonte à la nièce de la précédente, Louise de Bourbon (1548-1561), présente au contraire, entre les arcades, de simples colonnes accouplées. Sans nuire aucunement à la solidité, l'architecte a cru pouvoir rompre ainsi avec la tradition gothique et entrer complètement dans l'esprit de la Renaissance.

Le petit cloître du prieuré de Saint-Sauveur, à Melun, se fait remarquer par une autre particularité. Comme à l'époque romane, les bases des colonnes accouplées, composées d'un tore aplati, sont reliées à la plinthe par une griffe.

On connaît, au moins par la gravure, les galeries

Fig. 91.

Cloître de Saint-Martin, à Tours.

qui entouraient à Paris le cimetière des Innocents. Elles remontaient au moyen âge et servaient à abriter, dans un espace réservé entre la voûte et la toiture, les ossements desséchés que la nécessité forçait d'enlever périodiquement pour faire place à de nouveaux cadavres. La Renaissance ne devait pas manquer de suivre cet exemple, ainsi que le démontrent de très importants débris existant encore à Orléans et à Blois. Mais c'est surtout à Rouen qu'il faut aller admirer les belles galeries du cimetière connu sous le nom d'*Aître Saint-Maclou* (1526-1533). Les colonnes à la séparation des arcades sont partagées, dans leur hauteur, entre des cannelures rudentées et une série de bas-reliefs figurant les différents épisodes de la célèbre danse macabre.

En Bretagne, où la piété s'exaltait facilement au souvenir des défunts, les galeries indiquées ne pouvaient suffire. Aussi rencontre-t-on dans un grand nombre de localités, près de l'église, un édifice plus ou moins élégant, disposé sur le modèle des châsses et communément appelé *reliquaire*. Partout se retrouvent le même plan barlong et la même toiture à doubles rampants appuyée sur des pignons aigus que surmontent, au lieu de fleurons, des lanternons carrés. Si la face donnant sur l'extérieur est dépourvue d'ouvertures, celle tournée vers le cimetière se divise généralement en deux zones dont la première présente une succession ininterrompue de fenêtres cintrées séparées par des pilastres, des colonnes ou des cariatides, et la seconde un égal nombre de niches destinées à recevoir les statues des Apôtres.

La belle époque des ossuaires bretons ne commence guère que dans les dernières années du xvie siècle, et, à s'en tenir aux dates certaines, voici l'ordre dans lequel ils doivent être rangés : Sizun, 1588; Pencran, 1594; la Martyre, 1629; Ploudiry, 1635; la Roche-Maurice, 1640; Guimiliau, 1648; Lampaul, 1667. Peut-être faudrait-il ajouter Saint-Thégonnec, 1677; mais l'inscription assez mal tracée qui fournit cette date semble fautive, et ce dernier monument, le plus beau de tous, pourrait bien être contemporain non de Louis XIV, mais de Henri III.

Au début du xvi° siècle, toutes les cathédrales n'avaient

Fig. 92. — Clôture de chœur, à Rodez.

pas encore vu s'élever autour de leur chœur la haute clôture qui semblait alors indispensable. On se mit donc à l'œuvre de différents côtés, mais sans uniformité dans les idées : car tandis que'à Amiens, vers 1520, quelques détails seulement font pressentir la prochaine transformation, à Chartres, sous la direction du célèbre Jean de Beauce, de 1511 à 1529, une part de plus en plus considérable était faite aux nouveaux éléments. Presque année par année, il est permis de suivre le travail accompli dans l'esprit du maître, grâce aux dates échelonnées, principalement du côté droit : 1521, 1525, 1527. A la mort de Jean de Beauce, l'ornementation était loin d'être terminée. Elle fut reprise d'abord en 1532, puis en 1542, ainsi que le constate un contrat passé avec François Marchand, sculpteur orléanais. Cet habile artiste s'engage à exécuter non pas seulement les deux « histoires de la Purification Nostre Dame et des Innocens », mais encore le « revestement d'un pillier ».

Une troisième clôture, très remarquable et complètement dans le goût de la Renaissance, fut ébauchée à Rodez en 1531. Elle n'a jamais compris plus de deux travées; l'une d'elles, que nous donnons, se voit aujourd'hui à l'entrée de la chapelle Saint-Raphaël; les débris de l'autre gisent dans les caves de l'évêché. Enfin, nous citerons pour mémoire la clôture de l'ancienne église abbatiale de la Trinité, à Vendôme, datée de 1528, et celle de l'église Saint-Remi, à Reims, qui ne remonte pas au delà des dernières années du règne de François Ier.

Une clôture de chœur était un ouvrage de longue haleine que l'on hésitait quelquefois à entreprendre; en outre, les églises seulement où le clergé était nombreux avaient besoin d'avoir ainsi un grand espace séparé du public. Mais les petites paroisses aussi bien que les cathédrales réclamaient au contraire un jubé, et cet accessoire, jugé indispensable, pouvait facilement exciter la générosité d'un riche donateur. Pour diminuer la dépense, du reste, lorsque, comme en Bretagne, on n'avait autour de soi qu'une pierre rebelle à la sculpture, le bois était généralement employé. Quel que soit l'intérêt de ce dernier genre de monuments, nous n'en parlerons pas, car il échappe à notre appréciation.

Le beau jubé de Saint-Germain-l'Auxerrois, à Paris, dû à la collaboration de Pierre Lescot et de Jean Goujon (1541-1544), n'existe plus; il en est de même de celui auquel avaient travaillé, à Saint-Père de Chartres (1540-1543), Jehan Benardeau et François Marchand; de celui élevé, par ordre du cardinal de Givry, à la cathédrale de Langres (1550-1555); de celui qui, à Saint-Étienne de Troyes, avait contribué si puissamment à la réputation de Dominique Florentin. Les seuls jubés un peu anciens qui aient échappé à la destruction se voient à Quimperlé et à Limoges. Quant à celui de Saint-Étienne-du-Mont, à Paris, œuvre de Pierre Biard, et à celui de Saint-Florentin (Yonne) que des documents mettent au compte de Jean Boullon, ils ne datent l'un et l'autre que du règne de Henri IV.

Le jubé de Limoges, qui malgré ses grandes dimensions fut terminé en deux années (1533-1535), est une œuvre des plus remarquables. On ne sait qu'admirer davantage, ou l'élégante pondération de toutes les parties, ou la fine exécution des détails. Si, au lieu d'être comme aujourd'hui plaqué à contre-jour, au revers du mur intérieur de façade, il apparaissait dans le rayonnement de l'entrée du chœur, son effet serait merveilleux, et sans doute on se refuserait, en le déplaçant, à commettre un acte de vandalisme. Le jubé de l'église Sainte-Croix, à Quimperlé (1536-1541), se trouve malheureusement aussi dans les mêmes conditions que le précédent. On ne peut que difficilement l'examiner, et la chose est très regrettable, car ses différentes parties sont composées avec un rare talent. A signaler surtout les doubles niches qui ont forcé de placer dais et culs-de-lampe dans un jour fuyant et ajouté ainsi au charme de l'ensemble.

On a parfois classé parmi les jubés la belle clôture en pierre et marbre qui, après avoir fait durant trois siècles et demi l'ornement de la chapelle de Pagny (Côte-d'Or), se voit aujourd'hui à Paris, chez M. Edmond Foulc. En réalité, il ne s'agit que d'une sorte de haut chancel, assez semblable à ceux qui font la gloire des églises de Fécamp, Troyes, Laon et Nevers. Le cardinal de Givry et son cousin l'amiral Chabot en confièrent l'exécution, semble-t-il, à quelques-uns des artistes précédemment appelés à Fleurigny (Yonne). C'est le même faire gras, abondant et ferme que l'on se plaît à signaler dans ce dernier endroit. Les dates de 1537 et de 1538, inscrites sur des cartels, se rapportent à l'achèvement de l'œuvre, qui a bien pu demander trois ou quatre ans pour être amenée à son entière perfection.

La plupart des autels, surtout dans certains pays tels que la Champagne, la Bourgogne et la Lorraine, furent renouvelés au cours du xvie siècle. On voulait sinon donner plus de richesse au tombeau qui, généralement, demeurait caché derrière des panneaux d'étoffes, au

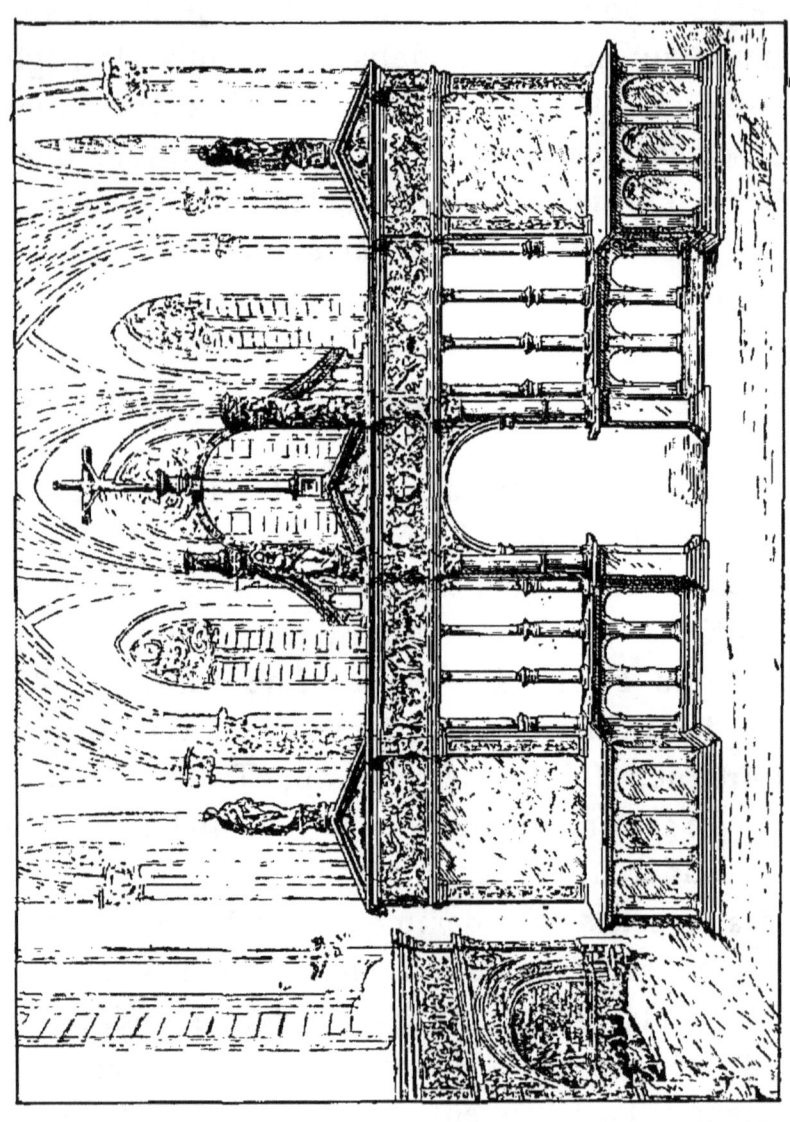

Fig. 93. — Chapelle de Pagny.

moins agrandir le retable dont la partie centrale, consacrée à quelque scène de la Passion, suivant les prescriptions liturgiques, se trouve accostée d'autres bas-reliefs inspirés de la légende du saint patron ou de quelque dévotion locale, sans compter les statues intermédiaires, les clochetons multiples et tout un ensemble d'ornements pyramidant souvent à une grande hauteur.

L'autel de Saint-Urbain de Troyes, célèbre par la collaboration de Dominique Florentin et de François Gentil, a malheureusement disparu; mais la même région possède toujours les chefs-d'œuvre, exécutés, de 1535 à 1550, dans les églises de Saint-André-lez-Troyes, Bouilly, Géraudot, l'Isle-Aumont et la Chapelle-Saint-Luc. En Lorraine, dans la vallée de la Meuse, des autels, aussi importants par les dispositions architecturales que par la perfection de la sculpture, se rencontrent à Saint-Mihiel, Hattonchâtel, Génicourt et Verdun. La Bourgogne n'est pas moins bien partagée, ainsi qu'on peut le voir à Notre-Dame de Beaune, Saint-Florentin, Septfonds, près Joigny, et Étigny, près Sens.

Dans le reste de la France l'attention se porte, au point de vue qui nous occupe, sur les cathédrales d'Auch et de Rodez, les églises de Poligny (Jura), Saint-Didier d'Avignon, Saint-Bertrand-de-Comminges (Haute-Garonne) et Oiron (Deux-Sèvres), les chapelles de Chantilly (Oise) et de la Bourgonnière (Maine-et-Loire). L'autel de Chantilly, autrefois à Écouen, est l'œuvre de Jean Goujon, qui a couvert d'admirables figures non seulement le retable, mais encore le tombeau. De même à Auch et à la Bourgonnière, par exception, la sculpture s'étend-elle à toutes les parties de l'autel. Nous devons ajouter que, dans le dernier endroit, le retable, adossé à la muraille, est spécialement disposé pour encadrer une représentation presque colossale du Saint-Voult de Lucques [1].

Les chaires ne nous arrêteront pas longtemps. Celles pour lesquelles la pierre a été préférée au bois sont peu nombreuses. Les principales se voient à Notre-Dame d'Avioth (Meuse), à Notre-Dame d'Alençon et à Saint-Thibault de Joigny. Toutes sont de la seconde moitié du règne de François Ier.

Particulièrement dans la Somme, dans l'Aube, dans l'Yonne et dans la Nièvre on trouve des fonts baptismaux de la Renaissance. Ces petits monuments, souvent d'une grande élégance et de formes variées, font honneur aux artistes qui les ont conçus et exécutés. Toutefois nous ne nous attarderons pas à faire un choix et indiquerons seulement, à cause du joli édicule qui leur sert d'abri et date de 1534, les fonts de l'église de Magny (Seine-et-Oise).

Les tombeaux élevés dans les églises, durant tout le moyen âge, ne se composaient guère que d'un massif rectangulaire plus ou moins orné à son pourtour, sur lequel était couchée la statue du défunt en costume d'apparat. Même quand, au lieu de se dresser isolément, le monument était placé sous une arcade nommée *enfeu,* au fond d'une chapelle ou le long des nefs, les dispositions ne variaient pas. Si nous ne nous trompons, Louis XI est le premier personnage qui ait été représenté à genoux sur son tombeau, et encore cette position s'explique-t-elle par la statue de la Vierge devant laquelle il est censé s'incliner. Mais sans avoir

---

1. Voir *la Renaissance en France,* t. III, p. 187-191.

ce motif à invoquer, le sculpteur italien chargé du tombeau de Charles VIII, Guido Mazzoni, plus connu sous le nom de Paganino, adopta pour l'effigie du roi le changement indiqué, et son exemple fut suivi dans un grand nombre de monuments funéraires, jusqu'au temps de Henri IV.

Un troisième arrangement, plus majestueux, ne devait pas tarder à se faire jour, sous l'influence des idées de la Renaissance qui aimait à étaler un certain savoir anatomique. Le même défunt fut représenté deux fois, d'abord nu et couché, à la partie inférieure du monument, puis à genoux devant un prie-Dieu, à la partie supérieure. Pour cela, les enfeux ne suffisant pas, tantôt on appliqua contre les hautes parois des églises un double étage d'arcades avec accompagnement de colonnes, d'entablements et de frontons, tantôt on dressa dans l'isolement du chœur ou des nefs une sorte d'édicule, flanqué de statues, décoré de bas-reliefs, laissant voir entre ses arcades ce que les documents contemporains appellent les *gisants,* tandis que le nom de *priants* est donné aux autres effigies rangées sur la plate-forme. Ces derniers tombeaux, dont l'exécution nécessitait les plus grandes dépenses, convenaient surtout aux souverains; aussi n'en trouve-t-on des spécimens qu'à Saint-Denis où, sous les voûtes de la vieille basilique, ont également pris place, à la suite de la Révolution, la plupart des chefs-d'œuvre entassés jadis dans l'église des Célestins de Paris.

Du reste, en tenant compte des divisions indiquées, voici comment sont réparties nos richesses :

1º Statues couchées sur un socle isolé du mur :

Tombeau de Charles d'Anjou, à la cathédrale du

Fig. 94. — *Autel de la cathédrale d'Auch.*

Mans (1475), dû à Francesco Laurana. Le socle a la forme d'un berceau porté sur des griffes de lion.

Tombeau de François II, duc de Bretagne, à la cathédrale de Nantes (1502-1507), œuvre capitale de Michel Colombe, qui se fit aider, d'une part, par ses neveux Guillaume Regnault et Bastien François; de l'autre, par deux Italiens longtemps ignorés, mais dont l'un se nommait, nous le savons maintenant, Jérôme de Fiésole. Ces derniers semblent avoir été seulement chargés de l'ornementation du grand massif rectangulaire, composé de niches et de médaillons superposés en deux zones de hauteur différente. Outre les deux gisants, François II et sa femme Marguerite de Foix, aux angles quatre statues debout, symbolisant les Vertus cardinales.

Tombeau des enfants de Charles VIII, à la cathédrale de Tours (1506), faussement attribué à Jean Juste. Guillaume Regnault et Jérôme de Fiésole y ont seuls travaillé sous la direction de Michel Colombe.

Tombeau de Louis d'Orléans et de Valentine de Milan, à Saint-Denis, commandé par Louis XII, à Gênes, en 1502; transporté en France en 1516. Sculpteurs : Michele d'Aria et Girolamo Viscardo, Milanais; Donato di Battista et Benedetto da Rovezzano, Florentins.

Tombeau de Louis de Blanchefort, abbé de Ferrières, près Montargis (1510).

Tombeau de Charlotte d'Albret, duchesse de Valentinois, à la Mothe-Feuilly, près la Châtre, par Martin Claustre (vers 1520). Il n'en reste plus que des débris.

Tombeau de Philippe de Montmorency, femme de Guillaume Gouffier, à Oiron, par Jean Juste (vers 1535);

Tombeau d'Artus Gouffier, également à Oiron (1539).
Tombeau de Philippe de Gueldres, femme de

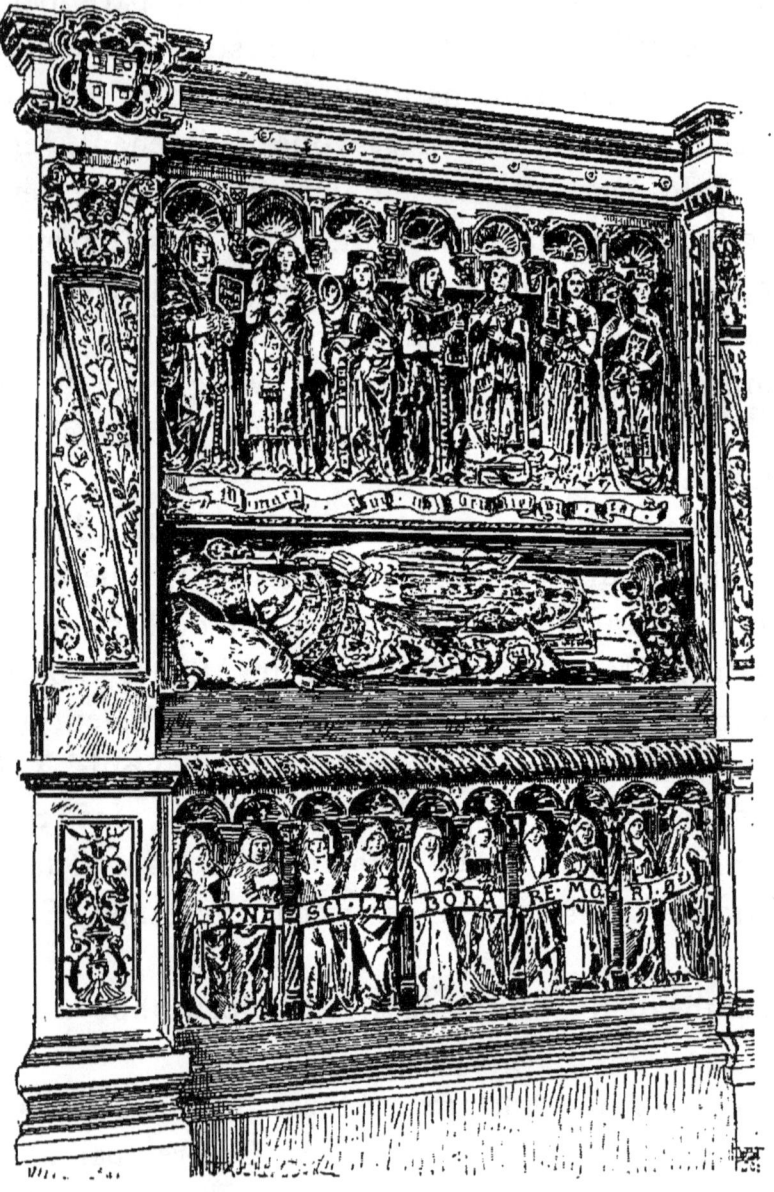

Fig. 95. — Tombeau de Hugues des Hazards, à Blénod-lez-Toul.

René II, duc de Lorraine, à Nancy, par Ligier Richier (1548).

Tombeau de Charles de Lalaing, au musée de Douai, par Georges Monoïer (1558).

2° Enfeux :

Tombeau de Thomas James, évêque de Dol, dans la cathédrale de ce nom (1505-1507), par Antoine Juste, aidé de son frère Jean.

Tombeau de Guillaume Guéguen, à la cathédrale de Nantes (1508), par Michel Colombe.

Tombeau de Hugues des Hazards, à Blénod-lez-Toul (1520), œuvre probable de Mansuy Gauvain. En arrière du gisant sont figurés les sept arts libéraux.

Tombeau de Raoul de Lannoy, à Folleville (Somme), par Antoine della Porta, sculpteur milanais (vers 1524).

Tombeau de Jean de Vienne, à Pagny-le-Château (Côte-d'Or).

Tombeau de René II, duc de Lorraine, aux Cordeliers de Nancy (vers 1520).

3° Double enfeu ou deux étages d'arcades :

Tombeau de Louis de Brézé, sénéchal de Normandie, à la cathédrale de Rouen (vers 1540). Le défunt est représenté à cheval, à la partie supérieure.

Tombeau de Guý d'Espinay, à l'église de Champeaux (Ille-et-Vilaine), par Jean II Juste (1553).

Tombeau de Claude Gouffier, à Oiron (1559), par le même.

4° Défunts figurés à genoux ou à demi couchés et

appuyés sur leur coude, dans un grand déploiement d'architecture appliquée contre la muraille :

Tombeau de Georges d'Amboise, à la cathédrale de Rouen (1520-1525), œuvre de Roland Leroux, aidé

Fig. 96. — Tombeau de François Ier, à Saint-Denis.

des sculpteurs Pierre Desobaulx, Regnaud Therouyn et André Le Flament.

Tombeau de Guillaume du Bellay, seigneur de Langey, à la cathédrale du Mans (1544-1550).

Tombeau de Jean de Langeac, à la cathédrale de Limoges (1544), attribué à Jacques d'Angoulême.

Tombeau du cardinal Briçonnet, à la cathédrale de Narbonne.

5º Statue agenouillée au sommet d'une colonne :

Tombeau du cardinal Louis de Bourbon, à Saint-Denis (1536), par Jacques Valleroy.

6º Vases destinés à recevoir le cœur d'un prince, placés également au sommet d'une colonne ou sur un haut piédestal :

Monument du cœur de François Ier, à Saint-Denis (1549), chef-d'œuvre de Pierre Bontemps.

Monument du cœur de François II (*id.*), par Jean Picart, aidé de Jérôme della Robbia (1562).

Monument du cœur de Henri III (*id.*), faussement attribué à Barthélemy Prieur et non moins faussement daté de 1594. Il fut exécuté par Jean Pageot, de 1633 à 1635, à la demande du duc d'Épernon.

7º Grands monuments de Saint-Denis :

Tombeau de Louis XII (1516-1532). La partie ornementale, achevée en 1519, est l'œuvre d'Antoine Juste; les gisants et les priants, celle de Jean Juste ; les Apôtres dans les entre-colonnements et les Vertus aux angles, celle de Juste de Juste, fils d'Antoine et neveu de Jean.

Tombeau de François Ier (1549-1559) : architecture par Philibert de l'Orme. Les bas-reliefs au pourtour inférieur, les gisants et les priants — ces derniers au nombre de cinq — sont de la main de Pierre Bontemps, aidé au début par François Marchand. Quant aux bas-reliefs de la voûte en berceau, au-dessus des gisants, des documents en font honneur à Jacques Chanterel, Ambroise Perret, Germain Pilon et Ponce Jacquiau.

Tombeau de Henri II (1560-1568) : architecture par Pierre Lescot. Les deux gisants en marbre et les deux priants en bronze sont de Germain Pilon ; les figures de Vertus, aux angles, de Ponce Jacquiau ; les bas-reliefs, au pourtour inférieur, de Frémyn Roussel et de Laurent Regnauldin.

Les grands tombeaux de Saint-Denis, particulièrement celui de François Ier, ne craignent pas la comparaison avec ce qui a été exécuté de plus beau dans le même genre soit en Italie, soit ailleurs. Ils suffiraient à eux seuls pour placer bien haut l'art de la Renaissance de ce côté des Alpes.

LIVRE III

LA RENAISSANCE HORS DE FRANCE ET D'ITALIE

CHAPITRE PREMIER

EMPIRE GERMANIQUE, HONGRIE, POLOGNE ET SUISSE

Geschichte der Renaissance in Deutschland, von Wilhelm Lübke. Stuttgart, Ebner und Seubert, 1882. — *Motive der deutschen Architectur*, von Lambert und Stalh. Stuttgart, Engelhom, 1890.

L'Allemagne, bien qu'étrangère à la création du style gothique, dont l'emploi chez elle fut même assez tardif (1220-1250), en était arrivée, au xve siècle, à priser par-dessus tout une forme architecturale qui convenait admirablement à son climat, à ses matériaux et à ses tendances. Les monuments alors construits dans la plupart des villes justifiaient assez, du reste, cette préférence. Presque tous sont remarquables à quelque point de vue, et l'on comprend qu'un art si savamment pratiqué ait pu passer à la longue pour national. Mais l'Allemagne ne se borna pas à agir dans les limites de ses divers États; c'est elle qui se fit la principale introductrice du gothique en Italie. La chose lui fut facilitée évidemment par la fréquence des relations entre les deux pays. Durant tout le moyen âge, au milieu d'interminables luttes, d'un côté, pour la conquête, de l'autre, pour l'indépendance, il y eut échange d'idées, pénétration de sentiments. Plus qu'ailleurs, le terrain était tout préparé, et la Renaissance, semble-t-il, ne pouvait manquer de trouver en Allemagne un accueil empressé. Cependant le contraire arriva. La transmission se fit lentement et sans suite ; aucune école, à proprement parler, ne fut créée ; mais, çà et là, apparurent des types isolés qui, sauf les cas où l'importation est directe, manquent autant de grâce que de puissance. Comme aux époques précédentes, l'entente des proportions, la verve, la souplesse sont souvent remplacées par un certain pittoresque, une véritable exubérance de détails.

Ce que nous venons de dire ne s'applique pas à la partie orientale de l'Allemagne, aux trois ou quatre provinces qui dépendent de l'empire austro-hongrois. Là, soit que les traditions aient été moins fortement enracinées, soit que les architectes venus en plus grand nombre du dehors aient trouvé plus de facilité pour faire exécuter leurs œuvres, non seulement la Renaissance apparaît de bonne heure, mais encore ses caractères sont d'ordinaire essentiellement italiens.

En France, nous l'avons vu, les constructions civiles tiennent le premier rang. Il en est de même dans toute l'Allemagne, où, à part de rares et peu brillantes exceptions, l'art religieux n'a suivi le mouvement que vers 1575.

Le château de Mahrisch-Trübau, en Moravie, dont la construction fut entreprise en 1492, sur l'ordre du comte Ladislas Boscovic, semble avoir inauguré la Renaissance dans les provinces autrichiennes. Le portail élevé à cette date, d'une composition naïvement riche, est déjà dégagé de toute attache avec le gothique. En Hongrie, s'il ne reste rien des travaux, purement décoratifs sans doute, confiés durant le xv siècle, par Mathias Corvin et ses magnats, à des maîtres florentins de célébrité différente, tels que Benedetto da Majano, Pellegrino di Fermo, Ammanatini, dit le *gras menuisier*, Cimenti, Camicia, Baccio et Francesco Cellini, on peut toujours voir, sur le flanc nord de l'église métropolitaine de Gran, une chapelle en croix grecque, datée de 1506, qui transporte l'esprit du visiteur dans la Florence des premiers Médicis. Le tombeau du fondateur, le cardinal-primat Thomas Bahocz, et très probablement la chapelle elle-même, sont dus à Andrea Ferruccio da Fiesole. En 1512, un autre Italien, dont le prénom, Francesco, est seul connu, remaniait le château de Cracovie, et, trois ans plus tard, Bartolomeo da Firenze, ajoutait à la cathédrale voisine l'importante chapelle des Jagellons. Cet oratoire, surmonté d'un dôme éclairé par des œils-de-bœuf comme celui de Sainte-Marie-des-Fleurs, renferme les tombeaux des rois de Pologne.

A Vienne, l'influence italienne, particulièrement l'influence vénitienne, déjà sensible à la fin du xv siècle, domine absolument, dès l'année 1515, dans le portail si caractéristique de la chapelle Saint-Sauveur, terminé par un arc plein cintre sous lequel s'abritent les figures à mi-corps du Christ et de la Vierge. Et, durant

Fig. 97. — Cour d'une maison, à Vienne (Lübke).

longues années, les choses ne subirent guère de changement, ainsi qu'en témoignent la porte de la caserne d'artillerie à Wiener-Neustadt, achevée en 1524; la porte du Palais impérial, seul reste de l'immense construction élevée en 1552, par ordre de Ferdinand Ier, sur les plans de Jacopo et Antonio da Spazio; le palais destiné à l'héritier de la couronne, le prince Maximilien, dû aux mêmes architectes. Ce dernier édifice, connu sous le nom de Stallburg, a sa cour entourée d'un triple étage de galeries, et pareille disposition eut une telle fortune qu'on la trouve partout répétée. Quelquefois le nombre des galeries est porté à quatre, comme dans certaines habitations de Vienne et de Nuremberg. Il arrive également, mais par exception, que les arcades du premier étage sont moitié moins larges que celles du rez-de-chaussée. A citer, sous ce rapport, les trois façades intérieures du beau château de Schalaburg, près de la célèbre abbaye de Mölk, sur les bords du Danube (1530-1601).

En Bohême, Prague présente un édifice qui rappelle, par sa physionomie extérieure, la célèbre basilique de Vicence. Nous voulons parler du Belvédère, sorte de casino bâti par l'archiduc Ferdinand, frère de Charles-Quint, au moment de la prise de possession du pays par la maison d'Autriche. L'architecte fut Paolo della Stella, aidé de Giovanni da Spazio et de Zoan Maria. Du centre d'un immense portique, ne comprenant pas moins de treize arcades sur les longs côtés et cinq sur les petits, émerge le premier étage du noyau central, surmonté d'un toit à l'impériale. Au rez-de-chaussée, trois pièces seulement, dont l'une réservée à l'escalier.

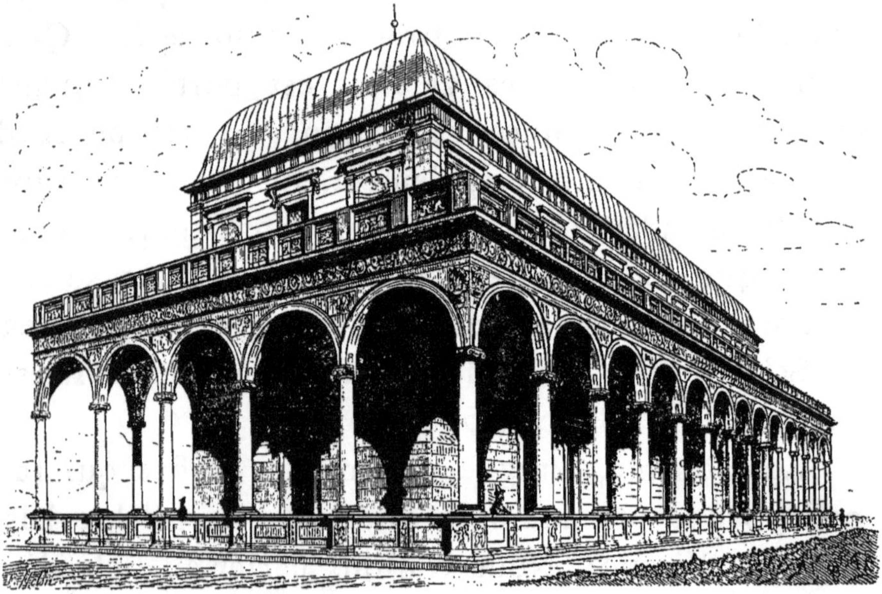

Fig. 98. — Prague. Le Belvédère (Lübke).

Sous la direction des trois architectes indiqués se forma toute une école d'artistes du pays, qui, de 1540 à 1630, s'efforça de continuer les bonnes traditions italiennes. Cette tâche, du reste, fut rendue plus facile par l'arrivée presque ininterrompue de nouveaux maîtres milanais ou vénitiens. L'un d'eux, Giovanni Marini, construisit, pour le célèbre héros de la guerre de Trente ans, Wallenstein, un somptueux palais (1621-1629), qui est encore une des curiosités de Prague. On admire surtout, et avec raison, un élégant portique imité de la loggia de' Lanzi, à Florence. Un peu auparavant (1614), Scamozzi, appelé par l'empereur, avait travaillé au palais du Hradschin.

A Gratz, en Styrie, l'hôtel où se réunit la Diète (1557), avec sa belle cour à triple rang d'arcades, s'il n'est pas dû à un Italien, subit assurément l'influence des monuments de Venise et de Vérone. On peut en dire autant du château de Hollenegg (1573-1575), situé dans le voisinage. Quant au mausolée de l'archiduc Charles II, à Seckau (1588), nous savons qu'il est l'œuvre, au moins pour une partie, d'un maître dont l'origine étrangère n'est pas contestable, Teodoro Gisio.

Le château des princes Porzia, à Spital, en Carinthie (1530-1537), est une élégante construction dans le goût d'Alberti, mais probablement due à un admirateur vénitien du maître. La même province possède, à Hochosterwitz, non plus un palais italien, mais une véritable forteresse à la San-Micheli (1575). Les artistes locaux ne se sont distingués qu'à Villach, où, dans la cathédrale, Ulrich Vogelsang a taillé dans le marbre rouge le superbe tombeau de Georges de Khevenhiller et de sa famille (1580).

Le Tyrol, qui touche à l'Italie, aurait dû, semble-t-il, être initié de bonne heure au mouvement de la Renaissance. Cependant nous ne voyons rien dans la province qui soit antérieur à 1510. Alors seulement s'élèvent, à Trente, la Casa Monti, la Casa Geremia, le palais Tabarelli, ce dernier florentin, alors que les deux premières se rattachent plutôt à l'école vénitienne. Le prince-évêque, Bernard de Cles, chargea, en 1531, un Mantouan, Francesco Zaffrani, de lui bâtir, dans sa ville épiscopale, un nouveau château. C'est le même prélat qui fit construire l'église Sainte-Marie-Majeure, désignée, en 1546, pour servir de lieu de réunion aux pères du célèbre concile. A l'imitation de ce qui se voit en Lombardie, beaucoup de maisons, à Trente, sont ornées extérieurement de sujets peints. Parmi les artistes qui se livrèrent à un genre de décoration en apparence si peu résistant, il faut citer : Pordenone, Brusacorsi, Dosso et Fogolino.

Dans l'Allemagne proprement dite et la Suisse du Nord, on trouve également des façades revêtues de peintures. Mais à cela ne se borne pas l'effort des artistes qui, avant tout autre mode de procéder, veulent populariser la Renaissance à l'aide du pinceau. Comme Jean Foucquet chez nous, un demi-siècle auparavant, ils mettent en évidence, dans leurs compositions, ordres antiques, frontons et arabesques. A la tête de ces novateurs figuraient surtout les chefs de l'école d'Augsbourg, Burgkmair (1472-1531) et Holbein le Vieux (1450-1524). A Nuremberg, Albert Dürer (1471-1528), ami de Burgkmair, entra aussi dans le mouvement, auquel il imprima, grâce à son génie, la plus heureuse direction. Tout le monde connaît les quatre-vingt-douze gravures du *Char de Maximilien,* datées de 1518. C'est un souvenir des fêtes offertes à l'empereur, trois ans auparavant, par la ville de Nuremberg. Dürer ne se chargea pas seulement d'organiser le cortège, il éleva encore en peu de jours un arc de triomphe qui, momentanément, fit revivre aux yeux des visiteurs les plus beaux restes de l'antiquité.

Quoi qu'il en soit de tout ce qui précède, on ne trouve guère de constructions élevées dans le nouveau style, avant l'année 1525. Alors seulement, noblesse, clergé, bourgeoisie, convertis à la Renaissance, rivalisent de zèle. Une ère brillante commence, mais pour être bientôt arrêtée par les luttes de Charles-Quint contre les Réformés et la guerre des Paysans. Durant plusieurs années, l'état de trouble du pays ne permit pas de songer à autre chose qu'à défendre sa vie. Et il en fut ainsi jusqu'en 1555, époque à laquelle les partis en présence signèrent la paix d'Augsbourg. Presque tous les monuments que l'on peut étudier appartiennent donc à la seconde moitié du xvie siècle ou aux premières années du xviie, car la nouvelle période d'activité ne fut entravée que par la guerre de Trente ans (1618-1648).

Comme on doit s'y attendre, le pays étant en majeure partie devenu protestant, l'architecture civile prit un bien plus grand développement que l'architecture religieuse. En outre, l'empressement que la plupart des maîtres maçons mirent à suivre le mouvement ne laissa pas d'imprimer aux constructions un caractère tout local. C'est ce que font voir, par exemple, les plans heureusement conservés du casino (Lusthaus) élevé à

Fig. 99. — Hôtel de ville de Lemgo (Lübke).

Stuttgart vers 1575. Si l'architecte a cru devoir intérieurement adopter les mêmes dispositions qu'au célèbre Belvédère de Prague, à l'extérieur, il ne craint pas de renforcer ses angles par des tours, d'appliquer sur chacun des longs côtés des escaliers à deux rampes opposées, de couper les fenêtres par des croix de pierre, de dresser à chaque extrémité un haut pignon à rampants déchiquetés.

Les caractères que nous venons d'indiquer se retrouvent dans les constructions aussi bien publiques que privées. Jusqu'au dernier instant, les Allemands ont conservé l'habitude de faire saillir, soit aux angles, soit au milieu de la façade, une tourelle ou un avant-corps. Ces accessoires, qui ne partent pas toujours de fond, mais reposent sur un encorbellement, sont percés de nombreuses fenêtres, chargées de bas-reliefs. Au lieu de continuer les lignes principales, ils les coupent parfois d'une manière assez gauche. En outre, quand à l'intérieur existe un escalier, toutes les ouvertures sont rampantes, ce qui n'aurait pas lieu si la spirale était suffisamment accusée au dehors.

Il n'y a pas d'édifice véritablement allemand sans grands pignons étagés, découpés en courbes et contre-courbes, en gradins, en pinacles. Les uns couronnent les façades, d'autres les murs latéraux. C'est encore à eux que l'on a recours pour remplacer les lucarnes. Mais simple amortissement ou pure addition introduite pour le coup d'œil, le pignon englobe le plus souvent trois ou quatre rangs d'ouvertures de haut en bas, dix ou douze de gauche à droite. La grande largeur d'une façade n'est pas un obstacle à l'emploi de la décoration favorite. Parfois même, ainsi qu'on le voit à la célèbre maison dite des Brasseurs, à Hildesheim, le pignon, au moyen d'une succession d'encorbellements, déborde considérablement sur les étages inférieurs.

Les fenêtres à croix de pierre ne sont pas inconnues, mais on préfère, comme au siècle précédent, multiplier les meneaux dans le sens horizontal. Le couronnement ordinaire est le linteau, quelquefois surmonté d'un fronton ou de tout autre amortissement. Lorsque les baies sont au nombre de trois, comme dans plusieurs édifices de la Suisse et de l'Alsace, celle du centre dépasse légèrement en hauteur les deux autres.

Les escaliers extérieurs, abrités sous un immense auvent, conviennent aux édifices dont les pièces principales sont au premier étage. L'un des plus remarquables est celui de

Fig. 100. — Maison à Leipzig (Lübke).

l'hôtel de ville de Mulhouse. Également tout le long

de la façade, au rez-de-chaussée, règne d'ordinaire une galerie de cloître. L'absence de ces deux derniers caractères établit seule une différence entre les monuments publics et les simples maisons.

Nous ne pouvons donner la liste de tous les hôtels de ville qui méritent d'être signalés. Les suivants, dont la construction s'échelonne sur plus de quatre-vingts ans, si on avait le loisir de les examiner successivement, fourniraient la plus fidèle idée des transformations de l'architecture allemande au temps de la Renaissance : Görlitz, 1537; Posen, 1550; Altenbourg, 1562-1564; Cologne, 1569; Schweinfurt, 1570; Rothenbourg, 1572; Emden, 1574-1576; Lemgo, 1589; Neisse, 1604; Brême, 1612; Paderborn, 1612-1616; Nuremberg, 1613-1619; Augsbourg, 1616-1620.

A côté des hôtels de ville figurent les arsenaux, car chaque ville était alors préoccupée de sa propre défense. Le plus important, celui de Dantzig (1605), bâti en briques et pierre, tient de la Hollande autant que de l'Allemagne. Celui d'Augsbourg, au contraire (même date), s'inspire de l'architecture pratiquée en Italie par les Jésuites. On dirait, à voir sa façade, que l'on a affaire à une église.

Les habitations particulières ont échappé en grand nombre aux transformations modernes. A Hildesheim, Nuremberg, Schaffhouse, on trouve des rues entières qui sont demeurées intactes. Nous nous bornerons donc à citer quelques spécimens tout à fait hors ligne, comme la maison de la Neisstrasse, à Görlitz, 1571; la maison des Princes, à Leipzig, 1575; la maison Topler, à Nuremberg, 1590; la maison Wedekind, à Hildesheim, 1598; la maison Peller, encore à Nuremberg, 1605; la maison des Poissonniers, à Erfurt, 1607; la maison Kranz, à Hambourg, 1610.

Quelques princes, comtes, ducs ou margraves avaient, à l'intérieur des villes, de vastes résidences qu'ils s'empressèrent de rendre moins moroses, aussitôt que la chose fut possible. Seulement, comme pour éviter des frais et peut-être, par suite, d'autres difficultés, les nouvelles constructions s'élevèrent généralement sur les anciennes fondations, les plans sont loin d'être réguliers. Il y a des cours de toutes les formes que séparent des corps de bâtiments dans toutes les directions. Le style varie naturellement suivant les influences subies, et celles-ci sont assez nombreuses. Nous citerons par ordre de dates : le château de Mergentheim, dans le Wurtemberg (1524), superbe escalier tournant autour d'un noyau creux; le château de Torgau, entre Berlin et Dresde (1532-1544), et celui de Dessau, dans la principauté d'Anhalt (1533), l'un et l'autre dans le goût de la première Renaissance française; le château de Landshut, en Bavière (1536-1543), œuvre de maîtres italiens formés à l'école de Jules Romain; le château de Trausnitz, tout à côté du précédent, mais dans le style allemand (1529-1578); le château royal de Dresde (1549), où l'influence française se fait sentir; le château-vieux, à Stuttgart (1553-1578); le château de Bernbourg (1565); la résidence de Munich (1578-1616), à laquelle travaillèrent successivement Peter Candid, Heinrich Schön et Hans Reisenstuel.

Le château de Heidelberg, sur les bords du Neckar, dans le Palatinat, mérite une mention à part. Sa situation au sommet d'une colline est merveilleuse, et l'on ne saurait trouver ailleurs un ensemble de constructions plus riches et plus majestueuses, sinon d'un dessin toujours parfaitement pur. Les parties qui nous intéressent, c'est-à-dire l'aile du nord et celle de l'est, ont été construites assez rapidement par les princes électeurs, Frédéric II et Othon-Henri (1544-1559). Trois architectes eurent la direction de l'œuvre : Jacob Haidern, Gaspard Fischer et Jacob Leyder. Les deux derniers, dont les noms se trouvent réunis dans une pièce d'archives, succédèrent au premier on ne sait trop à quelle date. La sculpture, qui tient une si grande place dans la longue façade dite d'Othon-Henri, est due, au moins pour les cariatides des fenêtres et les statues placées dans trois étages de niches, à un habile artiste de Malines, Alexandre Colins. Enfin, c'est un nommé Anthony, dont la nationalité n'est pas bien définie, qui a présidé, paraît-il, à l'exubérante décoration de la porte principale.

En dehors des villes, il ne faut pas oublier quelques grandes habitations seigneuriales qui, la plupart du temps, ne sont que d'anciennes forteresses reconstruites ou remaniées. Le château de Gottesau, près Carlsruhe (1553-1588), fait peut-être seul exception. Aussi son plan, figurant un vaste parallélogramme flanqué de six tours, est-il d'une régularité qui ne laisse rien à désirer. Quant à l'ordonnance composée de pilastres toscans, entre lesquels sont bandés à chaque étage des arcs en anse de panier servant à abriter une double fenêtre à fronton, elle semble imitée de la manière de Pierre Chambiges.

Les autres châteaux remarquables sont : Celle, dans le Hanovre (1532-1546), malheureusement mutilé à différentes époques sous prétexte d'agrandissement; Güstrow, dans le grand-duché de Mecklembourg-Schwérin (1558-1565), œuvre un peu froide, mais correcte et pondérée, due à l'architecte François Parr; Oels, en Prusse (1559-1562), qui se recommande de Gaspard Khune; Heiligenberg, près Constance (1569-1587), où l'influence italienne, particulièrement celle d'Alessi, se manifeste dans l'ensemble et les détails; Hämelschenbourg, en Saxe (1588-1612), qui rappelle étroitement l'architecture des bords de la Baltique.

Comme nous l'avons dit plus haut, l'architecture religieuse fut à peu près nulle. Les pays devenus protestants se contentèrent généralement des anciennes églises, et ceux demeurés catholiques n'eurent guère le loisir de songer à de nouvelles constructions. A citer seulement comme présentant quelque caractère : le clocher de l'église Saint-Kilian, à Heilbronn (1513-1529), œuvre de Hans Schweiner, qui, tout en se montrant dans les détails fervent disciple de la Renaissance, a cherché évidemment à reproduire la silhouette de la tour occidentale du dôme de Mayence; la chapelle du château de Wilhelmsbourg, à Schmalkalde (1590), type d'édifice luthérien, presque aussi large que long, — 40 pieds sur 50, — dont la nef est pourtournée sur trois côtés d'un double étage de galeries; l'église Notre-Dame, à Wolfenbüttel (1604), où l'architecte Paul Francke a montré beaucoup d'art dans la composition de la porte et des fenêtres; l'église de Hanau, dans la

Hesse électorale (1610), dite la grande église double, à cause des deux polygones placés bout à bout qui constituent son plan.

Le nombre des églises catholiques, par suite de la Réforme, se trouvant très diminué en Allemagne, et, d'autre part, les ressources manquant aux populations demeurées fidèles au pape, il n'est pas étonnant que le mobilier liturgique ait subi peu de changements durant le xvie siècle. On ne voit pas, comme en Belgique, se renouveler tout à la fois jubés, retables et tabernacles. Cependant c'est bien dans la première catégorie qu'il faut ranger jusqu'à un certain point la magnifique clôture élevée, en 1546, à l'entrée du chœur de la cathédrale de Hildesheim. La partie supérieure, découpée en une série de frontons, fait surtout le plus grand honneur aux maîtres choisis par le généreux donateur, Arnold Freitag.

A défaut d'autres décorations intérieures, les églises tant catholiques que protestantes peuvent montrer un grand nombre de tombeaux. Le plus célèbre de tous, celui de saint Sébald, à Nuremberg, œuvre de Pierre Vischer (1506-1519), n'est qu'une sorte de cage en bronze dont les fines et brunes colonnettes font admirablement valoir la châsse placée à l'intérieur. Bien que ses dimensions soient considérables — 5 mètres de haut, $2^m,85$ de long, $1^m,55$ de large, — il doit être considéré comme une pièce d'orfèvrerie plutôt que comme un monument d'architecture.

Au contraire, c'est tout à fait à la dernière catégorie qu'appartient le grand et magnifique tombeau élevé, à Jever, tout près de la mer du Nord, par la piété filiale de Maria Wiemken (1561-1564). A proprement parler, en effet, le sarcophage disparaît au milieu d'un vaste octogone ouvert, sur chacun de ses côtés, par deux étages d'arcades. Les plus basses, très profondes, forment déambulatoire ou promenoir couvert, et les plus hautes, de deux en deux, sont surmontées de gâbles richement ornés. Sauf au pourtour extérieur, où d'élégantes colonnes se dressent isolément, partout, à chaque angle, devant les pilastres, sont disposées des cariatides. Si nous ne nous trompons, l'œuvre entière, qui est d'une grande originalité, appartient à l'école voisine des Pays-Bas.

D'autres tombeaux occupent également une place d'honneur au milieu de la grande nef, mais aucun édicule ne s'élève au-dessus du massif rectangulaire qui reçoit les gisants. Sous ce rapport, les rois de Bohême eux-mêmes, dans le mausolée commandé par l'empereur Rodolphe II à Alexandre Colins et destiné à la cathédrale de Prague, ont été moins bien partagés qu'un simple chevalier.

Nous ne parlerions pas des tombeaux appliqués contre la muraille, qui sont naturellement les plus nombreux, si l'un d'eux, à Breslau, ne présentait des dispositions toutes particulières. La statue à demi couchée du défunt, Henri Rybisch, au lieu d'être placée à la hauteur de l'œil, se trouve juchée sur un second stylobate en arrière de deux arcades cintrées qui la maintiennent dans l'ombre. Évidemment, l'œuvre a été conçue par un ornemaniste italien, désireux de se faire la meilleure part.

En Suisse et en Allemagne, on trouve un peu partout d'élégantes fontaines. Les types sont assez variés, mais celui qui domine consiste en une colonne plus ou moins ornée, émergeant d'un bassin octogone et portant sur son chapiteau, soit un lion tenant un écusson, comme à Gmund, soit un joueur de cornemuse, comme à Bâle, soit un mangeur d'enfants, comme à Berne. Par une curieuse fantaisie, à Rottweil, dans le Wurtemberg, la colonne fait place à une superposition de lanternons, donnant assez l'apparence des tabernacles que l'on voit dans certaines églises, particulièrement à Nuremberg. Enfin, nous ne pouvons manquer de signaler, à Augsbourg, la fontaine dite d'Auguste (1593), composée d'un grand nombre de statues groupées à la manière de Jean de Bologne.

CHAPITRE II

BELGIQUE, HOLLANDE, DANEMARK, SUÈDE, NORVÈGE, ANGLETERRE

Schayes, *Histoire de l'architecture en Belgique*, t. II, 1850. — Dr Georg Galland, *Geschichte der holländischen Baukunst und Bildnerei im Zeitalter der Renaissance*. 1 vol. gr. in-8°. Frankfurt, 1890.

Les provinces connues aujourd'hui sous le nom de Belgique, — Flandres, Hainaut, Brabant et pays de Liège, — durant les XIVe et XVe siècles, s'étaient élevées à un état de prospérité dont nous avons peine à nous faire idée. Principalement les villes en communication avec la mer, comme Bruges et Anvers, regorgeaient de richesses. Elles faisaient partie de la ligue hanséatique et sur leurs quais ou *damme* on ne cessait d'embarquer et de débarquer des marchandises. La domination des ducs de Bourgogne (1430-1477) développa encore cet état de choses, et Gand, par exemple, qui, en dépit de sa demi-indépendance, servait de temps en temps de résidence à une cour somptueuse, en arriva à prendre le pas sur toutes les cités environnantes.

Les arts marchaient de pair avec le commerce, et il est inutile de rappeler ici quel éclat jeta alors la peinture sous des maîtres tels que Hubert et Jean van Eyck, Rogier van der Weyden, van der Goes, Stuerbout, Memling et Quantin Massys. La campagne en faveur d'une recherche plus grande de la réalité, d'une imitation plus étroite de la nature, précédemment commencée par les œuvres de sculpture, fut continuée avec succès, et une partie de l'Europe de plus en plus subit l'influence des pays flamands. Mais cette suprématie comme toujours, devait avoir à la longue de fâcheuses conséquences. Elle contribua à fermer les yeux des nouveaux venus aux progrès qui s'accomplissaient ailleurs, de sorte que la fin du xve siècle arriva sans que l'on songeât à s'orienter d'une manière différente.

La meilleure preuve de ce que nous avançons serait fournie au besoin par les tombeaux de Brou, œuvre des deux frères Conrad et Thomas Meyt, car évidemment Marguerite d'Autriche, après rupture des négociations entamées avec Michel Colombe, ne s'était pas bornée à choisir au hasard parmi les artistes sous sa main. Il en avait été de même quelques années auparavant, lors des premiers travaux exécutés à son palais de Malines par Rombaut Keldermans. Toutefois, on aurait tort de croire, d'après cela, à une complète résignation de la part de la princesse, qui, étrangère au pays, ne demandait pas mieux que de sortir de l'ornière. Elle le fit bien voir en 1517, quand, ayant mandé de la Bresse qu'elle tenait en héritage de son mari Philibert II, duc de Savoie, un architecte nommé Guyot de Beaugrant, Keldermans reçut ordre de s'associer le nouveau venu pour la continuation du palais commencé. Bien que timidement, la Renaissance se trouva ainsi inaugurée par un Français dont le talent n'avait rien de très original et qui, du reste, par quelques concessions aux habitudes locales, semblait désireux de se faire pardonner sa hardiesse.

Guyot de Beaugrant ne devait pas s'en tenir à ce premier essai. C'est lui encore qui, de 1528 à 1529, dressa les plans et exécuta en grande partie la célèbre cheminée de la Chambre échevinale, dite cheminée du Franc, à Bruges. Lancelot-Blondeel, dont le nom chez nos voisins est souvent seul mis en avant, en sa qualité de peintre, n'a coopéré à l'œuvre que par l'apport de quelques dessins.

L'élan était donné, et il semble que de tous côtés eussent dû s'élever des monuments dans le nouveau style. Cependant les choses se passent différemment, et l'architecture civile, pas plus que l'architecture religieuse, ne se montre pressée de changer sa manière. L'hôtel de ville de Gand (1518-1533) est tout entier bâti dans le gothique fleuri que Louis van Boghen, quelques années auparavant, avait transporté à Brou. Rombaut Keldermans, qui, avec Dominique van Waghemakere, en dirigea la construction, a voulu se venger, croirait-on, des concessions qui lui avaient été imposées à Malines. L'hôtel de ville d'Audenarde, œuvre de Henri van Peede et Guillaume de Ronde (1525-1535), se trouve dans les mêmes conditions. C'est seulement à l'intérieur, que Paul van der Schelden, chargé de sculpter un tambour de porte (1531), a cru devoir rompre avec les anciens errements et nous a donné, il faut l'avouer, un admirable spécimen de son talent.

Fig. 101. — Hôtel du Saumon, à Malines.

Nous ne savons pas quel est le nom de l'architecte qui, de 1530 à 1534, a bâti, à Malines, l'hôtel du Saumon, et la chose est très regrettable, car la Renaissance s'y montre franchement accusée dans une façade en pierre de taille, relevée de colonnes et de frontons. Il en est à peu près de même, à Bruges, dans la construction connue sous le nom de l'*Ancien Greffe,* que Chrétien Sixdeniers fut chargé d'élever sur les plans de Jean Wallot (1534-1537). L'édifice, habilement restauré de nos jours, était jadis décoré de statues dues au ciseau de Guillaume Aerts et représentant, outre Moïse et Aaron, les quatre Vertus cardinales.

Les Espagnols, qui furent maîtres de la Belgique durant plus de deux siècles (1506-1712), ne pouvaient manquer de laisser un peu partout des traces de leur passage. Rien que par flatterie, certains artistes devaient chercher à imiter ce qui se faisait au delà des Pyrénées. Du reste, les nombreuses relations existant depuis longtemps entre les deux pays, au début, facilitèrent la tâche. A Tolède notamment s'étaient établis, au xv° siècle, des maîtres distingués tels que Hennequin de Egaz et Jean van der Eycken. Si le fils du premier, appelé Henri, continua à demeurer dans sa nouvelle patrie, où il fut l'initiateur de la Renaissance, celui du second, portant le même prénom que son père, revint à Bruxelles au commencement du xvi° siècle. Il n'y avait donc pas besoin d'aller chercher bien loin un interprète. Cependant, soit que nos recherches laissent à désirer, soit qu'il ait fallu un certain temps pour se faire à l'idée d'adopter des dispositions tout à fait nouvelles, on ne voit guère, avant le milieu du règne de Charles-Quint, des monuments développer sur chaque côté d'une vaste cour quadrangulaire de larges et splendides galeries. Les brumes du nord n'imposaient pas les mêmes obligations que les ardeurs d'un soleil du midi, et le caprice avait seul part dans la brillante innovation.

L'ancienne Bourse d'Anvers, qui donnait si bien l'idée d'une habitation espagnole, a été malheureusement détruite en 1858. Il ne reste rien des portiques élevés, de 1529 à 1531, par Dominique van Waghemakere, dont le nom nous est déjà connu. Mais nous pouvons toujours, au moins dans ses parties principales, admirer, à Liège, le palais des princes-évêques. Commencé en 1508, sur un plan gigantesque comprenant deux grandes cours entourées de corps de bâtiments, il ne fut achevé que trente-deux ans plus tard, en 1540. Durant ce temps, il ne paraît pas que des modifications importantes aient été apportées à l'ensemble. Les artistes seulement eurent toute liberté dans l'exécution des détails, et ils en profitèrent, comme François Borset (1532-1536), pour donner aux colonnes sur lesquelles viennent reposer assez maladroitement les arceaux des galeries un caractère quelque peu étrange. On se croirait plutôt à Séville ou à Salamanque que sur les bords de la Meuse. Chaque fût, renflé en balustre jusqu'à mi-hauteur et couvert inférieurement d'ornements dans le goût de la Renaissance, porte un chapiteau dont la composition échappe à tout classement.

Après de longs efforts et des moments d'hésitation, les nouvelles doctrines avaient fini par triompher, au milieu du XVIe siècle. Le clergé lui-même les admettait, et l'on peut voir, à Bruxelles, dans l'église Sainte-

Gudule, d'admirables vitraux peints par Jean Haeck sur les dessins de Michel Coxie et Bernard van Orley (1540-1547), où figure comme motif principal de décoration un imposant arc de triomphe. Il en est de même à Hoogstraeten, dans la Campine anversoise; et si la Réforme n'avait accumulé tant de destructions, la liste serait longue des objets mobiliers qui mériteraient d'être signalés. Enfin, il ne faut pas oublier qu'un instant, après l'incendie de 1560, il fut question de reconstruire la cathédrale d'Anvers sur le plan et dans le style de Saint-Pierre de Rome.

Bernard van Orley, dont il vient d'être question, eut pour élève un nommé Pieter Coeck ou Koeck (1502-1553), qui, semble-t-il, eut une grande influence sur l'architecture de son temps. Porté par goût vers l'enseignement, il publia de bonne heure divers écrits sur la perspective et la géométrie. En outre, c'est à lui que l'on doit la première traduction en flamand des œuvres de Serlio (1546-1553). Van Mander, qui en parle longuement, prétend qu'il était à la fois peintre et architecte; mais nous ne connaissons aucune construction de lui. Sa participation au mouvement de la Renaissance a été indirecte, bien que très efficace.

En même temps que Coeck, vivait Lambert Lombard (1505-1566), dont Guicciardini vante le goût éclairé. Cette appréciation de la part d'un Italien indique assez quelles étaient les tendances du maître liégeois, qui, de retour dans son pays, s'empressa de rompre avec le moyen âge. On doit le considérer comme un des chefs les plus actifs de la rénovation de l'art. Maniant également bien l'équerre et le pinceau, il payait doublement d'exemple, et parmi ses élèves nous

Fig. 102. — Hôtel de ville d'Anvers.

devons citer Hubert Goltzius et deux au moins des frères

Floris, Corneille et Franz. Quant aux œuvres demeurées debout, elles se réduisent à très peu de chose, et le seul portail de l'église Saint-Jacques, à Liège (1558), témoigne bien insuffisamment d'un talent si hautement célébré par les contemporains.

Corneille de Vriendt, dit Floris (1518-1575), est le dernier architecte dont il soit utile de parler. Après avoir étudié sous Lombard et fait un voyage en Italie, nous le trouvons, en 1539, établi à Anvers, son lieu de naissance, où, durant plusieurs années, il ne s'occupa guère que de jeter sur le papier des projets pour décorations intérieures d'églises. La préparation était donc complète, lorsqu'en 1552 Martin van Vilre, seigneur d'Oplinter, vint lui demander, pour l'église de Léau, « une tour du Saint-Sacrement », c'est-à-dire un de ces grands tabernacles en pierre que la Belgique nous montre fréquemment appliqués contre la muraille, au xve et au xvie siècle. Floris s'exécuta rapidement, et, dépassant tout ce qui avait été fait jusqu'alors, il donna à un simple monument liturgique, finement couvert de sculptures dans toutes ses parties, seize mètres de haut.

La réputation du jeune maître était désormais établie, et nous pourrions difficilement le suivre partout où on l'appelait. A l'autre extrémité de la Belgique, Tournai possède de lui un magnifique jubé (1566), que certains clercs, imbus d'idées étroites, eussent volontiers sacrifié, il y a quelques années, sans respect pour l'art de leur pays. Mais c'est surtout à Anvers qu'il faut aller étudier l'architecte. L'hôtel de ville, élevé de 1561 à 1565, avec ses quatre-vingt-quatre mètres de développement, est une masse imposante. Floris, qui était de son temps, a plus visé à la correction qu'au pittoresque, et l'on ne saurait lui reprocher une sobriété d'ornementation en rapport avec la richesse des matériaux employés. Quand il le voulait, il savait assez bien produire un effet perspectif, ainsi que le démontre la maison dite des Oosterlings ou de la Hanse.

Une étude intéressante serait de montrer l'influence que Corneille Floris exerça autour de lui. Longtemps après sa mort, non seulement en Belgique, mais en Hollande, on se plaisait à imiter ses principales créations. C'est ainsi, par exemple, que l'hôtel de ville de Flessingue, œuvre de Paul Moreelse (1594), pour peu qu'on le considère attentivement, apparaît comme une réduction de celui d'Anvers. A Bois-le-Duc, les choses allèrent plus loin encore, et, dans le jubé de la cathédrale (1610), si malheureusement détruit de nos jours, l'Allemand Conrad de Nuremberg s'était contenté de copier servilement ce qu'il avait vu à Tournai.

Du reste, entre les deux pays voisins, avant la guerre des Gueux et la séparation politique qui en fut la conséquence, il n'y avait pas seulement emprunts fréquents, mais pour ainsi dire vie commune. Les monuments bâtis par les Flamands sont nombreux en Hollande, et, durant une période de plus de trente ans (1507-1544), on ne voit guère figurer, parmi les architectes dont les documents ont conservé les noms, que des membres de l'inépuisable famille des Keldermans. Outre Rombaut, qui nous est déjà connu, il y a André, Marcel et Mathieu. Tous sont attachés aux anciennes traditions et continuent à faire fleurir le gothique. Entre les hôtels de ville de Veere et de Middelbourg, qui étaient terminés en 1518, après neuf ans de travaux, et ceux de Woerden et de Dordrecht, encore en construction au milieu du xviᵉ siècle, la différence est insignifiante. Comme en Belgique, c'est dans les tableaux qu'il faut chercher les premières manifestations de la Renaissance. Engelbrechtsen (1468-1533), Lucas de Leyde (1494-1533), Jean van Schorel (1495-1562) et Jacob Cornelisz (....-1530) n'hésitent pas, pour les monuments sur lesquels se détachent leurs compositions, à se montrer novateurs. On conserve à Amsterdam des dessins d'Aertgen van Leiden (1498-1564), qui sont encore plus significatifs sous ce rapport. Les dispositions les plus avancées s'y retrouvent, et l'on ne peut s'empêcher de songer, à leur vue, au crayon facile de certains maîtres italiens.

Nous n'attachons pas grande importance au tombeau d'Engelbert II, comte de Nassau, et de sa femme, Marie de Bade, dans l'église réformée de Bréda (1539). Cette œuvre bizarre — au-dessus des gisants, une sorte de table est soutenue par César, Régulus, Annibal et Philippe de Macédoine agenouillés — a pour auteur un étranger, Thomas Vincent de Bologne, dont le métier sans doute n'était pas de manier habituellement le ciseau, puisque, sur l'adresse d'une lettre, son nom est suivi des mots : « peintre de l'empereur Charles-Quint ». Mais à Dordrecht et à Enkhuysen existent d'admirables clôtures de chœurs, exécutées, d'un côté, de 1538 à 1542 ; de l'autre, de 1542 à 1549, par un artiste originaire d'Amsterdam, Jean Aertsz van Terwen, qui n'en était sûrement pas à ses débuts. Dans les ateliers de sculpture, tout au moins, depuis quelque temps, on pratiquait donc avec succès le nouveau style. Nous pourrions citer encore, dans la grande salle de l'hôtel de ville de Kampen, une cheminée dont le manteau, œuvre de Jacob Colyn ou Colynsz (1543-1545), présente, au milieu d'ornements de la plus pure Renaissance, différentes scènes de l'histoire romaine.

Vers le même temps, à Utrecht, deux architectes qui mériteraient d'être mieux connus, Sébastien van Noye et Guillaume van Noort, se mettaient, de leur côté, à la tête du mouvement. Avec eux, dans les constructions, les pilastres chargés d'arabesques, les frontons à coquilles faisaient leur apparition. On divisait les façades en grands panneaux, suivant ce que l'on rencontre sur les bords de la Loire, et quelques lucarnes bien étudiées venaient rompre la monotonie des longues toitures. Un dessin de l'ancien hôtel de ville, bâti par le second, bien que ne pouvant pas remplacer l'original disparu, est très curieux à étudier. Il fait voir où en était la Hollande, de 1545 à 1547. Du reste, dix ans plus tard, les choses n'avaient guère changé, ainsi qu'en témoigne, à Dordrecht, le portail de la Monnaie (1555). C'est de la Renaissance comme tous les pays en possédaient déjà vingt-cinq ans auparavant.

L'hôtel de ville de la Haye, au contraire (1564-1565), à quelque point de vue qu'on le considère, est bien à sa date. En outre, chose importante pour nous, il inaugure en quelque sorte le style national, quoique l'architecte, dont le nom n'a pas été conservé, laisse facilement deviner qu'il a travaillé à Anvers, sous Corneille Floris. Le premier étage, avec ses pilastres très saillants portés sur des consoles, la lucarne, par ses dimensions, assez semblable à un gâble qui se dresse en arrière d'une balustrade à jour, les nombreuses statues posées un peu partout, aux points les plus élevés, la tour octogone en briques servant de beffroi, sont autant de caractères qui ne tarderont pas à se généraliser.

En attendant, la Hollande va subir la plus épouvantable guerre. Durant treize ans, de 1566 à 1579, sa population révoltée luttera contre toutes les forces de l'Espagne pour la défense de sa foi et la conquête de son indépendance; le sol se couvrira de ruines, et certaines cités seront appelées à se renouveler presque en entier. Du reste, en ce qui concerne les monuments publics, on ne se contentera pas, comme autrefois, de bâtir des églises et des hôtels de ville, tous les services auront leur palais, et souvent la première place appartiendra au Stadswaag (Maison des poids et mesures), au s'Ryks Munt (Monnaie), au Käsewaag (Bourse des fromages), ou au Vleeschhal (Halle aux viandes).

Pour construire, il faut non seulement des ressources, mais des hommes. Le commerce, rapidement développé, se chargea de fournir les premières; et quant aux seconds, ils n'attendaient qu'une occasion pour se produire au grand jour. Sans parler de Hans Vredeman de Vries (1527-1606), qui, dans des tableaux où l'architecture domine, sut multiplier les modèles autour de lui, en mettant à profit sa profonde connaissance des écrits de Vitruve et de Serlio, n'avons-nous pas de nombreux maîtres en l'art de bâtir, parmi lesquels, avant tout, il faut citer Lieven de Key (1560-1627) et Hendrik de Keyser (1565-1621). Le mouvement ne commença guère avant 1590, car il avait fallu donner le temps aux villes de rétablir leurs finances ; mais, à partir de cette date, ce fut une véritable fureur. Lieven de Key, qui était de Gand, paraît-il, après un assez long séjour en Angleterre, vint, en 1593, se fixer à Harlem. Toutefois, ce n'est pas là qu'il se distingua tout d'abord. Son chef-d'œuvre, l'hôtel de ville de Leyde, date des années 1597-1604. Toute la façade, que précède un magnifique escalier à deux rampes opposées, est en pierre. Un grand pignon au centre et deux plus petits aux extrémités se détachent sur le toit que domine un beffroi à quatre étages. L'ensemble est sévère, et l'on peut seulement reprocher l'abus des obélisques comme motifs de décoration. Mais Lieven de Key, dans deux autres monuments remarquables, à Harlem, le Stadswaag (1598) et le Vleeschhal (1602), a montré qu'il aimait tout particulièrement à relever ainsi chaque saillie.

Hendrik de Keyser, né à Utrecht, n'a guère quitté la Hollande. Sa vie s'est passée en grande partie à Amsterdam, où il a construit, entre autres monuments remarquables, l'ancienne Bourse et la maison de la Hanse. C'était un classique très avancé, amoureux des frontons de toutes formes, des frises à patères et triglyphes, des fenêtres à crossettes, des bossages et des consoles. Il a préparé l'école moderne que devaient développer après lui et fonder définitivement Salomon de Bray (1597-1668) et Jacob van Kampen (....-1658).

Dans un pays où la pierre manque, il fallait bien, chaque fois que l'on ne pouvait se permettre une grande dépense, recourir à l'emploi des briques. Les Hollandais ont déployé une habileté merveilleuse dans la combinaison de ces matériaux, souvent diversement colorés, qui arrivent à produire l'effet d'une élégante mosaïque. On peut citer, comme admirablement réussies en ce genre, par exemple, quelques façades de maisons à Oudewater, Dordrecht et Workum. Parfois, la brique fait saillie et donne presque l'illusion d'une moulure. Dans les arcs, elle alterne avec la pierre ; mais les angles extérieurs des édifices et les rampants des pignons la repoussent complètement.

Au nord de l'Europe, il existe un petit pays qui, au point de vue de l'art, est pour ainsi dire une succursale de la Hollande : nous voulons parler du Danemark. Dans certains quartiers de Copenhague, moins les canaux, on pourrait se croire à Amsterdam. Les méthodes ont été importées de toutes pièces et la plus grande servilité règne dans l'imitation.

L'introduction de la Réforme sous Christian III (1526) ne fit que resserrer des liens existant depuis le moyen âge. Mais la Hollande ne pouvait donner dès lors ce qu'elle ne possédait pas elle-même encore. Il faut attendre jusqu'au règne de Frédéric II (1559-1588) pour voir apparaître la Renaissance, qui se développa surtout du temps de son successeur, Christian IV (1588-1648).

Plus qu'en aucun autre pays, l'architecture civile domine en Danemark; on ne pourrait citer une seule église intéressante et, quant aux tombeaux des deux rois, Christian III et Frédéric II, dans la cathédrale de Rœskilde, tout fait supposer qu'ils sont sortis, tels que nous les voyons, de l'atelier de Corneille Floris, à Anvers. Comme à Saint-Denis, la composition est divisée en deux étages, il y a des gisants et des priants que gardent, aux angles, quatre grands guerriers revêtus d'une brillante armure.

Le plus ancien monument est le château de Kronborg (1577-1585), à Elseneur. Puis viennent, par ordre de dates, le château de Rosenborg, à l'intérieur même de Copenhague (1610), faussement attribué à l'architecte anglais Inigo Jones, et le château de Frederiksborg, au nord de l'île de Seeland, commencé sous Frédéric II, mais achevé seulement en 1624, par les soins de Christian IV. Ce dernier prince, qui lui-même était très entendu dans l'art de bâtir, avait pour architecte Hans Steenwinkel, d'Amsterdam.

Les trois châteaux dont nous venons de parler n'ont plus rien de l'ancienne demeure féodale. Sur les longs côtés d'un grand parallélogramme que flanquent aux angles des tours carrées et sans saillie, surmontées de pyramides étagées, se détachent des poivrières quelque peu imitées de la basse Allemagne. Des portiques à plein cintre, comme l'entrée principale, courent parfois au rez-de-chaussée. Par une exception peu commune, les fenêtres, divisées verticalement et horizontalement par deux meneaux, sont le plus souvent aussi larges que hautes. Enfin les lucarnes, tout à fait conçues dans le goût hollandais, sont de dimensions relativement médiocres, ce qui a permis d'en multiplier le nombre.

Comme en Hollande, quelle que soit l'importance des constructions, on n'emploie guère que la brique. Mais la facilité étant alors plus grande de se laisser aller à certaines bizarreries, les architectes en ont profité. Ainsi la Bourse, à Copenhague (1619-1640), dernière expression du style dit de Christian IV, est surmontée d'une tour formée à son sommet de quatre dragons reposant sur le ventre et enlaçant leurs queues en l'air.

La Suède et la Norvège, sous tous les rapports, sont infiniment moins bien partagées que le Danemark. A peine peut-on citer, en l'absence de monuments religieux, quatre ou cinq châteaux d'architecture assez simple, mais construits tout entiers au temps des rois Gustave Vasa (1523-1560), Éric XIV (1560-1568) et Jean III (1568-1592). Le plus ancien, Gripsholm, aux environs de Stockholm (1537), a ses angles flanqués de tours rondes, aujourd'hui découronnées, ce qui les rend lourdes et massives. Quant à Haesselagergaard (1537), bâti peut-être par un Hollandais qui a séjourné à Venise, à Breininggaard, postérieur de quelques années, où se rencontrent des réminiscences françaises, à Borreby et à Egeskof, d'un caractère assez peu défini, leur intérêt réside surtout dans un certain arrangement pittoresque.

Pour achever la revue des pays du Nord, il nous reste à parler de l'Angleterre. Mais la tâche ne sera pas longue, car nulle part ailleurs la Renaissance n'a trouvé plus de difficultés à s'implanter, et elle ne se montre qu'à l'époque du triomphe des idées classiques, sous sa dernière transformation.

Peut-être cela tient-il à ce que les Anglais, à la fin du xve siècle, peu après l'avènement de Henri VII (1485), ont inventé le style dit Tudor, variété du style perpendiculaire en honneur déjà depuis plus de cent ans. Tout en conservant au moins dans ses principes l'architecture gothique, si conforme au goût de la nation, ils arrivaient à renouveler intérieurement et extérieurement l'aspect des édifices par l'envahissement des ornements les plus variés et la création des voûtes en éventails (*Fan vaults*). L'admiration excitée par la chapelle de Henri VII, à Westminster, et celle du King's College, à Cambridge, ne laissait aucune place à des changements venus du dehors. Les Anglais avaient ce qui leur convenait, la richesse exprimée sous une forme nationale, et nulle nécessité ne se faisait sentir de s'engager dans une autre voie.

Le style Tudor, appelé aussi *florid english*, dura plus d'un demi-siècle. Jusqu'au règne d'Élisabeth (1557), rien ne put arriver à diminuer son prestige, et le double tombeau du roi Henri VII et de la reine Marguerite, confié au sculpteur florentin Pietro Torrigiano (1519), fut un caprice momentané de Henri VIII. De même, en 1526, Thomas Morus, qui, dit-on, était partisan des idées nouvelles, fit-il venir inutilement Holbein le Jeune. Le célèbre peintre, s'il dota l'Angleterre de superbes portraits, n'exerça aucune influence sur la direction générale de l'art.

Le mérite de déterminer un changement si long à se produire était réservé à John Shute, architecte de la reine Élisabeth. Profitant de l'appui qu'il trouvait à la cour, où l'on n'était pas fâché d'inaugurer avec éclat le nouveau règne, cet habile artiste, dont le goût s'était formé en Italie, commença par introduire dans ses compositions quelques éléments classiques. Il sentait fort bien qu'il fallait momentanément respecter le fond, si l'on voulait faire adopter la forme. C'est ainsi que les initiateurs de la Renaissance avaient procédé un peu partout.

L'exemple donné par Shute fut suivi par deux autres architectes, Thorpe et Smithson. De tous côtés s'élevèrent des monuments dans le nouveau style, désigné sous le nom de *style Élisabeth*. Le plus beau spécimen du genre se voit peut-être à Londres, au collège de Chapter-House. Mais cette période de transformation doit être surtout étudiée en province, dans les innombrables châteaux reconstruits par une aristocratie désireuse de plaire à sa souveraine. Nous nommerons seulement Kirby (Northamptonshire), Wollaton (Nottinghamshire), Hatfield (Hertfordshire), Longleat (Wiltshire) et Brereton (Cheshire), que l'on se plaît à attribuer à l'un ou l'autre des maîtres indiqués, sans s'être jamais bien mis d'accord sur un point aussi important.

Le style Élisabeth, par son caractère mixte, ne pouvait plaire à tous les esprits ; aussi, de bonne heure, des velléités d'émancipation plus complète se font-elles jour. La principale porte du Caius College, à Cambridge, qui date de 1574, est déjà une œuvre classique. On y retrouve, en avant, les trois ordres superposés de la manière la plus logique, et, au sommet, s'arrondit une massive coupole.

Toutefois, avant d'arriver à quelque chose de sérieux et d'un peu étendu, il faut attendre presque un quart de siècle. L'homme qui doit donner à l'architecture sa véritable formule et être surnommé, en conséquence, le Vitruve anglais, Inigo Jones, n'est venu au monde qu'en 1572, et c'est seulement sous Jacques Ier

(1603-1625) qu'il pourra s'imposer par le talent. Sans transition, l'Angleterre entre avec lui dans l'ère moderne. Les monuments qu'il construit ne diffèrent guère de ce que l'on voyait ailleurs depuis déjà plusieurs années. En même temps que l'antiquité, l'Italie du xvi° siècle est largement mise à contribution, et l'on ne peut s'empêcher de signaler, par exemple, dans la grande salle des banquets de Whitehall (1619), seule partie terminée de ce somptueux édifice, une imitation de Sansovino. Jones vécut jusqu'en 1651, et on montre de lui, à Saint-Paul de Londres, un portail en style corinthien (1646) qui ne s'harmonise pas trop mal avec la grande construction de Christophe Wren.

CHAPITRE III

ESPAGNE ET PORTUGAL

Cean Bermudez, *Diccionario de los mas illustres profesores de las Bellas-Artes en España*. Madrid, 1800. — Llaguno y Amirola, *Noticias de los arquitectos y arquitectura de España*. Madrid, 1829. — Raczynski, *Dictionnaire historico-artistique du Portugal*, 1847.

La Péninsule ibérique, au moment où la Renaissance fit son apparition, se trouvait dans une situation toute spéciale. Depuis le commencement du xiii° siècle, sous l'influence d'artistes venus de France et d'Allemagne, voire même d'Angleterre, ainsi que le démontre la grande église de Batalha, en Portugal, vraie copie de la cathédrale d'York, elle avait bien adopté les formes gothiques; mais, à mesure que la conquête avançait, que les royaumes arabes disparaissaient les uns après les autres, ses tendances à la richesse, son amour du grandiose et du merveilleux lui firent prendre goût au style mauresque, en espagnol *estilo mudejar*. Et le résultat de cette évolution fut, au xve siècle, l'éclosion d'une architecture qui se fait remarquer par sa facilité à admettre des éléments puisés à deux sources différentes.

Le style gothique, ainsi rajeuni en quelque sorte, devait acquérir une force nouvelle, et l'on ne saurait s'étonner des résistances plus grandes opposées par l'Espagne au mouvement de la Renaissance. Cependant, il ne faut pas exagérer les choses, et chacun peut voir, à Tolède, la façade de l'ancien hôpital de Santa-Cruz, construite et décorée, de 1504 à 1516, sous la direction d'un architecte né au midi des Pyrénées, mais Flamand d'origine, Henri de Egaz. Les réminiscences de l'antiquité s'y mêlent à l'art du moyen âge, et tout fait prévoir que la place, vigoureusement attaquée, sera obligée de se rendre un jour.

Juan de Arphe, célèbre orfèvre du xvie siècle, auteur d'un ouvrage sur les arts de son temps, nous a conservé les noms de deux architectes, Diégo Siloé et Alonzo de Covarrubias, qui également, paraît-il, s'engagèrent de bonne heure dans la voie déjà ouverte. Mais les meilleures dispositions étaient souvent entravées, et, sous peine de se voir mis de côté, il fallait être prêt à satisfaire tous les goûts. C'est ce que

Fig. 103. — Porte de l'hôpital de Santa-Cruz, à Tolède.

démontre péremptoirement l'exemple suivant, cité

par Bermudez. En 1531, Diégo de Riaño, *maestro mayor* de la cathédrale de Séville, ayant été chargé de préparer un projet de sacristie, mit ses juges à même de choisir entre le style gothique, le style tant soit peu mélangé que nous connaissons, et le pur style de la Renaissance, dit style gréco-romain. La précaution était bonne, car le premier projet eut toutes les préférences, et aussitôt on se mit à l'œuvre pour élever une sacristie gothique, dont la construction dura jusqu'en 1561.

L'un des hommes qui ont le plus fait au début pour le développement des nouvelles doctrines est le cardinal Ximénès, grand-chancelier de Castille. Cet illustre homme d'État, en 1498, fonda l'Université d'Alcala de Hénarès, dont l'entrée principale, la cour et quelques autres parties, terminées avant sa mort (1517), sont assez significatives. Les médaillons y alternent avec des pilastres chargés d'arabesques.

Nous pourrions poursuivre encore et citer, par exemple, l'Université de Salamanque, qui, vieille alors de trois siècles, sentit le besoin de déployer dans ses constructions rajeunies une grande magnificence. Mais ce qui précède suffira à démontrer, contrairement à l'opinion reçue, qu'Alonso Berruguete, tout en demeurant le plus grand artiste de l'Espagne au xvie siècle, à la fois peintre, sculpteur et architecte, n'a pas été le premier initiateur du mouvement. Né vers 1480, il partit en 1503 pour l'Italie, où il demeura dix-sept ans. Son retour fut marqué, dit-on, par un changement dans la manière du sculpteur Damian Forment, avec lequel il travailla à Huesca. Un retable commencé en style gothique présente, grâce à ce concours, la particularité d'être terminé en style de la Renaissance. Seulement, pour être exact, il faudrait ajouter que le mot employé en second lieu ne répond pas aux transformations signalées plus haut. Berruguete, qui avait fréquenté Michel-Ange et beaucoup d'autres artistes non moins renommés, arrivait avec les idées alors en circulation à Rome et à Florence. L'imitation de plus en plus étroite de l'antiquité était le but qu'il poursuivait, et il n'avait que faire des charmantes créations en honneur quelques années auparavant. On le voit, du reste, aux grandes constructions qui lui furent commandées par Charles-Quint : le palais de Grenade et l'alcazar de Tolède. Des deux parts, c'est le style gréco-romain le plus avancé, et on n'eut pas mieux fait en Italie.

De tout cela il faut conclure que la critique s'est trompée d'un degré; elle a confondu la seconde phase de la Renaissance avec la première. L'une a certainement reçu une vigoureuse impulsion de Berruguete, qui, dans ces limites restreintes, peut bien être considéré comme un initiateur; mais l'autre est le résultat du développement pris par l'orfèvrerie à la suite de la découverte du nouveau monde. L'or et l'argent abondant en Espagne, on chercha naturellement à utiliser ces matières de manière à satisfaire tout à la fois le besoin de nouveauté et le besoin de richesse. La Renaissance, qui, depuis un demi-siècle, florissait en Italie, fut donc mise à contribution; mais on employa sans discernement, on multiplia sans mesure les éléments fournis de la sorte, en même temps que l'on ne rompit pas entièrement avec le passé. Et, par un retour des choses, tandis que c'était l'orfèvrerie qui s'inspirait auparavant de l'architecture, ce fut l'architecture qui puisa dès lors ses inspirations dans l'orfèvrerie. Aussi donna-t-on au nouveau style le nom de *plateresco*, dérivé du mot *platero*, qui signifie orfèvre. Berruguete, comme on le suppose bien, ne parvint pas tout de suite à donner une nouvelle direction au goût de ses compatriotes, et beaucoup de monuments continuèrent à étaler l'exubérante richesse particulière au platersque. Citons seulement la cathédrale de Grenade (1529-1560), la cathédrale de Ségovie, l'église de San Domingo, à Salamanque, et l'entrée principale du monastère de San Marcos, à Léon. Parmi les architectes les plus dignes d'être nommés, il ne faut pas oublier un Français, Philippe Vigarny ou de Bourgogne, qui, en dépit de son origine, comme tous ceux autour de lui se montra trop enclin à sacrifier la simplicité à l'abondance, l'élégance à la variété. C'est ce qui explique, du reste, l'enthousiasme des Espagnols pour son œuvre principale, la lanterne de la cathédrale de Burgos, commencée en 1539.

L'amour du faste, de tout ce qui frappe les yeux et éblouit l'esprit, eut pour conséquence la grande importance donnée à certains détails tandis que l'ensemble était négligé. Instinctivement ou par réflexion l'attention est portée sur un point que l'on développe aux dépens de ce qui l'entoure, que l'on s'efforce d'embellir par toutes les ressources de l'art à sa disposition. Aussi n'est-il pas rare de trouver quelques-uns de ces chefs-d'œuvre qui se détachent isolés et magnifiques sur un mur sévère et nu.

Fig. 104. — Église de San Domingo, à Salamanque.

Les Espagnols aiment surtout à orner les portes de leurs monuments; ils arrivent à en faire de véritables joyaux, qui, au-dessus d'une ouverture à plein cintre ou surbaissée, avec accumulation de voussures contournées en spirale ou torsadées, développent parfois des courbes et des contre-courbes, superposent jusqu'à deux étages de niches ou de médaillons. Lorsque les niches manquent, et par conséquent les statues pour lesquelles elles sont faites, l'ornementation peu fouillée s'étend indéfiniment, sans parties tranquilles, multipliant les guirlandes de fleurs, les rinceaux, les arabesques, jusqu'à des rosaces inspirées de l'art moresque.

Bien que percées irrégulièrement, les fenêtres ne sont pas reliées entre elles, de manière à former proprement une façade; c'est presque par exception que nous les voyons aux *casas capitulares* (hôtel de ville) de Séville, où l'influence française est incontestable, se rattacher à un système d'harmonie symétrique bien calculé.

Parfois comme au palais Monterey, à Salamanque, que domine une sorte de belvédère à chaque extrémité, l'étage supérieur est largement ajouré en arcades; parfois aussi, comme à la *casa de las Conchas* de la même ville, une décoration au moins originale par la répétition indéfinie du même ornement (une coquille de saint Jacques) relève le nu des murs; mais cela n'empêche pas la plupart des riches habitations d'avoir un peu l'air extérieurement d'une forteresse. Par un ressouvenir de la vie arabe, si semblable sur bien des points à celle des anciens Romains, on a réservé pour une cour intérieure, généralement assez vaste et entourée d'un double étage de galeries, connue sous le nom de *patio*, toutes les séductions de l'architecture.

Fig. 105. — Galerie supérieure du cloître de San Gregorio, à Valladolid.

A citer surtout sous ce rapport : le palais des ducs de l'Infantado, à Guadalajara ; la *casa de la Sal*, à Salamanque; la *casa de Pilatos* et la *casa de los Taveras*, à Séville; la *casa de Zaporta* ou *de la Infanta*, à Saragosse; la *casa Revilla*, à Valladolid; la *casa de Dusay*, et la *casa de Cardonas*, à Barcelone.

Les cloîtres qui avoisinent les cathédrales ou font partie des grandes abbayes comptent aussi très souvent deux étages. Tels sont ceux de San Gregorio à Valladolid et de San Domingo à Salamanque.

En Espagne, les retables, vu leurs dimensions exagérées, peuvent être considérés comme de véritables monuments. C'est sur ce terrain que plusieurs artistes, aussi habiles à manier le ciseau que l'équerre, se sont livré leurs meilleurs combats. Ainsi on peut voir à la cathédrale d'Astorga et dans l'église de Medina de Rio Seco deux chefs-d'œuvre en ce genre, le premier dû à Gaspar de Herrera, le second à Esteban Jordan.

Les tombeaux sont nombreux et d'une rare magnificence. Jusqu'au milieu du xvie siècle, généralement isolés au milieu d'une vaste nef, ils perpétuent les traditions du moyen âge avec leurs statues couchées sur une sorte de lit de parade. La ressemblance est d'autant plus parfaite que les côtés, richement ornés, sont quelquefois inclinés, comme dans le tombeau des Rois catholiques, à Grenade, et celui de l'infant don Juan, à Avila, l'un et l'autre dus à un artiste espagnol, Ordoñez de Burgos. Un document, au contraire, fait honneur à un Florentin nommé Dominique (ce qui ne nous renseigne pas beaucoup sur sa personnalité) du tombeau de Ximénès, à Alcala de Henarès, et, suivant nous, c'est à un autre Florentin, Benedetto da Rovezzano, qu'il faut attribuer celui de Jeanne la

Folle et de son époux, Philippe le Beau, à Grenade.

Très probablement le tombeau de frère Alonso de Burgos, à Valladolid, œuvre célèbre de Berruguete, qui a disparu au commencement du siècle, rentrait dans la catégorie des grandes décorations appliquées contre la muraille. En ce genre, on peut admirer encore, à Bellpuig, en Catalogne, le tombeau de Ramon de Cardona, dont la partie la plus belle et la plus intéressante, une frise peuplée de naïades et de tritons, rappelle la manière de Jean Goujon.

Nous n'avons rien dit jusqu'ici de l'immense palais élevé par Philippe II, en souvenir de la bataille de Saint-Quentin (1557), dans la solitude de l'Escurial. C'est l'édifice le plus monotone qui existe, et l'on se demande comment des architectes de talent, Jean de Tolède et Herrera, auxquels il faut joindre, paraît-il, le Français Louis de Foix, ont bien pu proscrire à ce point toute ornementation. Mais peut-être leur avait-on imposé de percer seulement dans chaque façade une série d'ouvertures sans caractère, assez semblables à des trous de ruches. Cette nudité devait plaire au souverain qui avait eu l'idée bizarre, pour honorer saint Laurent dont la fête avait coïncidé avec sa victoire, d'exiger un plan en forme de gril.

Le Portugal ne diffère pas beaucoup de l'Espagne. Ce que l'on appelle ici platéresque, là-bas reçoit le nom de *manoelin*, en souvenir du roi Emmanuel le Fortuné (1495-1521), qui, par son initiative, a puissamment contribué au développement des arts.

Du reste, l'occasion était favorable; les Indes venaient d'être découvertes par Vasco de Gama, et le pays se promettait de grandes richesses. Pour célébrer un événement aussi heureux, le roi s'empressa de jeter, à Belem, dans un faubourg de Lisbonne, sur l'emplacement de l'humble chapelle où le célèbre navigateur avait prié avant son départ, les fondations d'une splendide église (1500). Les travaux, d'abord dirigés par un nommé Boutaca, que l'on a longtemps cru Italien, mais dont l'origine portugaise est aujourd'hui prouvée, devaient durer longtemps, car, en 1522, ce premier architecte étant mort, il fallut le remplacer par un second, Jean de Castilho.

L'église de Belem, de même que le cloître adjacent, fatigue par la lourdeur et la multiplicité des détails. On cherche en vain un endroit où l'œil puisse se reposer; tout est fouillé, frisé, torturé à outrance. Les colonnes élancées de la nef, de forme octogone, sont, sur chaque face, elles-mêmes couvertes du haut en bas de rinceaux et de feuillages, ce qui ne se rencontre nulle part ailleurs dans d'aussi grandes proportions.

Boutaca fut encore l'architecte de la vaste construction inachevée connue sous le nom de *chapelle imparfaite* (1498-1519), en arrière de la grande église de Batalha. Mais c'est à Gaviça de Rezende, frère du célèbre chroniqueur André de Rezende, qu'est due la robuste et pompeuse tour de Belem, au bord du Tage. Une charmante loggia à colonnettes et arcs cintrés, qui se détache en saillie sur chaque face, fait plutôt songer à un riant palais qu'à une forteresse.

D'autres monuments en style manoelin, qui a duré jusqu'au milieu du xvie siècle environ, se voient à Sétubal et à Thomar. Dans les dernières années, il marche concurremment avec le style classique, assez bien représenté dans le chœur de Belem, où il contraste, par sa froideur, avec la nef.

En même temps qu'il employait des artistes portu-

Fig. 106. — Cloître de Belem.

gais à Belem et à Batalha, Emmanuel le Fortuné faisait venir de France tout un essaim d'architectes et de sculpteurs, auxquels il confiait, entre autres choses, la construction et la décoration de l'église Sainte-Croix, à Coïmbre. Parmi les noms qui ont été conservés figurent ceux de Nicolas, chef de l'entreprise, Jean de Rouen, Jacques Longuin et Philippe-Édouard. Un architecte français, Jérôme de Rouen, bâtit également, un peu plus tard, à la demande de dona Maria, fille d'Emmanuel, l'église de Luz, près de Lisbonne.

INDEX ALPHABÉTIQUE

Aerts (Guillaume), 312.
Aertz van Terwen (Jean), 318.
Agasse (Gilles), 202.
Agen, 139.
Agnolo (Baccio d'), 43, 112, 116.
Alberti (L.-B.), 26, 31, 32, 34, 102, 103, 105, 112.
Alcala de Hénarès, 330, 336.
Alençon, 281.
Alessi (Galeas), 39, 87-88, 100, 105, 111, 114, 128, 305.
Altenbourg, 302.
Amboise, 147, 148, 191, 194, 231.
Amiens, 240, 242, 276.
Ammanati (Bartolomeo), 39, 88-90, 111, 130, 131.
Ammanatini, 292.
Amsterdam, 321.
Amy (André), 260.
Ancy-le-Franc, 218, 224.
Anet, 175, 195, 196.
Angers, 165, 236, 240, 258.
Angoulême (Jacques d'), 287.
Anthony, 304.
Antonio (Ambrogio d'), 43.
Antonio (Pippo d'), 43.
Antonio da Brescia (Frà), 272.
Anvers, 313, 314, 316.
Apremont, 195.
Argentan, 254.
Aria (Michele d'), 284.
Arles, 240, 242.
Arphe (Juan de), 328.
Arras, 230.
Assier, 195, 262.

Auch, 139, 263, 280, 283.
Audenarde, 311.
Auffay, 249.
Augsbourg, 302, 308.
Autun, 243.
Auxerre, 271.
Auxon, 268, 269.
Avignon, 144, 280.
Avila, 336.
Avioth, 281.
Azay-le-Rideau, 189, 213, 215.

Bachelier (Dominique), 170.
Bachelier (Nicolas), 169, 170, 195, 227, 230, 237, 262, 264.
Baduel, 182, 223.
Bagnères-de-Bigorre, 263.
Bâle, 308.
Bar-le-Duc, 240.
Barcelone, 336.
Bartolomeo da Firenze, 292.
Bastie (La), 223, 227.
Batalha, 328, 338.
Battista (Donato di), 284.
Baudoin (Jean), 230.
Beauce (Jean de), 276.
Beaufort-en-Vallée, 258.
Beaugency, 150, 226, 228.
Beaugrant (Guyot de), 310.
Beaune, 266, 280.
Beauregard, 214.
Beauvais, 139, 173, 240, 246.
Belem, 338.
Bellini (Jean), 34.
Belloy, 248, 249.

INDEX ALPHABÉTIQUE DES NOMS CITÉS.

Bellpuig, 337.
Benardeau (Jean), 277.
Benvenuti (Pietro), 98.
Bergame, 128, 132.
Bernbourg, 303.
Berne, 307.
Berruguete (Alonso), 330, 331, 337.
Bertani (Giambattista), 69.
Berthomé (Mathurin), 230.
Besançon, 181, 230, 238.
Besnouard (Guillaume), 236.
Biard (Pierre), 277.
Billard (Charles), 176, 219.
Biron, 262.
Blénod-le₹-Toul, 285, 286.
Blois, 150, 165, 183, 187, 191, 192, 193, 199-202, 235, 242, 273.
Blondeel (Lancelot-), 310.
Boghen (Louis van), 166, 310.
Bois-le-Duc, 317.
Boldu, 24.
Bologne, 13, 31, 32, 69, 110, 126.
Bologne (Thomas-Vincent de), 318.
Bon (Bartolomeo), 130.
Bonnivet, 194.
Bontemps (Pierre), 288.
Bordeaux, 262.
Borreby, 324.
Borset (François), 313.
Boucard, 226.
Bouilly, 280.
Boullon (Jean), 277.
Bourdeille, 222.
Bourg-Dun (Le), 249.
Bourges, 229, 236.
Bourgonnière (La), 258, 280.
Bournazel, 179, 181, 182, 222.
Boutaca, 338.
Bramante, 36, 38, 40-49, 68, 94, 96, 100, 102, 103, 109, 112.
Brassy, 266.
Bray (Salomon de), 321.
Bréda, 318.
Bregno (Antonio), 35.
Breininggaard, 324.
Brême, 302.

Brereton, 326.
Brescia, 90, 127, 128.
Breslau, 307.
Bressuire, 260.
Breton (Le) (Gilles), 177, 202, 204.
Breton (Le) (Guillaume), 202.
Breton (Le) (Jacques), 202.
Brie-Comte-Robert, 248.
Brienon-l'Archevêque, 270.
Brive, 240.
Brosse ou Debrosse (Jean), 196.
Brou, 166, 246, 309.
Bruges, 310, 312.
Brunellesco, 17, 23-27, 30, 40, 84, 94, 98, 99, 101, 105, 108, 111, 118.
Brusacorsi, 297.
Bruxelles, 313.
Bulat, 258.
Bullant (Jean), 160, 163, 176, 177, 209, 248.
Buontalenti (Bernardo), 39, 88, 90.
Burgkmair, 297.
Burgos, 332.
Burgos (Ordoñez de), 336.
Bury, 188, 189, 194.
Bussy-Rabutin, 224.
Byard (Colin), 147, 180.

Cadillac, 222.
Caen, 165, 181, 235, 240, 250, 251.
Cahors, 236, 240.
Cambridge, 325, 326.
Camicia, 292.
Candid (Peter), 303.
Caporali, 91.
Caprarola, 74-76, 125.
Caprarola (Cola da), 43.
Caprino (Meo del), 68.
Caron (Pierre), 180.
Castilho (Jean de), 338.
Caudebec, 249.
Caumont-Savès, 222.
Celle, 305.
Cellini (Baccio), 292.
Cellini (Francesco), 902.

INDEX ALPHABÉTIQUE DES NOMS CITÉS.

Chahureau (Jean), 260.
Challuau, 173, 184, 196, 208.
Chambiges (Martin), 173.
Chambiges (Pierre Ier), 163, 172, 174, 191, 196, 204, 205, 208.
Chambiges (Pierre II), 173, 212.
Chambord, 184, 188, 190, 191, 205-208.
Champeaux, 286.
Chanteloup, 220.
Chanterel (Jacques), 289.
Chantilly, 160, 176, 219, 280.
Chapelle-Saint-Luc (La), 280.
Charleval, 179, 197.
Charpentier (François), 194.
Chartres, 240, 276, 277.
Chateaubriant, 221.
Châteaudun, 214.
Chaumont, 214.
Chenonceaux, 189, 214.
Chériau (Jean), 270.
Chinon, 240.
Cimenti, 292.
Città di Castello, 43.
Claustre (Martin), 284.
Clermont-Ferrand, 239, 242.
Coeck (Pieter), 314.
Cœuvres, 158.
Coïmbre, 339.
Colins (Alexandre), 304, 307.
Cologne, 302.
Colombe (Michel), 149, 166, 243, 284, 286, 309.
Colonna (Frà Francesco), 34, 35.
Colyn (Jacob), 319.
Côme, 42, 91.
Côme (Thomas de), 144.
Cons-la-Granville, 221, 225.
Coqueau (Jacques), 206.
Copenhague, 322, 324.
Cortone (Dominique de), 173, 229, 230.
Coulonges-les-Royaux, 171, 196.
Coutances, 254.
Coutras, 196.
Covarrubias (Alonso de), 328.

Coxie (Michel), 314.
Cracovie, 292.
Cravant, 270.
Crémone, 118, 126.
Creney, 270.
Crété (Guillaume), 254.
Cronaca (Simone Pollajuolo, dit le), 65, 66, 103, 109, 111, 113.

Dampierre, 222.
Dantzig, 302.
David (Charles), 178, 247.
Delaborde (Mathurin), 254.
Delorme (Pierre), 194.
Desobaulx (Pierre), 287.
Dessau, 303.
Dieppe, 249.
Dijon, 142, 166, 181, 182, 232, 234, 237, 240, 264-266.
Dol, 286.
Dolcebuono, 91.
Dolci (Giovannino de'), 68.
Dominique, 336.
Donatello, 17, 23, 24, 36.
Dordrecht, 318, 319, 322.
Dosso, 297.
Douai, 286.
Dresde, 303.
Dreux, 180, 230.
Du Cerceau (Baptiste), 179.
Du Cerceau (Jacques Ier), 178, 179, 224, 242.
Du Cerceau (Jacques II), 160, 179.
Dürer (Albert), 297.

Écouen, 160, 176, 218, 248, 280.
Édouard (Philippe), 340.
Egaz (Hennequin de), 312.
Egaz (Henri de), 328.
Egeskof, 324.
Emden, 302.
Enkhuysen, 318.
Épernay, 271.
Erfurt, 303.
Ervy, 270.
Escurial (l'), 337.

INDEX ALPHABÉTIQUE DES NOMS CITÉS.

Étampes, 248.
Étigny, 280.
Évreux, 246.
Eycken (Jean van der), 312.

Fain (Pierre), 180, 194.
Falconetto, 91.
Faulchot (Gérard), 268.
Faulchot (Jean), 268.
Fécamp, 278.
Fère-en-Tardenois, 160, 176, 192.
Ferrare, 33, 56, 98, 114, 125.
Ferrières, 284.
Ferruccio da Fiésole (Andrea), 292.
Ferté-Bernard (La), 165, 254.
Ferté-Milon (La), 249.
Fiésole (Jérôme de), 149, 284.
Filarète (Antonio Averulino dit), 27, 36.
Fioravante, 126.
Fischer (Gaspard), 304.
Flament (André) (Le), 287.
Flessingue, 317.
Fleurigny, 270, 278.
Florence, 16, 24-26, 52, 62, 65, 66, 88, 90, 91, 98, 99, 100, 103, 105, 108, 111-113, 126, 130, 131, 132.
Florentin (Dominique), 168, 268, 277, 280.
Fogolino, 297.
Foix (Louis de), 337.
Folembray, 184.
Foligno, 43.
Folleville, 286.
Fontainebleau, 161, 173, 176, 177, 184, 187, 202-205.
Fontaine-Henri, 220, 235.
Fontana (Domenico), 92.
Fontenay-le-Comte, 171, 240.
Fontevrault, 272.
Forment (Damian), 330.
Formentone, 90, 127-128.
Foucquet (Jean), 146.
Francesco, 292.
Francke (Paul), 305.

François (Bastien), 180, 243, 247, 260, 272, 284.
François (Gatien), 178.
François (Jean), 178.
François (Martin), 180, 243, 247, 260.
Frasnes, 224.
Frederiksborg, 323.

Gadyer (Pierre), 178.
Gages, 182, 194.
Gailley (Antoine) dit Alement, 232.
Gaillon, 150, 154, 180, 187, 194.
Gand, 310.
Gauvain (Mansuy), 239, 286.
Gendre (Jean), 260.
Gênes, 35, 87, 88, 92, 100, 106.
Genga (Jérôme), 125.
Génicourt, 280.
Gentil (François), 168, 268, 280.
Géraudot, 280.
Geremia (Cristoforo di), 24.
Ghiberti, 17, 22-25, 32.
Girard (Pierre) dit Castoret, 204.
Giocondo (Frà), 34, 50, 56, 66, 128, 130, 138.
Giorgio (Cecco di), 113.
Giotto, 14, 15, 16, 108.
Gisio (Teodoro), 296.
Gisors, 171, 181, 252.
Gmünd, 308.
Gobereau (Jean), 206.
Godinet (Nicolas), 228.
Görlitz, 302.
Goujon (Jean), 174, 196, 210, 244, 277, 280.
Goussainville, 248.
Gottesau, 304.
Gran, 292.
Grand-Jardin (Le), 220, 224.
Grappin (Jacques), 252.
Grappin (Jean Ier), 181, 252.
Grappin (Jean II), 181, 252.
Grappin (Michel), 252.
Grappin (Robert), 181, 252.
Gratz, 296.
Graves, 182, 223.

INDEX ALPHABÉTIQUE DES NOMS CITÉS.

Grenade, 331, 332, 336.
Grenoble, 232.
Grignan, 194.
Gripsholm, 324.
Groslay, 248.
Guadalajara, 335.
Guglielmo (Frà), 13.
Guillain (Guillaume), 208.
Guimiliau, 274.
Guingamp, 242, 258.
Guitton (René), 196.
Güstrow, 305.

Haeck (Jean), 314.
Haeselagergaard, 324.
Haidern (Jacob), 304.
Hambourg, 303.
Hämelschenbourg, 305.
Hamon (Pierre), 271.
Hanau, 305.
Harlem, 321.
Hatfield, 326.
Hattonchâtel, 280.
Haye (La), 319.
Heidelberg, 303.
Heilbronn, 305.
Heiligenberg, 305.
Herrera (Gaspar de), 336, 337.
Hildesheim, 300, 302, 306.
Hochosterwitz, 296.
Holbein le Jeune, 325.
Holbein le Vieux, 297.
Hollenegg, 296.
Hoogstraeten, 314.
Huesca, 330.

Isle-Adam (L'), 248.
Isle-Aumont (L'), 280.

Jacquiau (Ponce), 289.
Jever, 306.
Joigny, 224, 240, 270, 281.
Jones (Inigo), 326.
Jordan (Esteban), 336.
Jovillyon (Antoine), 227.
Jumièges, 249.

Juste (Antoine), 286, 288.
Juste (Jean Ier), 284, 286, 288.
Juste (Jean II), 286.
Juste (Juste de), 288.

Kampen, 319.
Kampen (Jacob van), 321.
Keldermans (André), 317.
Keldermans (Marcel), 317.
Keldermans (Mathieu), 317.
Keldermans (Rombaut), 310, 317.
Kerfons, 258.
Kerjean, 186, 221.
Key (Lieven de), 320.
Keyser (Hendrik de), 321.
Khune (Gaspard), 305.
Kirby, 326.
Kronborg, 323.

Laigle, 252.
Lampaul, 274.
Landifer, 216.
Landshut, 303.
Langres, 182, 240, 241, 271, 277.
Lanquais, 222.
Laon, 278.
Lapo (Arnolfo di), 24, 98.
Lasson, 220.
Laubressel, 270.
Laurana (Francesco), 143, 144, 282.
Laurana (Luciano da), 32.
Lauzun, 217, 222.
Laval, 240.
Léau, 316.
Leiden (Aertgen van), 318.
Leipzig, 301, 302.
Lemercier (Jacques), 176.
Lemercier (Nicolas), 178, 246.
Lemercier (Pierre), 178, 246, 248.
Lemgo, 302.
Léon, 332.
Leopardi (Alessandro), 35.
Leroux (Roland), 180, 287.
Lespine (Jean de), 180, 194, 236, 258.
Lescot (Pierre), 174, 210-212, 234, 277, 289.

INDEX ALPHABÉTIQUE DES NOMS CITÉS.

Lézat, 263
Leyde, 321.
Leyder (Jacob), 304.
Liège, 313, 316.
Ligorio (Pirro), 38, 84-87, 124.
Limoges, 139, 277, 287.
Lisieux, 240.
Lissorgues (Guillaume), 182, 223.
Loches, 230, 260.
Lombard (Lambert), 314.
Lombardo (Bartolomeo), 43.
Lombardo (Martino), 104, 130.
Lombardo (Pietro), 113.
Lombardo (Sante), 110.
Lombardo (Tullio), 91, 101.
Londres, 326, 327.
Longleat, 326.
Longueville, 249.
Longuin (Jacques), 340.
Lonzac, 262.
Lorris, 229.
Loudun, 262.
Louppy, 225.
Lucques, 13, 126.
Lude (Le), 216.
Luz, 340.
Luzarches, 248.
Lyon, 166, 167, 264.

Maderno (Carlo), 64.
Madrid (Château de), 178, 184, 193, 195.
Maffliers, 248.
Magny, 171, 252, 253, 254, 281.
Mahrisch-Trübau, 292.
Maison-Dieu (La), 266.
Majano (Benedetto da), 65, 68, 292.
Majano (Giuliano da), 37, 68.
Malines, 310, 312.
Mans (Le), 143, 240, 283, 287.
Mantegna, 34.
Mantes, 242.
Mantoue, 33, 34, 68, 69.
Marchand (François), 276, 277, 288.
Marchand (Guillaume), 179.

Marcillat (Guillaume de), 110.
Marini (Giovanni), 296.
Marseille, 143, 145.
Martyre (la), 274.
Masneret (Jean), 195.
Maulnes, 196.
Mazzoni (Guido), 91, 282.
Medina de Rio Seco, 336.
Meillant, 225.
Melun, 273.
Mergentheim, 303.
Mesnières, 219.
Mesnil-Aubry (Le), 248.
Métezeau (Clément), 180.
Métezeau (Thibaut), 180, 213, 214.
Metz, 241.
Meyt (Conrad), 166, 309.
Meyt (Thomas), 166, 309.
Mézières-en-Brenne, 262.
Michel-Ange, 19, 38, 46, 56-62, 96, 100, 109, 124, 130.
Michelozzo, 27, 36, 111, 112.
Middelbourg, 318.
Milan, 35, 36, 41, 42, 88, 91, 92, 98, 99, 100, 102, 106, 109, 125.
Miniato (Giovanni di), 36.
Moderno, 272.
Molesmes, 270.
Monceaux, 197.
Monoïer (Georges), 286.
Montal, 194.
Montargis, 179.
Montbenoit, 266.
Montefiascone, 71.
Monte Imperiale, 124, 125.
Montepulciano, 67, 99.
Montfort-l'Amaury, 248.
Montier-la-Celle, 268.
Montjavoult, 171, 252.
Montrésor, 261-262.
Moreelse (Paul), 317.
Morlaix, 240.
Mothe-Feuilly (La), 284.
Muette (La), 173, 184, 191, 193.
Mulhouse, 301.
Munich, 303.

Nancy, 233, 239, 241, 242, 285, 286.
Nantes, 149, 284, 286.
Nantouillet, 189, 218.
Naples, 36, 37.
Narbonne, 288.
Neisse, 302.
Nepveu (Pierre) dit Trinqueau, 180, 205, 216.
Neuvy-Sautour, 270.
Nevers, 278.
Nicolas, 340.
Niort, 230.
Noort (Guillaume van), 319.
Notre-Dame-de-la-Toussaint, 249.
Noye (Sébastien van), 319.
Nuremberg, 294, 302, 303, 308.
Nuremberg (Conrad de), 317.

Odonné (Jean), 260.
Oels, 305.
Offranville, 249.
Oiron, 222, 262, 263, 280, 284, 285, 286.
Olivier (Thomas), 254.
Omodeo, 36, 118.
Orcagna, 16.
Orléans, 165, 167, 168, 228, 235, 240, 273.
Orley (Bernard van), 314.
Orly, 248.
Orme (Philibert de l'), 159, 163, 167, 174-176, 192, 196, 203, 204, 223, 248, 249, 264, 288.
Orviéto, 13, 31, 71.
Oudewater, 322.
Othis, 249.

Paderborn, 302.
Padoue, 34, 90, 91, 98, 100, 126.
Pageot (Jean), 288.
Pagny, 266, 278, 279, 285.
Pailly (Le), 182, 219, 224.
Palladio, 39, 76-81, 95, 114, 116, 124, 128, 146.
Paray-le-Monial, 232.
Paris, 142, 162, 173, 178, 210-212,

229, 232, 234, 244, 245, 246, 248, 271, 273, 277.
Parme, 90, 98, 106.
Parr (François), 305.
Pasti (Matteo de'), 24.
Pau, 223.
Pavie, 43, 98, 99, 125.
Pavie (Chartreuse de), 36, 104, 109.
Peede (Henri Van), 311.
Pellegrino di Fermo, 291.
Pellevoisin (Guillaume), 237.
Pencran, 274.
Périgueux, 171, 240.
Pérouse, 13.
Perréal (Jean), 166.
Perret (Ambroise), 289.
Peruzzi (B.), 38, 53-56, 70, 98, 111, 114, 120, 121.
Philandrier (Guillaume), 182, 194.
Pibrac, 223.
Picart (Jean), 288.
Pienza, 19, 20, 112.
Pietra Santa (Giacomo da), 67, 68, 113.
Pietro, 36.
Pilon (Germain), 289.
Pintelli (Baccio), 65, 67.
Pisanello, 23, 34.
Pise, 13, 16, 31.
Pise (André de), 16.
Pise (Jean de), 13.
Pise (Nicolas de), 12, 13.
Pistoja, 13, 91, 99, 130.
Pithiviers, 247.
Plaisance, 98, 126.
Ploërmel, 258.
Ploudiry, 274.
Poggio a Cajano, 122.
Poggio Reale, 123.
Poitiers, 240.
Poligny, 280.
Pont-Sainte-Marie, 268.
Ponte (Antonio da), 131.
Pontoise, 178, 248.
Ponzio (Flaminio), 92.

Pordenone, 296.
Porta (Antoine della), 286.
Porta (Giacomo della), 38, 62-64, 108.
Posen, 302.
Prague, 294, 295, 307.
Prato, 66, 99.
Pratolino, 90.
Prestre (Blaise) (Le), 220.
Prieur (Barthélemy), 288.
Primatice (Le), 158, 205, 224.
Puy-du-Fou (Le), 196.
Puyguilhem, 222.

Quercia (Jacopo della), 31, 32.
Quimperlé, 277, 278.

Rabelais, 171, 184, 185, 186.
Raphaël, 38, 49-53, 94, 96, 113, 117.
Regnauldin (Laurent), 289.
Regnault (Guillaume), 284.
Reims, 271, 276.
Reisenstuel (Hans), 303.
Rezende (Gaviça de), 338.
Riaño (Diégo de), 330.
Ribonnier (Charles), 182, 224, 232.
Riccio (André), 90, 98, 101.
Richier (Ligier), 285.
Rimini, 24, 26, 32, 33, 102, 106.
Riom, 171, 240.
Riva, 91.
Robbia (Jérôme della), 178, 288.
Rocchi (Cristoforo), 98, 99.
Roche-du-Maine (La), 222.
Rochefoucauld (La), 189, 191, 216, 222.
Rochelle (La), 231, 240.
Roche-Maurice (La), 274.
Rocher (Le), 215, 220.
Roches-Tranchelion (Les), 261.
Rodari (les), 91.
Rodez, 240, 264, 275, 276, 280.
Rœskilde, 322.
Romain (Giulio Pippi, dit Jules), 68, 69, 114, 124, 302.

Rome, 25, 38, 43-52, 53-64, 66, 67, 68, 72, 77, 91, 92, 108, 109, 113, 114, 120, 121, 124, 130, 132.
Ronde (Guillaume de), 311.
Rossellino (Bernardo), 19, 31, 46, 112.
Rosiers (Les), 258.
Rothenbourg, 302.
Rottweil, 308.
Rouen, 180, 234, 240, 246, 249, 274, 286, 287.
Rouen (Jean de), 340.
Rouen (Jérôme de), 340.
Rousseau (Étienne), 216.
Roussel (Frémyn), 289.
Roussel (Guillaume) (Le), 254.
Roussillon, 224.
Rovezzano (Benedetto da), 284, 336.

Saint-André-lez-Troyes, 267, 268, 280.
Saint-Avoye, 258.
Saint-Bertrand-de-Comminges, 280.
Saint-Brieuc, 240.
Saint-Denis, 140, 141, 175, 282, 284, 287, 288, 289.
Saint-Élix, 223.
Saint-Germain-en-Laye, 173, 184, 187, 191, 208-210.
Saint-Florentin, 270, 277, 280.
Saint-Gervais, 252.
Saint-Gilles, 139.
Saint-Jean-de-Losne, 266.
Saint-Jean-du-Doigt, 242.
Saint-Marc-la-Lande, 261.
Saint-Maur-les-Fossés, 175, 186, 196.
Saint-Mihiel, 280.
Saint-Nicodème, 258.
Saint-Ouen, 217.
Saint-Phal, 269-270.
Saint-Thégonnec, 256, 274.
Salamanque, 313, 330, 335.
Salvanh (Jean), 182, 263.
Sambin (Hugues), 181, 230, 232, 264, 265.

San-Gallo (Antonio da), 38, 56-59, 102, 111, 114, 258.
San-Gallo (Antonio da), dit le Vieux, 56, 65, 67.
San-Gallo (Battista da), 56.
San-Gallo (Giuliano da), 46, 50, 56, 65, 66, 67, 99, 122, 146.
San-Gallo (Jean-François da), 52, 56.
San-Micheli, 69-71, 99, 131, 146, 295.
San Miniato, 103, 132.
Sansovino (Jacopo), 39, 81-84, 88, 111, 114, 116, 130.
Saragosse, 336.
Sarcelles, 248.
Sarcus, 194.
Saurel (Nicolas), 254.
Scamozzi, 92, 128, 130, 131, 246.
Scarpagnino, 130.
Schaffhouse, 302.
Schalaburg, 294.
Schelden (Paul van der), 311.
Schön (Heinrich), 303.
Schweiner (Hans), 305.
Schweinfurt, 302.
Seckau, 296.
Ségovie, 332.
Seignelay, 270.
Senault (Guillaume), 180, 194.
Senlis, 246.
Sens, 173, 225, 228.
Septfonds, 280.
Serlio, 138, 161, 177, 204, 314.
Serrant, 217.
Sétubal, 338.
Séville, 313, 334, 336.
Shute (John), 325.
Sienne, 31, 102, 104.
Siloé (Diégo), 328.
Sixdeniers (Chrétien), 312.
Sizun, 256, 274.
Smithson, 326.
Sohier (Hector), 165, 181, 220, 249, 250, 252, 254.
Solari (Cristoforo), 91, 98, 99.
Solesmes, 149, 180.
Souffron (Pierre), 222.

Sourdeau (Denis), 205.
Spavento, 91, 101.
Spazio (Antonio da), 294.
Spazio (Giovanni da), 294.
Spazio (Jacopo da), 294.
Sperandio, 24.
Spital, 296.
Spolète, 43.
Steenwinkel (Hans), 323.
Stella (Paolo della), 294.
Stradan (Jean), 225.
Stuttgart, 299, 303.
Sully, 224.
Sully-la-Tour, 266.

Tesson (Mathias), 230.
Thélème, 185.
Therouyn (Regnauld), 287.
Thomar, 338.
Thorpe, 326.
Thouars, 260.
Tibaldi (Pellegrino), 91.
Tillières, 250, 252, 253, 255.
Todi, 43.
Tolède, 312, 328, 331.
Tolède (Jean de), 337.
Tonnerre, 270.
Torgau, 303.
Torrigiano (Piétro), 325.
Toul, 256.
Toulouse, 168, 170, 227, 230, 231, 237, 263.
Tour-d'Aigues (La), 196.
Tournai, 315.
Tours, 149, 165, 180, 235, 240, 241, 242, 247, 257, 259, 260, 261, 262, 272, 273, 284.
Trausnitz, 303.
Trente, 297.
Troyes, 150, 168, 173, 240, 268, 270, 277, 278, 280.
Turin, 68, 92, 108.

Ulm (Jacob d'), 100.
Urbin, 32, 117.
Ussé, 261.

Usson, 222.
Utrecht, 319.
Uzès, 223.

Valençay, 180, 216.
Valence, 237, 240.
Valladolid, 335, 336.
Valleroy (Jacques), 288.
Vallery, 224.
Valmont, 249.
Vannes, 258.
Vasari, 66, 67, 91.
Vaultier (Robert), 202.
Vatin (Richard), 254.
Veere, 318.
Vendôme, 276.
Venise, 35, 68, 69, 77, 78, 80-84, 91, 92, 100, 104, 105, 107, 112, 118, 130, 131, 132.
Verdun, 280.
Verger (Le), 146, 188, 192, 194.
Verneuil (Eure), 252.
Verneuil (Oise), 196.
Vérone, 70, 90, 99, 127, 128, 131.
Vétheuil, 171, 252, 253.
Viart (Charles), 150, 154, 180, 228.
Vic-le-Comte, 262.
Vicence, 34, 35, 77-81, 124, 127, 128.
Vienne (Autriche), 291.
Vienne (France), 240.
Vigarny (Philippe) ou de Bourgogne, 332.
Vignola (Jacopo Barrozzi dit), 61, 62, 71-76, 134, 146.

Villach, 296.
Villegongis, 216.
Villemaur, 270.
Villeneuve-sur-Yonne, 270.
Villers-Cotterets, 159, 176, 184, 202, 249.
Villesavin, 238, 242.
Villiers-le-Bel, 248.
Vincennes, 193.
Vischer (Pierre), 306.
Viscardo (Girolamo), 284.
Viterbe, 134.
Vitoni, 91.
Viviers, 240.
Vogelsang (Ulrich), 296.
Vouziers, 271.
Vriendt (Corneille de), dit Floris, 316, 317, 322.
Vries (Hans Vredeman de), 320.

Waghemakere (Dominique van), 311, 313.
Wallot (Jean), 312.
Westminster, 325.
Wilhelmsbourg, 305.
Woerden, 318.
Wolfenbüttel, 305.
Wollaton, 326.
Workum, 322.
Wren (Christophe), 327.

Zaccagni (Bernardino), 90, 98.
Zaccagni (Bernardo), 90, 98.
Zaffrani (Francesco), 297.
Zamora, 336.
Zoan Maria, 294.

TABLE DES MATIÈRES

Pages.

Introduction. 5

LIVRE PREMIER

ITALIE

Chapitre Ier. — Les débuts de la Renaissance. 9
Chapitre II. — La Renaissance au xvie siècle 37
Chapitre III. — Caractères principaux des différents monuments élevés en Italie au xve et au xvie siècle . . . .
    § I. — Généralités 93
    § II. — Églises 97
    § III. — Palais 110
    § IV. — Villas 122
    § V. — Hôtels de ville, hôpitaux, collèges, ponts, etc. 126

LIVRE II

FRANCE

Chapitre Ier. — Histoire et caractères généraux de la Renaissance française 135
Chapitre II. — Architecture civile 186
Chapitre III. — Architecture religieuse. 244
Chapitre IV. — Cloîtres, ossuaires, jubés, chaires, autels, tombeaux, etc. 271

LIVRE III

LA RENAISSANCE HORS DE FRANCE ET D'ITALIE

Pages.

Chapitre Ier. — Empire germanique, Hongrie, Pologne et Suisse. 290
Chapitre II. — Belgique, Hollande, Danemark, Suède, Norvège, Angleterre. 308
Chapitre III. — Espagne et Portugal 327

FIN DE LA TABLE.

Paris. — Lib.-Imp. reunies, 7, r. Saint-Benoît

www.ingramcontent.com/pod-product-compliance
Lightning Source LLC
Chambersburg PA
CBHW060058190426
43202CB00030B/2723